U0862538

中华人民共和国
新法规汇编

2021

第8辑

司法部 编

中国法制出版社

编辑说明

一、《中华人民共和国新法规汇编》是国家出版的法律、行政法规汇编正式版本，是刊登报国务院备案并予以登记的部门规章的指定出版物。

二、本汇编收集的内容包括：上一个月内由全国人民代表大会及其常务委员会通过的法律和有关法律问题的决定，国务院公布的行政法规和国务院文件，报国务院备案并予以登记的部门规章，最高人民法院和最高人民检察院公布的司法解释。另外，还收入了上一个月内报国务院备案并予以登记的地方性法规和地方政府规章目录。

三、本汇编所收的内容，按下列分类顺序编排：法律，行政法规，国务院文件，国务院部门规章，司法解释。每类中按公布的时间顺序排列。报国务院备案并予以登记的地方性法规和地方政府规章目录按1987年国务院批准的行政区划顺序排列；同一行政区域报备两件以上者，按公布时间顺序排列。

四、本汇编每年出版12辑，每月出版1辑。本辑为2021年度第8辑，收入2021年7月份内公布的行政法规2件、国务院文件3件、报国务院备案并经审查予以登记编号的部门规章12件、司法解释4件，补收2021年6月份内公布的司法解释2件，共计23件。

五、本汇编在编辑出版过程中，得到了国务院有关部门和有关方面以及广大读者的大力支持和协助，在此谨致谢意。

司法部

2021年8月

目　录

行政法规

国务院文件

国务院部门规章

司法解释

附：

行政法规

中华人民共和国土地管理法实施条例

（1998 年 12 月 27 日中华人民共和国国务院令第 256 号发布　根据 2011 年 1 月 8 日《国务院关于废止和修改部分行政法规的决定》第一次修订　根据 2014 年 7 月 29 日《国务院关于修改部分行政法规的决定》第二次修订　2021 年 7 月 2 日中华人民共和国国务院令第 743 号第三次修订）

第一章　总　则

第一条　根据《中华人民共和国土地管理法》（以下简称《土地管理法》），制定本条例。

第二章　国土空间规划

第二条　国家建立国土空间规划体系。

土地开发、保护、建设活动应当坚持规划先行。经依法批准的国土空间规划是各类开发、保护、建设活动的基本依据。

已经编制国土空间规划的，不再编制土地利用总体规划和城乡规划。在编制国土空间规划前，经依法批准的土地利用总体规划和城乡规划继续执行。

第三条　国土空间规划应当细化落实国家发展规划提出的国土空间开发保护要求，统筹布局农业、生态、城镇等功能空间，划定落实永久基本农田、生态保护红线和城镇开发边界。

国土空间规划应当包括国土空间开发保护格局和规划用地布局、结构、用途管制要求等内容，明确耕地保有量、建设用地规模、禁止开垦的范围等要求，统筹基础设施和公共设施用地布局，综合利用地上地下空间，合理确定并严格控制新增建设用地规模，提高土地节约集约利用水平，保障土地的可持续利用。

第四条 土地调查应当包括下列内容：

（一）土地权属以及变化情况；

（二）土地利用现状以及变化情况；

（三）土地条件。

全国土地调查成果，报国务院批准后向社会公布。地方土地调查成果，经本级人民政府审核，报上一级人民政府批准后向社会公布。全国土地调查成果公布后，县级以上地方人民政府方可自上而下逐级依次公布本行政区域的土地调查成果。

土地调查成果是编制国土空间规划以及自然资源管理、保护和利用的重要依据。

土地调查技术规程由国务院自然资源主管部门会同有关部门制定。

第五条 国务院自然资源主管部门会同有关部门制定土地等级评定标准。

县级以上人民政府自然资源主管部门应当会同有关部门根据土地等级评定标准，对土地等级进行评定。地方土地等级评定结果经本级人民政府审核，报上一级人民政府自然资源主管部门批准后向社会公布。

根据国民经济和社会发展状况，土地等级每五年重新评定一次。

第六条 县级以上人民政府自然资源主管部门应当加强信息化建设，建立统一的国土空间基础信息平台，实行土地管理全流程信息化管理，对土地利用状况进行动态监测，与发展改革、住房和城乡建设等有关部门建立土地管理信息共享机制，依法公开土地管理信息。

第七条 县级以上人民政府自然资源主管部门应当加强地籍管理，建立健全地籍数据库。

第三章 耕地保护

第八条 国家实行占用耕地补偿制度。在国土空间规划确定的城市和村庄、集镇建设用地范围内经依法批准占用耕地，以及在国土空间规划确定的城市和村庄、集镇建设用地范围外的能源、交通、水利、矿山、军事设施等建设项目经依法批准占用耕地的，分别由县级人民政府、农村集体经济组织和建设单位负责开垦与所占用耕地的数量和质量相当的耕地；没有条件开垦或者开垦的耕地不符合要求的，应当按照省、自治区、直辖市的规定缴纳耕地开垦费，专款用于开垦新的耕地。

省、自治区、直辖市人民政府应当组织自然资源主管部门、农业农村主管部门对开垦的耕地进行验收，确保开垦的耕地落实到地块。划入永久基本农田的还应当纳入国家永久基本农田数据库严格管理。占用耕地补充情况应当按照国家有关规定向社会公布。

个别省、直辖市需要易地开垦耕地的，依照《土地管理法》第三十二条的规定执行。

第九条 禁止任何单位和个人在国土空间规划确定的禁止开垦的范围内从事土地开发活动。

按照国土空间规划，开发未确定土地使用权的国有荒山、荒地、荒滩从事种植业、林业、畜牧业、渔业生产的，应当向土地所在地的县级以上地方人民政府自然资源主管部门提出申请，按照省、自治区、直辖市规定的权限，由县级以上地方人民政府批准。

第十条 县级人民政府应当按照国土空间规划关于统筹布局农业、生态、城镇等功能空间的要求，制定土地整理方案，促进耕地保护和土地节约集约利用。

县、乡（镇）人民政府应当组织农村集体经济组织，实施土地整理方案，对闲散地和废弃地有计划地整治、改造。土地整理新增耕地，可以用作建设所占用耕地的补充。

鼓励社会主体依法参与土地整理。

第十一条 县级以上地方人民政府应当采取措施，预防和治理耕地土壤流失、污染，有计划地改造中低产田，建设高标准农田，提高耕地质量，保护黑土地等优质耕地，并依法对建设所占用耕地耕作层的土壤利用作出合理安排。

非农业建设依法占用永久基本农田的，建设单位应当按照省、自治区、直辖市的规定，将所占用耕地耕作层的土壤用于新开垦耕地、劣质地或者其他耕地的土壤改良。

县级以上地方人民政府应当加强对农业结构调整的引导和管理，防止破坏耕地耕作层；设施农业用地不再使用的，应当及时组织恢复种植条件。

第十二条 国家对耕地实行特殊保护，严守耕地保护红线，严格控制耕地转为林地、草地、园地等其他农用地，并建立耕地保护补偿制度，具体办法和耕地保护补偿实施步骤由国务院自然资源主管部门会同有关部门规定。

非农业建设必须节约使用土地，可以利用荒地的，不得占用耕地；可以利用劣地的，不得占用好地。禁止占用耕地建窑、建坟或者擅自在耕地上建房、挖砂、采石、采矿、取土等。禁止占用永久基本农田发展林果业和挖塘养鱼。

耕地应当优先用于粮食和棉、油、糖、蔬菜等农产品生产。按照国家有关规定需要将耕地转为林地、草地、园地等其他农用地的，应当优先使用难以长期稳定利用的耕地。

第十三条 省、自治区、直辖市人民政府对本行政区域耕地保护负总责，其主要负责人是本行政区域耕地保护的第一责任人。

省、自治区、直辖市人民政府应当将国务院确定的耕地保有量和永久基本农田保护任务分解下达，落实到具体地块。

国务院对省、自治区、直辖市人民政府耕地保护责任目标落实情况进行考核。

第四章　建设用地

第一节　一般规定

第十四条 建设项目需要使用土地的，应当符合国土空间规划、土地利用年度计划和用途管制以及节约资源、保护生态环境的要求，并严格执行建设用地标准，优先使用存量建设用地，提高建设用地使用效率。

从事土地开发利用活动，应当采取有效措施，防止、减少土壤污染，并确保建设用地符合土壤环境质量要求。

第十五条 各级人民政府应当依据国民经济和社会发展规划及年度计划、国土空间规划、国家产业政策以及城乡建设、土地利用的实际状况等，加强土地利用计划管理，实行建设用地总量控制，推动城乡存量建设用地开发利用，引导城镇低效用地再开发，落实建设用地标准控制制度，开展节约集约用地评价，推广应用节地技术和节地模式。

第十六条 县级以上地方人民政府自然资源主管部门应当将本级人民政府确定的年度建设用地供应总量、结构、时序、地块、用途等在政府网站上向社会公布，供社会公众查阅。

第十七条 建设单位使用国有土地，应当以有偿使用方式取得；但是，法律、行政法规规定可以以划拨方式取得的除外。

国有土地有偿使用的方式包括：

（一）国有土地使用权出让；

（二）国有土地租赁；

（三）国有土地使用权作价出资或者入股。

第十八条 国有土地使用权出让、国有土地租赁等应当依照国家有关规定通过公开的交易平台进行交易,并纳入统一的公共资源交易平台体系。除依法可以采取协议方式外,应当采取招标、拍卖、挂牌等竞争性方式确定土地使用者。

第十九条 《土地管理法》第五十五条规定的新增建设用地的土地有偿使用费,是指国家在新增建设用地中应取得的平均土地纯收益。

第二十条 建设项目施工、地质勘查需要临时使用土地的,应当尽量不占或者少占耕地。

临时用地由县级以上人民政府自然资源主管部门批准,期限一般不超过二年;建设周期较长的能源、交通、水利等基础设施建设使用的临时用地,期限不超过四年;法律、行政法规另有规定的除外。

土地使用者应当自临时用地期满之日起一年内完成土地复垦,使其达到可供利用状态,其中占用耕地的应当恢复种植条件。

第二十一条 抢险救灾、疫情防控等急需使用土地的,可以先行使用土地。其中,属于临时用地的,用后应当恢复原状并交还原土地使用者使用,不再办理用地审批手续;属于永久性建设用地的,建设单位应当在不晚于应急处置工作结束六个月内申请补办建设用地审批手续。

第二十二条 具有重要生态功能的未利用地应当依法划入生态保护红线,实施严格保护。

建设项目占用国土空间规划确定的未利用地的,按照省、自治区、直辖市的规定办理。

第二节 农用地转用

第二十三条 在国土空间规划确定的城市和村庄、集镇建设用地范围内,为实施该规划而将农用地转为建设用地的,由市、县人民政府组织自然资源等部门拟订农用地转用方案,分批次报有批准权的人民政府批准。

农用地转用方案应当重点对建设项目安排、是否符合国土空间规划和土地利用年度计划以及补充耕地情况作出说明。

农用地转用方案经批准后,由市、县人民政府组织实施。

第二十四条 建设项目确需占用国土空间规划确定的城市和村庄、集镇建设用地范围外的农用地,涉及占用永久基本农田的,由国务院批准;不涉及占用永久基本农田的,由国务院或者国务院授权的省、自治区、直辖市人民政府批准。具体按照下列规定办理:

(一)建设项目批准、核准前或者备案前后,由自然资源主管部门对建设项目用地事项进行审查，提出建设项目用地预审意见。建设项目需要申请核发选址意见书的，应当合并办理建设项目用地预审与选址意见书，核发建设项目用地预审与选址意见书。

（二）建设单位持建设项目的批准、核准或者备案文件，向市、县人民政府提出建设用地申请。市、县人民政府组织自然资源等部门拟订农用地转用方案，报有批准权的人民政府批准；依法应当由国务院批准的，由省、自治区、直辖市人民政府审核后上报。农用地转用方案应当重点对是否符合国土空间规划和土地利用年度计划以及补充耕地情况作出说明，涉及占用永久基本农田的，还应当对占用永久基本农田的必要性、合理性和补划可行性作出说明。

（三）农用地转用方案经批准后，由市、县人民政府组织实施。

第二十五条 建设项目需要使用土地的，建设单位原则上应当一次申请，办理建设用地审批手续，确需分期建设的项目，可以根据可行性研究报告确定的方案，分期申请建设用地，分期办理建设用地审批手续。建设过程中用地范围确需调整的，应当依法办理建设用地审批手续。

农用地转用涉及征收土地的，还应当依法办理征收土地手续。

第三节 土地征收

第二十六条 需要征收土地，县级以上地方人民政府认为符合《土地管理法》第四十五条规定的，应当发布征收土地预公告，并开展拟征收土地现状调查和社会稳定风险评估。

征收土地预公告应当包括征收范围、征收目的、开展土地现状调查的安排等内容。征收土地预公告应当采用有利于社会公众知晓的方式，在拟征收土地所在的乡（镇）和村、村民小组范围内发布，预公告时间不少于十个工作日。自征收土地预公告发布之日起，任何单位和个人不得在拟征收范围内抢栽抢建；违反规定抢栽抢建的，对抢栽抢建部分不予补偿。

土地现状调查应当查明土地的位置、权属、地类、面积，以及农村村民住宅、其他地上附着物和青苗等的权属、种类、数量等情况。

社会稳定风险评估应当对征收土地的社会稳定风险状况进行综合研判，确定风险点，提出风险防范措施和处置预案。社会稳定风险评估应当有被征地的农村集体经济组织及其成员、村民委员会和其他利害关系人参加，评估结果是申请征收土地的重要依据。

第二十七条 县级以上地方人民政府应当依据社会稳定风险评估结果，结合土地现状调查情况，组织自然资源、财政、农业农村、人力资源和社会保障等有关部门拟定征地补偿安置方案。

征地补偿安置方案应当包括征收范围、土地现状、征收目的、补偿方式和标准、安置对象、安置方式、社会保障等内容。

第二十八条 征地补偿安置方案拟定后，县级以上地方人民政府应当在拟征收土地所在的乡（镇）和村、村民小组范围内公告，公告时间不少于三十日。

征地补偿安置公告应当同时载明办理补偿登记的方式和期限、异议反馈渠道等内容。

多数被征地的农村集体经济组织成员认为拟定的征地补偿安置方案不符合法律、法规规定的，县级以上地方人民政府应当组织听证。

第二十九条 县级以上地方人民政府根据法律、法规规定和听证会等情况确定征地补偿安置方案后，应当组织有关部门与拟征收土地的所有权人、使用权人签订征地补偿安置协议。征地补偿安置协议示范文本由省、自治区、直辖市人民政府制定。

对个别确实难以达成征地补偿安置协议的，县级以上地方人民政府应当在申请征收土地时如实说明。

第三十条 县级以上地方人民政府完成本条例规定的征地前期工作后，方可提出征收土地申请，依照《土地管理法》第四十六条的规定报有批准权的人民政府批准。

有批准权的人民政府应当对征收土地的必要性、合理性、是否符合《土地管理法》第四十五条规定的为了公共利益确需征收土地的情形以及是否符合法定程序进行审查。

第三十一条 征收土地申请经依法批准后，县级以上地方人民政府应当自收到批准文件之日起十五个工作日内在拟征收土地所在的乡（镇）和村、村民小组范围内发布征收土地公告，公布征收范围、征收时间等具体工作安排，对个别未达成征地补偿安置协议的应当作出征地补偿安置决定，并依法组织实施。

第三十二条 省、自治区、直辖市应当制定公布区片综合地价，确定征收农用地的土地补偿费、安置补助费标准，并制定土地补偿费、安置补助费分配办法。

地上附着物和青苗等的补偿费用，归其所有权人所有。

社会保障费用主要用于符合条件的被征地农民的养老保险等社会保险缴费补贴，按照省、自治区、直辖市的规定单独列支。

申请征收土地的县级以上地方人民政府应当及时落实土地补偿费、安置补助费、农村村民住宅以及其他地上附着物和青苗等的补偿费用、社会保障费用等，并保证足额到位，专款专用。有关费用未足额到位的，不得批准征收土地。

第四节　宅基地管理

第三十三条　农村居民点布局和建设用地规模应当遵循节约集约、因地制宜的原则合理规划。县级以上地方人民政府应当按照国家规定安排建设用地指标，合理保障本行政区域农村村民宅基地需求。

乡（镇）、县、市国土空间规划和村庄规划应当统筹考虑农村村民生产、生活需求，突出节约集约用地导向，科学划定宅基地范围。

第三十四条　农村村民申请宅基地的，应当以户为单位向农村集体经济组织提出申请；没有设立农村集体经济组织的，应当向所在的村民小组或者村民委员会提出申请。宅基地申请依法经农村村民集体讨论通过并在本集体范围内公示后，报乡（镇）人民政府审核批准。

涉及占用农用地的，应当依法办理农用地转用审批手续。

第三十五条　国家允许进城落户的农村村民依法自愿有偿退出宅基地。乡（镇）人民政府和农村集体经济组织、村民委员会等应当将退出的宅基地优先用于保障该农村集体经济组织成员的宅基地需求。

第三十六条　依法取得的宅基地和宅基地上的农村村民住宅及其附属设施受法律保护。

禁止违背农村村民意愿强制流转宅基地，禁止违法收回农村村民依法取得的宅基地，禁止以退出宅基地作为农村村民进城落户的条件，禁止强迫农村村民搬迁退出宅基地。

第五节　集体经营性建设用地管理

第三十七条　国土空间规划应当统筹并合理安排集体经营性建设用地布局和用途，依法控制集体经营性建设用地规模，促进集体经营性建设用地的节约集约利用。

鼓励乡村重点产业和项目使用集体经营性建设用地。

第三十八条　国土空间规划确定为工业、商业等经营性用途，且已依法办理土地所有权登记的集体经营性建设用地，土地所有权人可以通过出让、出租等方式交由单位或者个人在一定年限内有偿使用。

第三十九条　土地所有权人拟出让、出租集体经营性建设用地的，市、县人民政府自然资源主管部门应当依据国土空间规划提出拟出让、出租的集体经营性建设用地的规划条件，明确土地界址、面积、用途和开发建设强度等。

市、县人民政府自然资源主管部门应当会同有关部门提出产业准入和生态环境保护要求。

第四十条 土地所有权人应当依据规划条件、产业准入和生态环境保护要求等，编制集体经营性建设用地出让、出租等方案，并依照《土地管理法》第六十三条的规定，由本集体经济组织形成书面意见，在出让、出租前不少于十个工作日报市、县人民政府。市、县人民政府认为该方案不符合规划条件或者产业准入和生态环境保护要求等的，应当在收到方案后五个工作日内提出修改意见。土地所有权人应当按照市、县人民政府的意见进行修改。

集体经营性建设用地出让、出租等方案应当载明宗地的土地界址、面积、用途、规划条件、产业准入和生态环境保护要求、使用期限、交易方式、入市价格、集体收益分配安排等内容。

第四十一条 土地所有权人应当依据集体经营性建设用地出让、出租等方案，以招标、拍卖、挂牌或者协议等方式确定土地使用者，双方应当签订书面合同，载明土地界址、面积、用途、规划条件、使用期限、交易价款支付、交地时间和开工竣工期限、产业准入和生态环境保护要求，约定提前收回的条件、补偿方式、土地使用权届满续期和地上建筑物、构筑物等附着物处理方式，以及违约责任和解决争议的方法等，并报市、县人民政府自然资源主管部门备案。未依法将规划条件、产业准入和生态环境保护要求纳入合同的，合同无效；造成损失的，依法承担民事责任。合同示范文本由国务院自然资源主管部门制定。

第四十二条 集体经营性建设用地使用者应当按照约定及时支付集体经营性建设用地价款，并依法缴纳相关税费，对集体经营性建设用地使用权以及依法利用集体经营性建设用地建造的建筑物、构筑物及其附属设施的所有权，依法申请办理不动产登记。

第四十三条 通过出让等方式取得的集体经营性建设用地使用权依法转让、互换、出资、赠与或者抵押的，双方应当签订书面合同，并书面通知土地所有权人。

集体经营性建设用地的出租，集体建设用地使用权的出让及其最高年限、转让、互换、出资、赠与、抵押等，参照同类用途的国有建设用地执行，法律、行政法规另有规定的除外。

第五章　监督检查

第四十四条　国家自然资源督察机构根据授权对省、自治区、直辖市人民政府以及国务院确定的城市人民政府下列土地利用和土地管理情况进行督察：

（一）耕地保护情况；

（二）土地节约集约利用情况；

（三）国土空间规划编制和实施情况；

（四）国家有关土地管理重大决策落实情况；

（五）土地管理法律、行政法规执行情况；

（六）其他土地利用和土地管理情况。

第四十五条　国家自然资源督察机构进行督察时，有权向有关单位和个人了解督察事项有关情况，有关单位和个人应当支持、协助督察机构工作，如实反映情况，并提供有关材料。

第四十六条　被督察的地方人民政府违反土地管理法律、行政法规，或者落实国家有关土地管理重大决策不力的，国家自然资源督察机构可以向被督察的地方人民政府下达督察意见书，地方人民政府应当认真组织整改，并及时报告整改情况；国家自然资源督察机构可以约谈被督察的地方人民政府有关负责人，并可以依法向监察机关、任免机关等有关机关提出追究相关责任人责任的建议。

第四十七条　土地管理监督检查人员应当经过培训，经考核合格，取得行政执法证件后，方可从事土地管理监督检查工作。

第四十八条　自然资源主管部门、农业农村主管部门按照职责分工进行监督检查时，可以采取下列措施：

（一）询问违法案件涉及的单位或者个人；

（二）进入被检查单位或者个人涉嫌土地违法的现场进行拍照、摄像；

（三）责令当事人停止正在进行的土地违法行为；

（四）对涉嫌土地违法的单位或者个人，在调查期间暂停办理与该违法案件相关的土地审批、登记等手续；

（五）对可能被转移、销毁、隐匿或者篡改的文件、资料予以封存，责令涉嫌土地违法的单位或者个人在调查期间不得变卖、转移与案件有关的财物；

（六）《土地管理法》第六十八条规定的其他监督检查措施。

第四十九条　依照《土地管理法》第七十三条的规定给予处分的，应当按照管理权限由责令作出行政处罚决定或者直接给予行政处罚的上级人民政府自然资源主管部门或者其他任免机关、单位作出。

第五十条 县级以上人民政府自然资源主管部门应当会同有关部门建立信用监管、动态巡查等机制,加强对建设用地供应交易和供后开发利用的监管,对建设用地市场重大失信行为依法实施惩戒,并依法公开相关信息。

第六章 法律责任

第五十一条 违反《土地管理法》第三十七条的规定,非法占用永久基本农田发展林果业或者挖塘养鱼的,由县级以上人民政府自然资源主管部门责令限期改正;逾期不改正的,按占用面积处耕地开垦费 2 倍以上 5 倍以下的罚款;破坏种植条件的,依照《土地管理法》第七十五条的规定处罚。

第五十二条 违反《土地管理法》第五十七条的规定,在临时使用的土地上修建永久性建筑物的,由县级以上人民政府自然资源主管部门责令限期拆除,按占用面积处土地复垦费 5 倍以上 10 倍以下的罚款;逾期不拆除的,由作出行政决定的机关依法申请人民法院强制执行。

第五十三条 违反《土地管理法》第六十五条的规定,对建筑物、构筑物进行重建、扩建的,由县级以上人民政府自然资源主管部门责令限期拆除;逾期不拆除的,由作出行政决定的机关依法申请人民法院强制执行。

第五十四条 依照《土地管理法》第七十四条的规定处以罚款的,罚款额为违法所得的 10% 以上 50% 以下。

第五十五条 依照《土地管理法》第七十五条的规定处以罚款的,罚款额为耕地开垦费的 5 倍以上 10 倍以下;破坏黑土地等优质耕地的,从重处罚。

第五十六条 依照《土地管理法》第七十六条的规定处以罚款的,罚款额为土地复垦费的 2 倍以上 5 倍以下。

违反本条例规定,临时用地期满之日起一年内未完成复垦或者未恢复种植条件的,由县级以上人民政府自然资源主管部门责令限期改正,依照《土地管理法》第七十六条的规定处罚,并由县级以上人民政府自然资源主管部门会同农业农村主管部门代为完成复垦或者恢复种植条件。

第五十七条 依照《土地管理法》第七十七条的规定处以罚款的,罚款额为非法占用土地每平方米 100 元以上 1000 元以下。

违反本条例规定,在国土空间规划确定的禁止开垦的范围内从事土地开发活动的,由县级以上人民政府自然资源主管部门责令限期改正,并依照《土地管理法》第七十七条的规定处罚。

第五十八条 依照《土地管理法》第七十四条、第七十七条的规定，县级以上人民政府自然资源主管部门没收在非法转让或者非法占用的土地上新建的建筑物和其他设施的，应当于九十日内交由本级人民政府或者其指定的部门依法管理和处置。

第五十九条 依照《土地管理法》第八十一条的规定处以罚款的，罚款额为非法占用土地每平方米100元以上500元以下。

第六十条 依照《土地管理法》第八十二条的规定处以罚款的，罚款额为违法所得的10%以上30%以下。

第六十一条 阻碍自然资源主管部门、农业农村主管部门的工作人员依法执行职务，构成违反治安管理行为的，依法给予治安管理处罚。

第六十二条 违反土地管理法律、法规规定，阻挠国家建设征收土地的，由县级以上地方人民政府责令交出土地；拒不交出土地的，依法申请人民法院强制执行。

第六十三条 违反本条例规定，侵犯农村村民依法取得的宅基地权益的，责令限期改正，对有关责任单位通报批评、给予警告；造成损失的，依法承担赔偿责任；对直接负责的主管人员和其他直接责任人员，依法给予处分。

第六十四条 贪污、侵占、挪用、私分、截留、拖欠征地补偿安置费用和其他有关费用的，责令改正，追回有关款项，限期退还违法所得，对有关责任单位通报批评、给予警告；造成损失的，依法承担赔偿责任；对直接负责的主管人员和其他直接责任人员，依法给予处分。

第六十五条 各级人民政府及自然资源主管部门、农业农村主管部门工作人员玩忽职守、滥用职权、徇私舞弊的，依法给予处分。

第六十六条 违反本条例规定，构成犯罪的，依法追究刑事责任。

第七章　附　则

第六十七条 本条例自2021年9月1日起施行。

建设工程抗震管理条例

（2021年5月12日国务院第135次常务会议通过　2021年7月19日中华人民共和国国务院令第744号公布　自2021年9月1日起施行）

第一章　总　　则

第一条　为了提高建设工程抗震防灾能力，降低地震灾害风险，保障人民生命财产安全，根据《中华人民共和国建筑法》、《中华人民共和国防震减灾法》等法律，制定本条例。

第二条　在中华人民共和国境内从事建设工程抗震的勘察、设计、施工、鉴定、加固、维护等活动及其监督管理，适用本条例。

第三条　建设工程抗震应当坚持以人为本、全面设防、突出重点的原则。

第四条　国务院住房和城乡建设主管部门对全国的建设工程抗震实施统一监督管理。国务院交通运输、水利、工业和信息化、能源等有关部门按照职责分工，负责对全国有关专业建设工程抗震的监督管理。

县级以上地方人民政府住房和城乡建设主管部门对本行政区域内的建设工程抗震实施监督管理。县级以上地方人民政府交通运输、水利、工业和信息化、能源等有关部门在各自职责范围内，负责对本行政区域内有关专业建设工程抗震的监督管理。

县级以上人民政府其他有关部门应当依照本条例和其他有关法律、法规的规定，在各自职责范围内负责建设工程抗震相关工作。

第五条　从事建设工程抗震相关活动的单位和人员，应当依法对建设工程抗震负责。

第六条　国家鼓励和支持建设工程抗震技术的研究、开发和应用。

各级人民政府应当组织开展建设工程抗震知识宣传普及，提高社会公众抗震防灾意识。

第七条　国家建立建设工程抗震调查制度。

县级以上人民政府应当组织有关部门对建设工程抗震性能、抗震技术应用、产业发展等进行调查，全面掌握建设工程抗震基本情况，促进建设工程抗震管理水平提高和科学决策。

第八条　建设工程应当避开抗震防灾专项规划确定的危险地段。确实无法避开的，应当采取符合建设工程使用功能要求和适应地震效应的抗震设防措施。

第二章 勘察、设计和施工

第九条 新建、扩建、改建建设工程，应当符合抗震设防强制性标准。

国务院有关部门和国务院标准化行政主管部门依据职责依法制定和发布抗震设防强制性标准。

第十条 建设单位应当对建设工程勘察、设计和施工全过程负责，在勘察、设计和施工合同中明确拟采用的抗震设防强制性标准，按照合同要求对勘察设计成果文件进行核验，组织工程验收，确保建设工程符合抗震设防强制性标准。

建设单位不得明示或者暗示勘察、设计、施工等单位和从业人员违反抗震设防强制性标准，降低工程抗震性能。

第十一条 建设工程勘察文件中应当说明抗震场地类别，对场地地震效应进行分析，并提出工程选址、不良地质处置等建议。

建设工程设计文件中应当说明抗震设防烈度、抗震设防类别以及拟采用的抗震设防措施。采用隔震减震技术的建设工程，设计文件中应当对隔震减震装置技术性能、检验检测、施工安装和使用维护等提出明确要求。

第十二条 对位于高烈度设防地区、地震重点监视防御区的下列建设工程，设计单位应当在初步设计阶段按照国家有关规定编制建设工程抗震设防专篇，并作为设计文件组成部分：

（一）重大建设工程；

（二）地震时可能发生严重次生灾害的建设工程；

（三）地震时使用功能不能中断或者需要尽快恢复的建设工程。

第十三条 对超限高层建筑工程，设计单位应当在设计文件中予以说明，建设单位应当在初步设计阶段将设计文件等材料报送省、自治区、直辖市人民政府住房和城乡建设主管部门进行抗震设防审批。住房和城乡建设主管部门应当组织专家审查，对采取的抗震设防措施合理可行的，予以批准。超限高层建筑工程抗震设防审批意见应当作为施工图设计和审查的依据。

前款所称超限高层建筑工程，是指超出国家现行标准所规定的适用高度和适用结构类型的高层建筑工程以及体型特别不规则的高层建筑工程。

第十四条 工程总承包单位、施工单位及工程监理单位应当建立建设工程质量责任制度，加强对建设工程抗震设防措施施工质量的管理。

国家鼓励工程总承包单位、施工单位采用信息化手段采集、留存隐蔽工程施工质量信息。

施工单位应当按照抗震设防强制性标准进行施工。

第十五条 建设单位应当将建筑的设计使用年限、结构体系、抗震设防烈度、抗震设防类别等具体情况和使用维护要求记入使用说明书，并将使用说明书交付使用人或者买受人。

第十六条 建筑工程根据使用功能以及在抗震救灾中的作用等因素，分为特殊设防类、重点设防类、标准设防类和适度设防类。学校、幼儿园、医院、养老机构、儿童福利机构、应急指挥中心、应急避难场所、广播电视等建筑，应当按照不低于重点设防类的要求采取抗震设防措施。

位于高烈度设防地区、地震重点监视防御区的新建学校、幼儿园、医院、养老机构、儿童福利机构、应急指挥中心、应急避难场所、广播电视等建筑应当按照国家有关规定采用隔震减震等技术，保证发生本区域设防地震时能够满足正常使用要求。

国家鼓励在除前款规定以外的建设工程中采用隔震减震等技术，提高抗震性能。

第十七条 国务院有关部门和国务院标准化行政主管部门应当依据各自职责推动隔震减震装置相关技术标准的制定，明确通用技术要求。鼓励隔震减震装置生产企业制定严于国家标准、行业标准的企业标准。

隔震减震装置生产经营企业应当建立唯一编码制度和产品检验合格印鉴制度，采集、存储隔震减震装置生产、经营、检测等信息，确保隔震减震装置质量信息可追溯。隔震减震装置质量应当符合有关产品质量法律、法规和国家相关技术标准的规定。

建设单位应当组织勘察、设计、施工、工程监理单位建立隔震减震工程质量可追溯制度，利用信息化手段对隔震减震装置采购、勘察、设计、进场检测、安装施工、竣工验收等全过程的信息资料进行采集和存储，并纳入建设项目档案。

第十八条 隔震减震装置用于建设工程前，施工单位应当在建设单位或者工程监理单位监督下进行取样，送建设单位委托的具有相应建设工程质量检测资质的机构进行检测。禁止使用不合格的隔震减震装置。

实行施工总承包的，隔震减震装置属于建设工程主体结构的施工，应当由总承包单位自行完成。

工程质量检测机构应当建立建设工程过程数据和结果数据、检测影像资料及检测报告记录与留存制度，对检测数据和检测报告的真实性、准确性负责，不得出具虚假的检测数据和检测报告。

第三章　鉴定、加固和维护

第十九条　国家实行建设工程抗震性能鉴定制度。

按照《中华人民共和国防震减灾法》第三十九条规定应当进行抗震性能鉴定的建设工程，由所有权人委托具有相应技术条件和技术能力的机构进行鉴定。

国家鼓励对除前款规定以外的未采取抗震设防措施或者未达到抗震设防强制性标准的已经建成的建设工程进行抗震性能鉴定。

第二十条　抗震性能鉴定结果应当对建设工程是否存在严重抗震安全隐患以及是否需要进行抗震加固作出判定。

抗震性能鉴定结果应当真实、客观、准确。

第二十一条　建设工程所有权人应当对存在严重抗震安全隐患的建设工程进行安全监测，并在加固前采取停止或者限制使用等措施。

对抗震性能鉴定结果判定需要进行抗震加固且具备加固价值的已经建成的建设工程，所有权人应当进行抗震加固。

位于高烈度设防地区、地震重点监视防御区的学校、幼儿园、医院、养老机构、儿童福利机构、应急指挥中心、应急避难场所、广播电视等已经建成的建筑进行抗震加固时，应当经充分论证后采用隔震减震等技术，保证其抗震性能符合抗震设防强制性标准。

第二十二条　抗震加固应当依照《建设工程质量管理条例》等规定执行，并符合抗震设防强制性标准。

竣工验收合格后，应当通过信息化手段或者在建设工程显著部位设置永久性标牌等方式，公示抗震加固时间、后续使用年限等信息。

第二十三条　建设工程所有权人应当按照规定对建设工程抗震构件、隔震沟、隔震缝、隔震减震装置及隔震标识进行检查、修缮和维护，及时排除安全隐患。

任何单位和个人不得擅自变动、损坏或者拆除建设工程抗震构件、隔震沟、隔震缝、隔震减震装置及隔震标识。

任何单位和个人发现擅自变动、损坏或者拆除建设工程抗震构件、隔震沟、隔震缝、隔震减震装置及隔震标识的行为，有权予以制止，并向住房和城乡建设主管部门或者其他有关监督管理部门报告。

第四章　农村建设工程抗震设防

第二十四条　各级人民政府和有关部门应当加强对农村建设工程抗震设防的管理，提高农村建设工程抗震性能。

第二十五条　县级以上人民政府对经抗震性能鉴定未达到抗震设防强制性标准的农村村民住宅和乡村公共设施建设工程抗震加固给予必要的政策支持。

实施农村危房改造、移民搬迁、灾后恢复重建等，应当保证建设工程达到抗震设防强制性标准。

第二十六条　县级以上地方人民政府应当编制、发放适合农村的实用抗震技术图集。

农村村民住宅建设可以选用抗震技术图集，也可以委托设计单位进行设计，并根据图集或者设计的要求进行施工。

第二十七条　县级以上地方人民政府应当加强对农村村民住宅和乡村公共设施建设工程抗震的指导和服务，加强技术培训，组织建设抗震示范住房，推广应用抗震性能好的结构形式及建造方法。

第五章　保障措施

第二十八条　县级以上人民政府应当加强对建设工程抗震管理工作的组织领导，建立建设工程抗震管理工作机制，将相关工作纳入本级国民经济和社会发展规划。

县级以上人民政府应当将建设工程抗震工作所需经费列入本级预算。

县级以上地方人民政府应当组织有关部门，结合本地区实际开展地震风险分析，并按照风险程度实行分类管理。

第二十九条　县级以上地方人民政府对未采取抗震设防措施或者未达到抗震设防强制性标准的老旧房屋抗震加固给予必要的政策支持。

国家鼓励建设工程所有权人结合电梯加装、节能改造等开展抗震加固，提升老旧房屋抗震性能。

第三十条　国家鼓励金融机构开发、提供金融产品和服务，促进建设工程抗震防灾能力提高，支持建设工程抗震相关产业发展和新技术应用。

县级以上地方人民政府鼓励和引导社会力量参与抗震性能鉴定、抗震加固。

第三十一条　国家鼓励科研教育机构设立建设工程抗震技术实验室和人

才实训基地。

县级以上人民政府应当依法对建设工程抗震新技术产业化项目用地、融资等给予政策支持。

第三十二条 县级以上人民政府住房和城乡建设主管部门或者其他有关监督管理部门应当制定建设工程抗震新技术推广目录，加强对建设工程抗震管理和技术人员的培训。

第三十三条 地震灾害发生后，县级以上人民政府住房和城乡建设主管部门或者其他有关监督管理部门应当开展建设工程安全应急评估和建设工程震害调查，收集、保存相关资料。

第六章 监督管理

第三十四条 县级以上人民政府住房和城乡建设主管部门和其他有关监督管理部门应当按照职责分工，加强对建设工程抗震设防强制性标准执行情况的监督检查。

县级以上人民政府住房和城乡建设主管部门应当会同有关部门建立完善建设工程抗震设防数据信息库，并与应急管理、地震等部门实时共享数据。

第三十五条 县级以上人民政府住房和城乡建设主管部门或者其他有关监督管理部门履行建设工程抗震监督管理职责时，有权采取以下措施：

（一）对建设工程或者施工现场进行监督检查；

（二）向有关单位和人员调查了解相关情况；

（三）查阅、复制被检查单位有关建设工程抗震的文件和资料；

（四）对抗震结构材料、构件和隔震减震装置实施抽样检测；

（五）查封涉嫌违反抗震设防强制性标准的施工现场；

（六）发现可能影响抗震质量的问题时，责令相关单位进行必要的检测、鉴定。

第三十六条 县级以上人民政府住房和城乡建设主管部门或者其他有关监督管理部门开展监督检查时，可以委托专业机构进行抽样检测、抗震性能鉴定等技术支持工作。

第三十七条 县级以上人民政府住房和城乡建设主管部门或者其他有关监督管理部门应当建立建设工程抗震责任企业及从业人员信用记录制度，将相关信用记录纳入全国信用信息共享平台。

第三十八条 任何单位和个人对违反本条例规定的违法行为，有权进行举报。

接到举报的住房和城乡建设主管部门或者其他有关监督管理部门应当进行调查,依法处理,并为举报人保密。

第七章　法律责任

第三十九条　违反本条例规定,住房和城乡建设主管部门或者其他有关监督管理部门工作人员在监督管理工作中玩忽职守、滥用职权、徇私舞弊的,依法给予处分。

第四十条　违反本条例规定,建设单位明示或者暗示勘察、设计、施工等单位和从业人员违反抗震设防强制性标准,降低工程抗震性能的,责令改正,处20万元以上50万元以下的罚款;情节严重的,处50万元以上500万元以下的罚款;造成损失的,依法承担赔偿责任。

违反本条例规定,建设单位未经超限高层建筑工程抗震设防审批进行施工的,责令停止施工,限期改正,处20万元以上100万元以下的罚款;造成损失的,依法承担赔偿责任。

违反本条例规定,建设单位未组织勘察、设计、施工、工程监理单位建立隔震减震工程质量可追溯制度的,或者未对隔震减震装置采购、勘察、设计、进场检测、安装施工、竣工验收等全过程的信息资料进行采集和存储,并纳入建设项目档案的,责令改正,处10万元以上30万元以下的罚款;造成损失的,依法承担赔偿责任。

第四十一条　违反本条例规定,设计单位有下列行为之一的,责令改正,处10万元以上30万元以下的罚款;情节严重的,责令停业整顿,降低资质等级或者吊销资质证书;造成损失的,依法承担赔偿责任:

(一)未按照超限高层建筑工程抗震设防审批意见进行施工图设计;

(二)未在初步设计阶段将建设工程抗震设防专篇作为设计文件组成部分;

(三)未按照抗震设防强制性标准进行设计。

第四十二条　违反本条例规定,施工单位在施工中未按照抗震设防强制性标准进行施工的,责令改正,处工程合同价款2%以上4%以下的罚款;造成建设工程不符合抗震设防强制性标准的,负责返工、加固,并赔偿因此造成的损失;情节严重的,责令停业整顿,降低资质等级或者吊销资质证书。

第四十三条　违反本条例规定,施工单位未对隔震减震装置取样送检或者使用不合格隔震减震装置的,责令改正,处10万元以上20万元以下的罚款;情节严重的,责令停业整顿,并处20万元以上50万元以下的罚款,降低资质等级或者吊销资质证书;造成损失的,依法承担赔偿责任。

第四十四条 违反本条例规定，工程质量检测机构未建立建设工程过程数据和结果数据、检测影像资料及检测报告记录与留存制度的，责令改正，处10万元以上30万元以下的罚款；情节严重的，吊销资质证书；造成损失的，依法承担赔偿责任。

违反本条例规定，工程质量检测机构出具虚假的检测数据或者检测报告的，责令改正，处10万元以上30万元以下的罚款；情节严重的，吊销资质证书和负有直接责任的注册执业人员的执业资格证书，其直接负责的主管人员和其他直接责任人员终身禁止从事工程质量检测业务；造成损失的，依法承担赔偿责任。

第四十五条 违反本条例规定，抗震性能鉴定机构未按照抗震设防强制性标准进行抗震性能鉴定的，责令改正，处10万元以上30万元以下的罚款；情节严重的，责令停业整顿，并处30万元以上50万元以下的罚款；造成损失的，依法承担赔偿责任。

违反本条例规定，抗震性能鉴定机构出具虚假鉴定结果的，责令改正，处10万元以上30万元以下的罚款；情节严重的，责令停业整顿，并处30万元以上50万元以下的罚款，吊销负有直接责任的注册执业人员的执业资格证书，其直接负责的主管人员和其他直接责任人员终身禁止从事抗震性能鉴定业务；造成损失的，依法承担赔偿责任。

第四十六条 违反本条例规定，擅自变动、损坏或者拆除建设工程抗震构件、隔震沟、隔震缝、隔震减震装置及隔震标识的，责令停止违法行为，恢复原状或者采取其他补救措施，对个人处5万元以上10万元以下的罚款，对单位处10万元以上30万元以下的罚款；造成损失的，依法承担赔偿责任。

第四十七条 依照本条例规定，给予单位罚款处罚的，对其直接负责的主管人员和其他直接责任人员处单位罚款数额5%以上10%以下的罚款。

本条例规定的降低资质等级或者吊销资质证书的行政处罚，由颁发资质证书的机关决定；其他行政处罚，由住房和城乡建设主管部门或者其他有关监督管理部门依照法定职权决定。

第四十八条 违反本条例规定，构成犯罪的，依法追究刑事责任。

第八章 附 则

第四十九条 本条例下列用语的含义：

（一）建设工程：主要包括土木工程、建筑工程、线路管道和设备安装工程等。

（二）抗震设防强制性标准：是指包括抗震设防类别、抗震性能要求和抗震设防措施等内容的工程建设强制性标准。

（三）地震时使用功能不能中断或者需要尽快恢复的建设工程：是指发生地震后提供应急医疗、供水、供电、交通、通信等保障或者应急指挥、避难疏散功能的建设工程。

（四）高烈度设防地区：是指抗震设防烈度为 8 度及以上的地区。

（五）地震重点监视防御区：是指未来 5 至 10 年内存在发生破坏性地震危险或者受破坏性地震影响，可能造成严重的地震灾害损失的地区和城市。

第五十条　抢险救灾及其他临时性建设工程不适用本条例。

军事建设工程的抗震管理，中央军事委员会另有规定的，适用有关规定。

第五十一条　本条例自 2021 年 9 月 1 日起施行。

国务院文件

国务院办公厅关于加快发展外贸新业态新模式的意见

（2021年7月2日　国办发〔2021〕24号）

新业态新模式是我国外贸发展的有生力量，也是国际贸易发展的重要趋势。加快发展外贸新业态新模式，有利于推动贸易高质量发展，培育参与国际经济合作和竞争新优势，对于服务构建新发展格局具有重要作用。为深入贯彻党中央、国务院决策部署，促进外贸新业态新模式健康持续创新发展，经国务院同意，现提出以下意见：

一、总体要求

（一）指导思想。以习近平新时代中国特色社会主义思想为指导，全面贯彻落实党的十九大和十九届二中、三中、四中、五中全会精神，坚持稳中求进工作总基调，立足新发展阶段、贯彻新发展理念、构建新发展格局，以供给侧结构性改革为主线，深化外贸领域“放管服”改革，推动外贸领域制度创新、管理创新、服务创新、业态创新、模式创新，拓展外贸发展空间，提升外贸运行效率，保障产业链供应链畅通运转，推动高质量发展。

（二）基本原则。

坚持鼓励创新。充分发挥市场在资源配置中的决定性作用，更好发挥政府作用，进一步释放市场主体活力。开展先行先试，鼓励在外贸领域广泛运用新技术新工具，推动传统业态转型升级，细化贸易分工，提升专业化水平，促进业态融合创新，不断探索新的外贸业态和模式。

坚持包容审慎。统筹发展和安全，坚持在发展中规范、在规范中发展。建立健全适应外贸新业态新模式发展的政策体系。完善信息数据、信用体系、知识产权保护等方面标准、制度。科学合理界定平台责任。加强事中事后监管，持续优化营商环境，促进公平竞争。

坚持开放合作。统筹国内国际两个市场、两种资源，坚持互利共赢开放战略，促进贸易和投资自由化便利化。加强部门、地方、行业、企业间协作联动，提升政府管理和服务效能。积极探索建立适应和引领外贸新业态新模式发展的国际规则，推动高水平开放。

（三）发展目标。到 2025 年，外贸新业态新模式发展的体制机制和政策体系更为完善，营商环境更为优化，形成一批具有国际竞争力的行业龙头企业和产业集群，产业价值链水平进一步提升，对外贸和国民经济的带动作用进一步增强。到 2035 年，外贸新业态新模式发展水平位居创新型国家前列，法律法规体系更加健全，贸易自由化便利化程度达到世界先进水平，为贸易高质量发展提供强大动能，为基本实现社会主义现代化提供强劲支撑。

二、积极支持运用新技术新工具赋能外贸发展

（四）推广数字智能技术应用。运用数字技术和数字工具，推动外贸全流程各环节优化提升。发挥"长尾效应"，整合碎片化订单，拓宽获取订单渠道。大力发展数字展会、社交电商、产品众筹、大数据营销等，建立线上线下融合、境内境外联动的营销体系。集成外贸供应链各环节数据，加强资源对接和信息共享。到 2025 年，外贸企业数字化、智能化水平明显提升。（商务部牵头，各有关单位按职责分工负责）

（五）完善跨境电商发展支持政策。在全国适用跨境电商企业对企业（B2B）直接出口、跨境电商出口海外仓监管模式，完善配套政策。便利跨境电商进出口退换货管理。优化跨境电商零售进口商品清单。稳步开展跨境电商零售进口药品试点工作。引导企业用好跨境电商零售出口增值税、消费税免税政策和所得税核定征收办法。研究制定跨境电商知识产权保护指南，引导跨境电商平台防范知识产权风险。到 2025 年，跨境电商政策体系进一步完善，发展环境进一步优化，发展水平进一步提升。（商务部牵头，财政部、海关总署、税务总局、国家外汇局、国家药监局、国家知识产权局按职责分工负责）

（六）扎实推进跨境电子商务综合试验区建设。扩大跨境电子商务综合试验区（以下简称综试区）试点范围。积极开展先行先试，进一步完善跨境电商线上综合服务和线下产业园区"两平台"及信息共享、金融服务、智能物流、电商诚信、统计监测、风险防控等监管和服务"六体系"，探索更多的好经验好做法。鼓励跨境电商平台、经营者、配套服务商等各类主体做大做强，加快自主品牌培育。建立综试区考核评估和退出机制，2021 年组织开展考核评估。到 2025 年，综试区建设取得显著成效，建成一批要素集聚、主体多元、服务专业的跨境电商线下产业园区，形成各具特色的发展格局，成为引领跨境电商发展的创新集群。（商务部牵头，中央网信办、国家发展改革委、工业和信息化部、财政部、交通运输部、人民银行、海关总署、税务总局、市场监管总局、银保监会、

国家邮政局、国家外汇局按职责分工负责)

(七)培育一批优秀海外仓企业。鼓励传统外贸企业、跨境电商和物流企业等参与海外仓建设,提高海外仓数字化、智能化水平,促进中小微企业借船出海,带动国内品牌、双创产品拓展国际市场空间。支持综合运用建设—运营—移交(BOT)、结构化融资等投融资方式多元化投入海外仓建设。充分发挥驻外使领馆和经商机构作用,为海外仓企业提供前期指导服务,协助解决纠纷。到2025年,力争培育100家左右在信息化建设、智能化发展、多元化服务、本地化经营等方面表现突出的优秀海外仓企业。(商务部牵头,外交部、国家发展改革委、银保监会按职责分工负责)

(八)完善覆盖全球的海外仓网络。支持企业加快重点市场海外仓布局,完善全球服务网络,建立中国品牌的运输销售渠道。鼓励海外仓企业对接综试区线上综合服务平台、国内外电商平台等,匹配供需信息。优化快递运输等政策措施,支持海外仓企业建立完善物流体系,向供应链上下游延伸服务,探索建设海外物流智慧平台。推进海外仓标准建设。到2025年,依托海外仓建立覆盖全球、协同发展的新型外贸物流网络,推出一批具有国际影响力的国家、行业等标准。(商务部牵头,国家发展改革委、交通运输部、市场监管总局、国家邮政局按职责分工负责)

三、持续推动传统外贸转型升级

(九)提升传统外贸数字化水平。支持传统外贸企业运用云计算、人工智能、虚拟现实等先进技术,加强研发设计,开展智能化、个性化、定制化生产。鼓励企业探索建设外贸新业态大数据实验室。引导利用数字化手段提升传统品牌价值。鼓励建设孵化机构和创新中心,支持中小微企业创业创新。到2025年,形成新业态驱动、大数据支撑、网络化共享、智能化协作的外贸产业链供应链体系。(商务部牵头,各有关单位按职责分工负责)

(十)优化市场采购贸易方式政策框架。完善市场采购贸易方式试点动态调整机制,设置综合评价指标,更好发挥试点区域示范引领作用。支持各试点区域因地制宜探索创新,吸纳更多内贸主体开展外贸,引导市场主体提高质量、改进技术、优化服务、培育品牌,提升产品竞争力,放大对周边产业的集聚和带动效应。到2025年,力争培育10家左右出口超千亿元人民币的内外贸一体化市场,打造一批知名品牌。(商务部牵头,国家发展改革委、财政部、海关总署、税务总局、市场监管总局、国家外汇局按职责分工负责)

(十一)提升市场采购贸易方式便利化水平。进一步优化市场采购贸易综合管理系统,实现源头可溯、风险可控、责任可究。继续执行好海关简化申报、市场采购贸易方式出口的货物免征增值税等试点政策,优化通关流程。扩大市场采购贸易预包装食品出口试点范围。对在市场采购贸易综合管理系统备案且可追溯交易真实性的市场采购贸易收入,引导银行提供更为便捷的金融服务。(商务部牵头,国家发展改革委、财政部、人民银行、海关总署、税务总局、市场监管总局、国家外汇局按职责分工负责)

四、深入推进外贸服务向专业细分领域发展

(十二)进一步支持外贸综合服务企业健康发展。落实落细集中代办退税备案工作,提高工作效率。对已经办理代办退税备案但尚未进行过首次申报退(免)税实地核查的生产企业,在收到首次委托代办退税业务申报信息后,进一步提高实地核查工作效率。引导外贸综合服务企业(以下简称综服企业)规范内部风险管理,提升集中代办退税风险管控水平。进一步落实完善海关"双罚"机制,在综服企业严格履行合理审查义务,且无故意或重大过失情况下,由综服企业和其客户区分情节承担相应责任。到2025年,适应综服企业发展的政策环境进一步优化。(商务部牵头,海关总署、税务总局按职责分工负责)

(十三)提升保税维修业务发展水平。进一步支持综合保税区内企业开展维修业务,动态调整维修产品目录,研究将医疗器械等产品纳入目录。支持自贸试验区内企业按照综合保税区维修产品目录开展"两头在外"的保税维修业务,由自贸试验区所在地省级人民政府对维修项目进行综合评估、自主支持开展,对所支持项目的监管等事项承担主体责任。探索研究支持有条件的综合保税区外企业开展高技术含量、高附加值、符合环保要求的自产出口产品保税维修,以试点方式稳妥推进,加强评估,研究制定管理办法和维修产品清单。到2025年,逐步完善保税维修业务政策体系。(商务部牵头,财政部、生态环境部、海关总署、税务总局按职责分工负责)

(十四)稳步推进离岸贸易发展。鼓励银行探索优化业务真实性审核方式,按照展业原则,基于客户信用分类及业务模式提升审核效率,为企业开展真实合规的离岸贸易业务提供优质的金融服务,提升贸易结算便利化水平。在自贸试验区进一步加强离岸贸易业务创新,支持具备条件并有较强竞争力和管理能力的城市和地区发展离岸贸易。(商务部、人民银行、国家外汇局按职责分工负责)

(十五)支持外贸细分服务平台发展壮大。支持在营销、支付、交付、物流、品控等外贸细分领域共享创新。鼓励外贸细分服务平台在各区域、各行业深耕垂直市场,走"专精特新"之路。鼓励外贸企业自建独立站,支持专业建站平台优化提升服务能力。探索区块链技术在贸易细分领域中的应用。到2025年,形成一批国际影响力较强的外贸细分服务平台企业。(商务部牵头,各有关单位按职责分工负责)

五、优化政策保障体系

（十六）创新监管方式。根据外贸业态发展需要，适时研究完善相关法律法规，科学设置“观察期”和“过渡期”。引入“沙盒监管”模式，为业态创新提供安全空间。推动商务、海关、税务、市场监管、邮政等部门间数据对接，在优化服务的同时，加强对逃税、假冒伪劣、虚假交易等方面的监管。完善外贸新业态新模式统计体系。（商务部牵头，海关总署、税务总局、市场监管总局、国家统计局、国家邮政局按职责分工负责）

（十七）落实财税政策。充分发挥外经贸发展专项资金、服务贸易创新发展引导基金作用，引导社会资本以基金方式支持外贸新业态新模式发展。积极探索实施促进外贸新业态新模式发展的税收征管和服务措施，优化相关税收环境。支持外贸新业态新模式企业适用无纸化方式申报退税。对经认定为高新技术企业的外贸新业态新模式企业，可按规定享受高新技术企业所得税优惠政策。（财政部、商务部、税务总局按职责分工负责）

（十八）加大金融支持力度。深化政银企合作，积极推广“信易贷”等模式，鼓励金融机构、非银行支付机构、征信机构、外贸服务平台等加强合作，为具有真实交易背景的外贸新业态新模式企业提供便利化金融服务。鼓励符合条件的外贸新业态新模式企业通过上市、发行债券等方式进行融资。加快贸易金融区块链平台建设。加大出口信用保险对海外仓等外贸新业态新模式的支持力度，积极发挥风险保障和融资促进作用。（国家发展改革委、财政部、商务部、人民银行、银保监会、证监会、国家外汇局、进出口银行、中国出口信用保险公司按职责分工负责）

（十九）便捷贸易支付结算管理。深化贸易外汇收支便利化试点，支持更多符合条件的银行和支付机构依法合规为外贸新业态新模式企业提供结算服务。鼓励研发安全便捷的跨境支付产品，支持非银行支付机构“走出去”。鼓励外资机构参与中国支付服务市场的发展与竞争。（人民银行、国家外汇局按职责分工负责）

六、营造良好环境

（二十）维护良好外贸秩序。加强反垄断和反不正当竞争规制，着力预防和制止外贸新业态领域垄断和不正当竞争行为，保护公平竞争，防止资本无序扩张。探索建立外贸新业态新模式企业信用评价体系，鼓励建立重要产品追溯体系。支持制定外贸新业态领域的国家、行业和地方标准，鼓励行业协会制定相关团体标准。（商务部、国家发展改革委、海关总署、市场监管总局按职责分工负责）

（二十一）推进新型外贸基础设施建设。支持外贸领域的线上综合服务平台、数字化公共服务平台等建设。鼓励电信企业为外贸企业开展数字化营销提供国际互联网数据专用通道。完善国际邮件互换局(交换站)和国际快件处理中心布局。开行中欧班列专列,满足外贸新业态新模式发展运输需要。(商务部、国家发展改革委、工业和信息化部、国家邮政局、中国国家铁路集团有限公司按职责分工负责)

(二十二)加强行业组织建设和专业人才培育。依法推动设立外贸新业态领域相关行业组织,出台行业服务规范和自律公约。鼓励普通高校、职业院校设置相关专业。引导普通高校、职业院校与企业合作,培养符合外贸新业态新模式发展需要的管理人才和高素质技术技能人才。(商务部、教育部、民政部按职责分工负责)

(二十三)深化国际交流合作。积极参与世贸组织、万国邮联等多双边谈判,推动形成电子签名、电子合同、电子单证等方面的国际标准。加强知识产权保护、跨国物流等领域国际合作,参与外贸新业态新模式的国际规则和标准制定。加强与有关国家在相关领域政府间合作,推动双向开放。大力发展丝路电商,加强"一带一路"经贸合作。推动我国外贸新业态新模式与国外流通业衔接连通。鼓励各地方、各试点单位、各企业开展国际交流合作。(商务部牵头,各地方人民政府、各有关单位按职责分工负责)

七、做好组织实施

(二十四)加强组织领导。充分发挥国务院推进贸易高质量发展部际联席会议制度作用,加强部门联动、央地协同,统筹协调解决重大问题。各地区、各有关部门要按照职责分工抓好贯彻落实,密切协作配合,及时出台相关措施,继续大胆探索实践。商务部要会同有关部门加强工作指导,确保各项措施落地见效。(商务部牵头,各地方人民政府、各有关单位按职责分工负责)

(二十五)做好宣传推广。不断总结推广好经验好做法。加强舆论引导,宣介外贸新业态新模式发展成效。积极营造鼓励创新、充满活力、公平竞争、规范有序的良好氛围,促进外贸新业态新模式健康持续创新发展。(商务部牵头,各地方人民政府、各有关单位按职责分工负责)

国务院关于印发“十四五”残疾人保障和发展规划的通知

（2021年7月8日　国发〔2021〕10号）

现将《“十四五”残疾人保障和发展规划》印发给你们，请认真贯彻执行。

“十四五”残疾人保障和发展规划

为贯彻落实习近平总书记关于残疾人事业的重要指示批示精神和党中央、国务院决策部署，进一步保障残疾人民生、促进残疾人发展，依据《中华人民共和国残疾人保障法》和《中华人民共和国国民经济和社会发展第十四个五年规划和2035年远景目标纲要》，制定本规划。

一、编制背景

党中央、国务院高度重视残疾人事业发展，对残疾人格外关心、格外关注。“十三五”时期，残疾人事业取得重大成就，“全面建成小康社会，残疾人一个也不能少”的目标如期实现。710万农村建档立卡贫困残疾人脱贫，城乡新增180.8万残疾人就业，1076.8万困难残疾人被纳入最低生活保障范围。1212.6万困难残疾人得到生活补贴，1473.8万重度残疾人得到护理补贴。残疾人基本康复服务覆盖率达到80%，辅助器具适配率达到80%。残疾儿童少年接受义务教育的比例达到95%，5万多残疾学生进入高等院校学习。城乡无障碍环境明显改善，关爱帮助残疾人的社会氛围日益浓厚。越来越多的残疾人更加勇敢地面对生活的挑战，更加坚强地为梦想而奋斗，为经济社会发展作出了重要贡献。我国在国际残疾人事务中的影响力显著提升。这些重大成就，有效改善了残疾人民生，有力推动了社会文明进步，成为全面建成小康社会的重要方面，彰显了中国共产党领导和中国特色社会主义制度的显著优势。

我国有8500多万残疾人。“十四五”时期，由于人口老龄化加快等因素，残疾仍会多发高发。残疾人人数众多、特性突出，特别需要关心帮助。当前面临的突出问题：一是残疾人返贫致贫风险高，相当数量的低收入残疾人家庭生活还比较困难。二是残疾人社会保障水平和就业质量还不高，残疾人家庭人均收入与社会平均水平相比还存在不小差距。三是残疾人公共服务总量不足、分布不均衡、质量效益还不高,残疾人就学就医、康复照护、无障碍等多样化需求还没有得到满足。四是残疾人平等权利还没有得到充分实现,歧视残疾人、侵害残疾人权益的现象还时有发生。五是残疾人事业仍然是经济社会发展的短板,欠发达地区、农村和基层为残疾人服务的能力尤其薄弱。

残疾人事业是中国特色社会主义事业的重要组成部分,扶残助残是社会文明进步的重要标志。习近平总书记强调,“残疾人事业一定要继续推动”,要“促进残疾人全面发展和共同富裕”。在全面建设社会主义现代化国家的新征程中,决不能让残疾人掉队。“十四五”时期,要继续加快发展残疾人事业,团结带领残疾人和全国人民一道,积极投身全面建设社会主义现代化国家的伟大实践,共建共享更加幸福美好的生活。

二、总体要求

(一)指导思想。

高举中国特色社会主义伟大旗帜,深入贯彻党的十九大和十九届二中、三中、四中、五中全会精神,坚持以习近平新时代中国特色社会主义思想为指导,贯彻落实习近平总书记关于残疾人事业的重要指示批示精神和党中央、国务院决策部署,立足新发展阶段、贯彻新发展理念、构建新发展格局,坚持弱有所扶,以推动残疾人事业高质量发展为主题,以巩固拓展残疾人脱贫攻坚成果、促进残疾人全面发展和共同富裕为主线,保障残疾人平等权利,增进残疾人民生福祉,增强残疾人自我发展能力,推动残疾人事业向着现代化迈进,不断满足残疾人美好生活需要。

(二)基本原则。

坚持党的全面领导。健全党委领导、政府负责的残疾人工作领导体制,为残疾人保障和发展提供坚强的政治保障、组织保障。

坚持以人民为中心。坚持对残疾人格外关心、格外关注,解决好残疾人最关心、最直接、最现实的利益问题。激发残疾人的积极性、主动性、创造性,不断增强残疾人的获得感、幸福感、安全感。

坚持保基本、兜底线。着力完善残疾人社会福利制度和关爱服务体系,织密扎牢残疾人民生保障安全网,堵漏洞、补短板、强弱项,改善残疾人生活品质,促进残疾人共享经济社会发展成果。

坚持固根基、提质量。深化残疾人服务供给侧改革,强化残疾人事业人才培养、科技应用、信息化、智能化等基础保障条件,推动残疾人事业高质量发展,满足残疾人多层次、多样化的发展需要。

坚持统筹协调、形成合力。发挥政府主导作用和社会力量、市场主体协同作用,发挥地方优势和基层首创精神,集成政策、整合资源、优化服务,促进残疾人事业与经济社会协调发展，推动城乡、区域残疾人事业均衡发展。

（三）主要目标。

到2025年，残疾人脱贫攻坚成果巩固拓展，生活品质得到新改善，民生福祉达到新水平。多层次的残疾人社会保障制度基本建立，残疾人基本民生得到稳定保障，重度残疾人得到更好照护。多形式的残疾人就业支持体系基本形成，残疾人实现较为充分较高质量的就业。均等化的残疾人基本公共服务体系更加完备，残疾人思想道德素养、科学文化素质和身心健康水平明显提高。无障碍环境持续优化，残疾人在政治、经济、文化、社会、家庭生活等各方面平等权利得到更好实现。残疾人事业基础保障条件明显改善，质量效益不断提升。

到2035年，残疾人事业与经济社会协调发展，与国家基本实现现代化目标相适应。残疾人物质生活更为宽裕，精神生活更为丰富，与社会平均水平的差距显著缩小。平等包容的社会氛围更加浓厚，残疾人充分享有平等参与、公平发展的权利，残疾人的全面发展和共同富裕取得更为明显的实质性进展。

专栏1 “十四五”残疾人保障和发展主要指标

类别	指　标	2020年	2025年	属性
收入和就业	1.残疾人家庭人均收入年均增长（%）	——	与国内生产总值增长基本同步	预期性
	2.城乡残疾人职业技能培训人数（人）	——	200万	预期性
社会保障和基本公共服务	3.符合条件的残疾人纳入最低生活保障比例（%）	100	100	约束性
	4.困难残疾人生活补贴覆盖率（%）	100	100	约束性
	5.重度残疾人护理补贴覆盖率（%）	100	100	约束性
	6.残疾人城乡居民基本养老保险参保率（%）	90	>90	预期性
	7.残疾人城乡居民基本医疗保险参保率（%）	>95	>95	预期性
	8.残疾儿童少年义务教育入学率（%）	95	97	预期性
	9.残疾人基本康复服务覆盖率（%）	>80	85	约束性
	10.残疾人辅助器具适配率（%）	>80	85	约束性
	11.困难重度残疾人家庭无障碍改造数（户）	——	110万	约束性

三、重点任务

(一)完善残疾人社会保障制度,为残疾人提供更加稳定更高水平的民生保障。

1. 巩固拓展残疾人脱贫攻坚成果。健全易返贫致贫人口动态监测预警和帮扶机制,将符合条件的残疾人及时纳入易返贫致贫监测范围,对易返贫致贫残疾人及时给予有效帮扶。对脱贫人口中完全丧失劳动能力或部分丧失劳动能力且无法通过产业就业获得稳定收入的残疾人,按规定纳入农村低保或特困人员救助供养范围,做到应保尽保、应兜尽兜。做好易地搬迁残疾人后续帮扶工作。按照巩固拓展脱贫攻坚成果同乡村振兴有效衔接要求,持续做好农村低收入残疾人家庭帮扶工作。继续把残疾人帮扶作为东西部协作工作重要内容,持续动员社会力量参与残疾人帮扶。依法保障农村残疾人的土地承包经营权、宅基地使用权、集体收益分配权等权益。在深化农村集体产权制度改革中帮助残疾人共享集体经济发展成果。扶持农村残疾人参与乡村富民产业,分享产业链增值收益。充分发挥基层党组织在扶残助残中的重要作用,组织协调各方面资源力量加强对残疾人的关心关爱。

2. 强化残疾人社会救助保障。为符合条件的残疾人和残疾人家庭提供特困人员救助供养或最低生活保障。加强对生活无着流浪乞讨残疾人的救助安置和寻亲服务。做好对符合条件残疾人的医疗救助,强化医疗救助与基本医疗保险、大病保险的互补衔接,减轻困难残疾人医疗费用负担。加强临时救助,在重大疫情等突发公共事件中做好对困难残疾人的急难救助。

3. 加快发展残疾人托养和照护服务。积极发展服务类社会救助,推动开展残疾人长期照护服务。着力增强县级特困人员救助供养服务机构对残疾人特困对象的照护服务能力。鼓励通过政府购买服务对社会救助家庭中生活不能自理的残疾人提供必要的访视、照护服务。落实托养服务机构扶持政策,继续实施“阳光家园计划”,为就业年龄段(16—59周岁)智力、精神和重度肢体残疾人等提供托养服务,支持中西部地区残疾人托养服务发展。研究探索老年人能力评估标准、长期护理保险失能等级评估标准等与国家残疾人残疾分类和分级标准的衔接,支持养老服务机构完善服务功能,接收符合条件的盲人、聋人等老年残疾人。研究制定低收入重度残疾人照护服务指导意见,为符合条件的重度残疾人提供集中照护、日间照料、居家服务、邻里互助等多种形式的社会化照护服务。

4. 提高残疾人保险覆盖率和待遇水平。落实地方政府为重度残疾人代缴城乡居民基本养老保险费、资助符合条件的残疾人参加城乡居民基本医疗保险、对残疾人个体工商户和安置残疾人就业单位社会保险进行补贴等政策,帮助残疾人按规定参加基本养老和基本医疗保险,实现应保尽保。研究制定职工基本养老保险参保人员病残津贴政策。落实好 29 项符合条件的残疾人医疗康复项目纳入基本医保支付范围的政策,按规定做好重性精神病药物维持治疗参保患者门诊保障工作。支持就业残疾人依法参加失业保险,享受失业保险待遇。推进用人单位依法参加工伤保险,按规定支付工伤保险待遇,加强工伤预防和工伤职工康复工作。开展长期护理保险试点的地区,按规定将符合条件的残疾人纳入保障范围。鼓励残疾人参加意外伤害、补充养老等商业保险。鼓励商业保险机构开发残疾人商业保险产品、财产信托等服务。

5. 完善残疾人社会福利制度和社会优待政策。全面落实困难残疾人生活补贴和重度残疾人护理补贴制度,普遍建立补贴标准动态调整机制,有条件的地方可按规定扩大对象范围。有条件的地方可以对城乡困难残疾人、重度残疾人基本型辅助器具适配给予补贴,为残疾人携带辅助器具、导盲犬等乘坐公共交通工具、出入公共场所和进出境提供便利。落实低收入残疾人家庭生活用水、电、气、暖优惠补贴政策和电信业务资费优惠政策。落实残疾人机动轮椅车燃油补贴政策,落实残疾人乘坐市内公共汽车电车、城市轨道交通等优待政策,鼓励铁路、民航等为残疾人提供优惠便利。完善残疾人驾驶机动车政策。加强残疾孤儿、事实无人抚养残疾儿童医疗、康复、教育等服务,合理确定包括残疾孤儿、事实无人抚养残疾儿童在内的孤儿、事实无人抚养儿童等基本生活费标准,提升儿童福利机构安全管理水平和服务质量。加快建设精神卫生福利服务体系,为特殊困难精神残疾人提供康复、照护等服务。逐步实现在内地长期居住的港澳台地区残疾人享有居住地普惠性社会保障和公共服务。

6. 保障残疾人基本住房安全便利。优先解决低收入残疾人家庭住房安全问题。持续支持符合条件的农村低收入残疾人家庭实施危房改造,对符合条件的城镇残疾人家庭优先配租公租房,不断改善残疾人居住条件。城镇保障性住房建设、农村危房改造统筹考虑无障碍设施设备建设安装。

7. 落实残疾军人和伤残民警抚恤优待政策。构建科学化残疾评鉴、制度化退役安置、规范化收治休养、标准化待遇保障的伤病残军人安置管理和服务优待体系,合理确定残疾军人抚恤金标准,妥善解决伤病残军人生活待遇、子女入学等现实困难。修订《军人抚恤优待条例》、《人民警察抚恤优待办法》,加强相关抚恤优待工作,协调推动国家综合性消防救援队伍人员伤残优待政策落实落地。促进残疾军人、伤残民警残疾评定标准与国家残疾人残疾分类和分级标准合理衔接,保证残疾军人、伤残民警优先享受扶残助残政策待遇、普惠性社会保障和公共服务。

8. 加强重大疫情等突发公共事件中对残疾人的保护。推动公共卫生立法和突发公共事件应急预案保障残疾人等重点人群。制定重大疫情、自然灾害、安全事故等突发公共事件中残疾人社会支持和防护保护指南,研发适用于残疾人的专业救援技术和设备。加强残疾人集中场所和残疾人服务机构安全保障、应急服务、消防安全能力建设。村(社区)可以通过结对帮扶等方式,动员村(居)民协助残疾人更好应对突发灾害事故、及时疏散逃生。开展残疾人应急科普宣传,引导残疾人增强自救互救能力。

专栏2　残疾人社会保障重点项目

一、资金类

1. 最低生活保障。将符合条件的残疾人家庭全部纳入最低生活保障范围,低保边缘家庭的重度残疾人经本人申请参照单人户纳入低保范围。对纳入低保范围后生活仍有困难的残疾人和残疾人家庭,采取必要措施给予生活保障。

2. 困难残疾人生活补贴和重度残疾人护理补贴。完善困难残疾人生活补贴和重度残疾人护理补贴标准动态调整机制,补贴标准根据经济社会发展水平和残疾人生活保障需求、长期照护需求以及财政承受能力统筹确定,逐步完善补贴办法。推动两项补贴资格认定申请“跨省通办”,构建主动发现、精准发放、动态监管的智慧管理服务机制。

3. 残疾人基本型辅助器具适配资助。通过政府补贴等方式,对符合条件的残疾人适配辅助器具给予支持。

4. 残疾人电信业务资费优惠。合理降低残疾人使用移动电话、宽带网络等服务费用,减免残疾人使用助残公益类移动互联网应用程序(APP)流量资费。

5. 残疾评定补贴。为符合条件的低收入和重度残疾人残疾评定提供补贴和便利服务。

二、服务类

1. 困难残疾人走访探视服务。村(居)委会和残疾人协会对困难残疾人开展经常性走访探视,发现问题及时报告,协助予以解决。

2. 低收入重度残疾人照护服务。低收入重度残疾人数量和服务需求较多的乡镇(街道)可建立集中照护服务机构;有条件的村(社区)依托公共服务设施,为符合条件的重度残疾人提供集中照护、日间照料、居家服务、邻里互助等多种形式的社会化照护服务。

3. 就业年龄段残疾人托养服务。乡镇(街道)根据需要建立残疾人托养服务机构,或依托党群服务中心、社区服务中心、社会福利机构、社会组织、企业等为就业年龄段智力、精神和重度肢体残疾人等提供生活照料和护理、生活自理能力训练、社会适应能力训练、运动能力训练、职业康复与劳动技能训练、辅助性就业等服务。政府投资建设的市、县级残疾人托养服务机构要发挥示范作用。

续表

4. 残疾人社会工作和家庭支持服务。开展残疾人社会工作服务，为残疾人建立社会支持网络，让更多残疾人有"微信群"、"朋友圈"。为残疾人家庭提供临时照护"喘息服务"、心理辅导和康复、教育等专业指导。逐步在残疾人服务机构中设置社会工作岗位。 5. 重大疫情等突发公共事件中困难残疾人急难救助。对因疫情防控在家隔离的残疾人，落实包保联系人，加强走访探视，及时提供必要帮助。因突发事件等紧急情况，监护人暂时无法履行监护职责、被监护人处于无人照料状态的，被监护人住所地的村（居）委会或者相关部门应当及时为被监护人提供必要的临时生活照护。

（二）帮扶城乡残疾人就业创业，帮助残疾人通过生产劳动过上更好更有尊严的生活。

1. 完善残疾人就业法规政策。修订实施《残疾人就业条例》。落实残疾人就业支持政策，保障残疾人就业培训、就业服务、补贴奖励等相关资金投入。完善残疾人按比例就业制度，制定党政机关、事业单位、国有企业带头安置残疾人就业办法，合理认定按比例安排残疾人就业形式。加强残疾人就业促进政策与社会保障政策的衔接，纳入低保范围的已就业残疾人可按规定在核算其家庭收入时扣减必要的就业成本，并在其家庭成员人均收入超过当地低保标准后给予一定时间的渐退期。按照国家有关规定，对残疾人就业先进个人和用人单位予以表彰。

2. 多渠道、多形式促进残疾人就业创业。开展残疾人就业促进专项行动。对正式招录（聘）残疾人的用人单位按规定给予岗位补贴、社会保险补贴、职业培训补贴、设施设备购置改造补贴、职业技能鉴定补贴等扶持，对超比例安排残疾人就业的用人单位给予奖励。规范残疾人按比例就业年审并实现全国联网认证。落实残疾人集中就业单位税费优惠、政府优先采购等扶持政策，稳定残疾人集中就业。支持非营利性残疾人集中就业机构持续发展。在经营场地、设施设备、社会保险补贴、金融信贷等方面扶持残疾人自主创业、灵活就业，鼓励残疾人通过新就业形态实现就业。加大对"阳光家园"、"残疾人之家"等辅助性就业机构的支持保障力度，组织智力、精神和重度肢体残疾人等就业更为困难的残疾人就近就便参加生产劳动、进行职业康复、实现社会融合。统筹现有公益性岗位，安排符合条件的残疾人就业。修订《盲人医疗按摩管理办法》，推动省级盲人按摩医院建设，制定盲人保健按摩有关标准，扶持和规范盲人按摩行业发展。拓宽残疾人特别是盲人在文化艺术、心理卫生和互联网服务等领域就业渠道。为残疾人特别是聋人参加职业技能培训、就业创业提供无障碍支持服务。支持手工制作等残疾妇女就业创业项目,鼓励残疾人参与文化产业。扶持残疾人亲属就业创业,实现零就业残疾人家庭至少有一人就业。

专栏3　残疾人就业补贴奖励重点项目
一、补贴类 1. 残疾人自主就业创业补贴。对自主创业、灵活就业的残疾人,按规定给予经营场所租赁补贴、社会保险补贴、职业培训和创业培训补贴、设施设备购置补贴、网络资费补助、一次性创业补贴;对求职创业的应届高校残疾人毕业生给予补贴。 2. 残疾学生见习补贴。对符合条件的残疾学生在见习期间给予一定标准的补贴。 3. 招录(聘)残疾人的用人单位补贴。对正式招录(聘)残疾人的用人单位,按规定给予岗位补贴、社会保险补贴、职业培训补贴、设施设备购置改造补贴、职业技能鉴定补贴;对安排残疾人见习的用人单位给予一次性补贴。 4. 辅助性就业机构补贴。对残疾人辅助性就业机构给予一次性建设、场地租金、机构运行、无障碍环境改造、生产设备和辅助器具购置等补贴。 5. 通过公益性岗位安排残疾人就业的用人单位补贴。对通过公益性岗位安排残疾人就业并缴纳社会保险费的用人单位给予社会保险补贴。 **二、奖励类** 1. 超比例安排残疾人就业奖励。对超比例安排残疾人就业的用人单位给予奖励。 2. 残疾人就业服务奖励。充分发挥残疾人就业服务中心、公共就业服务机构、劳务派遣公司、经营性人力资源服务机构在残疾人就业供需对接方面的作用,对推荐残疾人稳定就业一年以上的单位,按就业人数给予奖励。

3. 提升残疾人职业素质和就业创业能力。制定实施《残疾人职业技能提升计划(2021—2025年)》,帮助有就业愿望和培训需求的残疾人普遍得到相应的职业素质培训、就业技能培训、岗位技能培训和创业培训。继续开展农村残疾人实用技术培训。支持符合条件的残疾人技能大师建立工作室。开发线上线下相结合的残疾人职业技能培训优质课程资源。完善残疾人职业技能培训保障和管理制度。研究制定残疾人职业技能培训补贴标准。开发适合残疾人就业或为残疾人服务的新职业。举办第七届全国残疾人职业技能竞赛暨第四届全国残疾人展能节、全国残疾人岗位精英职业技能竞赛等残疾人职业技能竞赛,组团参加国际残疾人职业技能竞赛。

4. 改进残疾人就业服务。健全残疾人就业服务体系,充分发挥残疾人就业服务机构和各类公共就业服务平台、人力资源服务机构、社会组织作用,为残疾人和用人单位提供全链条、专业化、精准化服务。建立残疾人就业辅导员制度，扩大就业辅导员队伍。为高校残疾人毕业生建立就业帮扶工作台账，按照"一人一档"、"一人一策"要求重点帮扶。将符合条件的就业困难残疾人纳入就业援助范围，持续开展"就业援助月"等专项就业服务活动。加强各级残疾人就业服务机构规范化建设，明确保障条件、专业人员配备等要求。通过政府购买服务等方式开展残疾人就业服务，拓宽服务渠道，提高服务质量。举办残疾人职业人才交流、残疾人就业产品市场营销、残疾人就业创业成果展示等活动。

5. 维护残疾人就业权益。合理确定残疾人取得职业资格和公务员、事业单位人员等入职的体检条件，对于具有正常履行职责的身体条件和心理素质的残疾人，应依法保障其平等就业权益。用人单位应当为残疾职工提供适合其身心特点的劳动条件、劳动保护、无障碍环境及合理便利，在晋职、晋级、职称评定、社会保险、生活福利等方面给予其平等待遇。加强残疾人就业劳动监察，坚决防范和打击侵害残疾人就业权益的行为。

专栏4　残疾人就业服务重点项目

1. 党政机关、事业单位按比例安排残疾人就业项目。编制50人以上（含50人）的省级、地市级党政机关，编制67人以上（含67人）的事业单位（中小学、幼儿园除外），安排残疾人就业未达到规定比例的，2025年前至少安排1名残疾人。县级及以上残联机关干部队伍中要有15%以上（含15%）的残疾人。

2. 农村残疾人就业帮扶基地建设项目。依托农村创业创新孵化实训基地和家庭农场、农民合作社、农业社会化服务组织等新型农业经营主体，扶持一批辐射带动能力强、经营管理规范、具有一定规模的残疾人就业帮扶基地，带动残疾人稳定就业、生产增收。

3. 残疾人职业技能培训和创业孵化基地建设项目。依托企业、职业院校、社会培训机构等，建设一批残疾人职业技能培训和创业孵化基地，打造残疾人职业技能培训、实习见习和就业创业示范服务平台。

4. 盲人按摩提升项目。大力推进盲人医疗按摩人员在医院、社区卫生服务机构等就业执业，完善职称评定有关规定。促进盲人保健按摩行业规范化、标准化、专业化、品牌化发展。

5. 残疾人新就业形态扶持项目。鼓励互联网平台企业、中介服务机构等帮助残疾人参与网络零售、云客服、直播带货、物流快递、小店经济等新就业形态。

6. 残疾人辅助性就业项目。加强残疾人辅助性就业机构能力建设，鼓励引导市场主体和社会力量提供辅助性就业服务，提升残疾人就业水平和质量。

7. 残疾人公益性岗位项目。地方设立的乡村保洁员、水管员、护路员、生态护林员、社会救助协理员、农家书屋管理员、社区服务人员等公益性岗位优先安排残疾人。

（三）健全残疾人关爱服务体系，提升残疾人康复、教育、文化、体育等公共服务质量。

1. 加强残疾人健康服务。全面推进残疾人家庭医生签约服务，支持保障签约医生为残疾人提供基本医疗、公共卫生和健康管理等个性化服务。加强和改善残疾人医疗服务，为残疾人提供就医便利，维护残疾人平等就医权利。加强残疾人心理健康服务。关注残疾妇女健康，开展生殖健康服务。将残疾人健康状况、卫生服务需求与利用等纳入国家卫生服务调查，加强残疾人健康状况评估。

2. 提升残疾人康复服务质量。完善残疾人基本康复服务目录，继续实施精准康复服务行动，提升康复服务质量，满足残疾人基本康复服务需求。落实残疾儿童康复救助制度，合理确定康复救助标准，增加康复服务供给，确保残疾儿童得到及时有效的康复服务。加强精神卫生综合管理服务，广泛开展精神障碍社区康复。健全综合医院康复医学科、康复医院（康复医疗中心）、基层医疗卫生机构三级康复医疗服务体系。加强残疾人康复机构建设，完善全面康复业务布局，充实职业康复、社会康复、心理康复等功能。支持儿童福利机构增加和完善康复功能，配备相应的康复设备和专业技术人员，与医疗机构加强合作，提高康复医疗服务能力。加强社区康复，推广残疾人自助、互助康复，促进康复服务市场化发展。建成高起点、高水平、国际化的康复大学，加快培养高素质、专业化康复人才。完善康复人才职称评定办法。加强康复学科建设和科学技术研究，发挥中医药在康复中的独特优势，推动康复服务高质量发展。

3. 加快发展康复辅助器具服务。开展康复辅助器具产业国家综合创新试点。推广安全适用的基本型康复辅助器具，加快康复辅助器具创新产品研发生产，增强优质康复辅助器具供给能力，推动康复辅助器具服务提质升级。鼓励实施公益性康复辅助器具适配项目。完善康复辅助器具适配服务网络，加强各级康复辅助器具适配服务机构建设，支持社会力量及医疗、康复、养老机构和残疾人教育、就业、托养机构开展康复辅助器具适配服务。推广社区康复辅助器具租赁、回收、维修等服务。完善康复辅助器具标准体系，充分发挥标准对康复辅助器具产业的支持和引领作用。加强康复辅助器具产品质量检验认证。搭建产业促进和信息交流平台，继续办好中国国际福祉博览会等展示交流活动。

4. 强化残疾预防。制定实施残疾预防行动计划，结合残疾预防日、预防出生缺陷日、爱眼日、爱耳日、全国防灾减灾日等节点，广泛开展残疾预防宣传教育，形成全人群、全生命周期的残疾预防意识。加强出生缺陷综合防治，构建覆盖城乡居民，涵盖婚前、孕前、孕期、新生儿期和儿童期各阶段的出生缺陷防治体系，继续针对先天性结构畸形等疾病实施干预救助项目，预防和减少出生缺陷、发育障碍致残。大力推进0—6岁儿童残疾筛查，建立筛查、诊断、康复救助衔接机制。加强省、市、县三级妇幼保健机构能力建设，夯实县、乡、村儿童保健服务网络，不断提升儿童致残性疾病早发现、早诊断、早干预、早康复能力和效果。实施慢性病预防干预措施，开展重大慢性病早诊早治，减少慢性病致残。开展社会心理服务和社区心理干预，预防和减少精神残疾发生。开展防盲治盲、防聋治聋工作，加强对麻风病等传染病和碘缺乏病、大骨节病等地方病的防控。加强安全生产、消防安全和交通安全管理，加强道路交通安全执法和安全防护设施建设，加快公共场所急救设备配备，提高自然灾害和火灾现场应急处置能力、突发事件紧急医学救援能力和院前急救能力，防止老年人跌倒、儿童意外伤害致残，减少因灾害、事故、职业伤害等致残。

专栏5　残疾人健康和康复服务重点项目

1. 残疾人精准康复服务行动。开展残疾人康复需求调查评估，为残疾人普遍提供基本康复服务，为家庭照护者提供居家康复、照护技能培训和支持服务。针对特困残疾人和残疾孤儿实施“福康工程”、孤儿医疗康复明天计划等康复服务项目。

2. 残疾儿童康复救助项目。为符合条件的残疾儿童提供手术、辅助器具适配、康复训练等服务。有条件的地区，可扩大残疾儿童康复救助年龄范围，也可放宽对救助对象家庭经济条件的限制，合理确定救助标准，提高康复质量。

3. 精神卫生综合管理服务。开展严重精神障碍患者日常发现、登记报告、随访管理、服药指导、社区康复、心理支持和疏导等服务，为家庭照护者提供技能培训、心理支持和疏导等服务。健全精神障碍社区康复服务体系，实现80%以上县（市、区、旗）开展精神障碍社区康复服务。

4. 残疾人互助康复项目。推广脊髓损伤者“希望之家”、中途失明者“光明之家”、精神障碍患者家属专家交流互助等残疾人互助康复项目。

5. 康复辅助器具产业培育项目。鼓励康复辅助器具企业转型升级和并购重组，做大做强龙头企业，带动产业发展。

6. 康复专业人才培养项目。加强康复医疗人才队伍建设，开展残疾人康复专业技术人员规范化培训。将康复专业纳入全科医生、家庭医生、村医等培养培训内容。

7. 康复大学建设项目。建成高起点、高水平、国际化的康复大学，加强学科建设，加快培养高素质康复人才，推动现代康复医学基础研究。

5. 健全残疾人教育体系。坚持立德树人，促进残疾儿童少年德智体美劳全面发展。制定实施《第三期特殊教育提升计划（2021—2025年）》。巩固提高残疾儿童少年义务教育水平，加快发展非义务教育阶段特殊教育。健全普通学校随班就读支持保障体系，发挥残疾人教育专家委员会作用，实现适龄残疾儿童少年“一人一案”科学教育安置。着力发展以职业教育为重点的残疾人高中阶段教育，使完成义务教育且有意愿的残疾青少年都能接受适宜的中等职业教育。稳步推进残疾人高等教育，支持有条件的高校面向残疾考生开展单考单招，为残疾人接受高等教育提供支持服务。开展残疾人融合教育示范区、示范校和优秀教育教学案例遴选。支持高校开展残疾人融合教育。落实从学前到研究生教育全覆盖的学生资助政策，对家庭经济困难的残疾学生（幼儿）予以资助。为残疾学生提供辅助器具、特殊学习用品、康复训练和无障碍等支持服务，为残疾学生参加国家教育考试和部分职业考试提供合理便利。

6. 完善特殊教育保障机制。发挥高校等机构特殊教育专业优势，建设国家和省级特殊教育资源中心（基地）。各省（自治区、直辖市）根据残疾学生规模、类型、分布等情况，因地制宜合理配置特殊教育资源。支持符合条件的儿童福利机构单独设立特教班、特教幼儿园、特教学校开展特殊教育。继续改善特殊教育学校办学条件，加强特殊教育学校规范化建设，推行新课标新教材，改革教学教研，建立学校、家庭、社会协同育人机制。加强特殊教育师资队伍建设，创新培养方式，按国家有关规定开展表彰奖励，提升教书育人能力素质。加强特殊教育督导和质量监测评估。制定实施《第二期国家手语和盲文规范化行动计划（2021—2025 年）》，加快推广国家通用手语和国家通用盲文。

专栏6　残疾人教育重点项目

1. 残疾儿童少年义务教育巩固提高项目。县（市、区、旗）规范设立残疾人教育专家委员会，对适龄残疾儿童少年入学需求进行排查和评估，给予科学教育安置。推动各地规范送教上门工作。

2. 残疾幼儿学前康复教育发展项目。鼓励普通幼儿园招收具有接受普通教育能力的残疾幼儿，支持特殊教育学校、残疾儿童康复机构、儿童福利机构开展学前康复教育，有条件的地方建立残疾儿童学前康复教育机构，加强公办残疾儿童学前康复教育机构建设，支持视力、听力、智力残疾儿童和孤独症儿童接受学前康复教育。

3. 残疾人职业教育提升项目。支持普通职业院校招收具有接受普通教育能力的残疾学生。支持特殊教育学校与普通职业院校联合开展残疾人职业教育。鼓励各省（自治区、直辖市）至少办好一所面向全省（自治区、直辖市）招生的残疾人中等职业学校。支持中高等职业学校（含特教学校中职部）加强实训基地建设，为残疾学生实习实训提供保障和便利。

4. 融合教育推广项目。鼓励普通学校招收具有接受普通教育能力的残疾儿童少年，同等条件下在招生片区内优先安排残疾儿童少年就近就便入学。设置随班就读区域资源中心或资源教室，配备必要的教育教学、康复训练设施设备和专业人员。

续表

5. 特殊教育师资培养项目。师范类院校和综合性院校的师范专业开设特殊教育课程。加强评估,提高师范类院校特殊教育专业质量和水平。实施特殊教育学校校长、特殊教育骨干教师和融合教育骨干教师培训项目。改进培养模式,加大中西部地区特殊教育教师定向培养力度。鼓励高校面向一线教师开展特殊教育专业硕士研究生教育。支持高校残疾人毕业生从事特殊教育。 6. 手语盲文推广项目。丰富国家通用手语,加强手语翻译认证审核和注册管理,开展面向公共服务行业的国家通用手语推广。加强国家手语和盲文研究中心建设,依托华夏出版社和中国盲文出版社建设国家通用手语数字推广中心、国家通用盲文研究和推广中心。加强手语盲文研究推广人才培养。推动盲文数字化出版。推进国家通用手语、国家通用盲文在特殊教育教材中的应用。

7. 提升残疾人公共文化服务。鼓励残疾人参加"书香中国·阅读有我"等公共文化活动,持续开展"残疾人文化周"、"共享芬芳·共铸美好"等残疾人群众性文化艺术活动,推动基层创建一批残健融合文化服务示范中心(站、点),不断满足残疾人文化需求、增强残疾人精神力量。加强中西部和农村地区重度残疾人文化服务,为盲人、聋人提供无障碍文化服务。鼓励电视台、广播电台、网络视听媒体和融媒体中心开设残疾人专题节目。发展特殊艺术,鼓励残疾人参与文化艺术创作和非物质文化遗产传承,扶持残疾人题材图书等出版。扶持残疾人特殊艺术人才和师资培养。举办第十届、第十一届全国残疾人艺术汇演,举办国际特殊艺术交流活动。扶持中国残疾人艺术团和地方残疾人文艺小分队开展基层巡演。

8. 推动残疾人体育全面发展。筹办好北京冬残奥会,实现"简约、安全、精彩"目标。实施残疾人奥运争光行动,不断提高竞技水平,在北京冬残奥会和东京残奥会等重大国际赛事上力争好成绩。办好杭州亚残运会和第十一届、第十二届全国残运会暨特奥会等重大赛事。实施残疾人康复健身体育行动,将残疾人作为重点人群纳入全民健身公共服务体系建设,组织残疾人参加各级各类全民健身活动,推动残疾人康复健身体育身边化服务。加强残疾人体育运动保护研究。

专栏7　残疾人文化、体育服务重点项目
一、残疾人文化服务 1. "五个一"文化进家庭、进社区项目。为重度残疾人家庭开展"五个一"(读一本书、看一场电影、游一次园、参观一次展览、参加一次文化活动)文化服务。依托新时代文明实践中心和基层文化设施,增添必要的文化设备,推动基层创建一批残健融合文化服务示范中心(站、点)。 2. 盲人文化服务项目。为盲人提供盲文读物、有声读物、大字读物、数字阅读、无障碍电影电视剧等产品和服务。继续开展盲人数字阅读推广工程。推动公共图书馆盲人阅览室(区)建设,加强中国盲文图书馆和分支馆建设,增加公共图书馆盲文图书和视听文献资源。鼓励电影院线、有线电视提供无障碍影视服务。 3. 聋人文化服务项目。鼓励影视作品、网络视频加配字幕,鼓励有条件的省市级电视台开播国家通用手语或实时字幕栏目。 4. 网络视听媒体文化服务项目。加强残疾人融媒体平台建设,依托网络视听媒体开设残疾人文化宣传专题节目。 5. 特殊艺术推广项目。支持中国残疾人艺术团创编精品舞台演出剧目,培育"我的梦"特殊艺术品牌。鼓励残疾人参与文化艺术创作,支持残疾儿童少年艺术教育。 6. 残疾人文化产业发展项目。扶持一批吸纳较多残疾人就业、具有较好市场发展前景的文化产业基地。 **二、残疾人体育发展** 1. 残疾人奥运争光行动。完善训练、科研、医疗等复合型支撑团队,提高国家残疾人体育训练基地保障服务能力,不断提升残疾人竞技体育水平。 2. 残疾人康复健身体育行动。推广适合残疾人的康复健身体育项目、方法和器材,设立残疾人自强康复健身示范点,培养残疾人康复健身社会体育指导员。为重度残疾人提供康复体育进家庭服务。组织举办"残疾人冰雪运动季"、"残疾人健身周"、"全国特奥日"等群众性体育品牌活动。

9. 大力发展残疾人慈善事业和服务产业。鼓励残联、工会、共青团、妇联、科协等群团组织和社会组织、企事业单位等实施助残慈善项目。深入开展"青年志愿者助残阳光行动"、"关心我的残疾人邻居"、"牵着蜗牛去散步"和"集善优品"消费助残等志愿服务关爱行动。培育"集善工程"、"通向明天"等残疾人慈善事业品牌。生活服务业发展布局充分考虑残疾人需求,加快康复辅助器具、康复教育、托养照护、生活服务、无障碍、文化休闲等残疾人服务业发展,满足残疾人多元化、多层次品质生活需求。采取政府购买服务、政府和社会资本合作等方式,加快培育助残社会组织和企业,吸引社会力量和市场主体参与残疾人服务。

10. 加强残疾人服务标准化和行业管理。细化残疾人基本公共服务项目的设施建设、功能布局、施工规范、设备配置、人员配备、服务流程、管理规范等软硬件标准要求,完善标准体系,加强标准间统筹衔接和基层设施设备共建共享。加强康复、托养等残疾人服务行业管理,全面开展绩效评价,支持残疾人和残疾人亲属参与评价。在场地、设备、人才、技术等方面扶持各类残疾人服务机构发展,优先扶持公益性、普惠性残疾人服务机构,支持残疾人服务机构连锁化、品牌化运营。开展残疾人服务需求评估和服务资源调查,为残疾人提供适合的产品和服务。严格规范残疾评定和残疾人证核发管理,全面推行残疾人证电子证照应用,实现"跨省通办"。

(四)保障残疾人平等权利,为残疾人提供无障碍环境和便利化条件。

1. 提高残疾人事业法治化水平。落实宪法、民法典等法律法规关于保障残疾人权益的规定,健全残疾人权益保障法律法规体系,推动残疾人保障法等法律法规有效实施。涉及残疾人的立法应充分论证,开展反残疾歧视评估,广泛征询残疾人、残疾人组织和社会各方面意见。研究完善残疾人就业、无障碍环境建设法律制度,开展残疾人社会保障、残疾人成人监护等立法研究。将残疾人保障法等相关法律法规宣传教育纳入"八五"普法,认真落实"谁执法、谁普法"普法责任制,加大全媒体普法宣传力度。配合各级人大、政协开展残疾人保障法等法律法规执法检查、视察和调研。支持各地制定保护残疾人权益的地方性法规和优惠扶助规定。

2. 创新残疾人法律服务和权益维护。开展残疾人尊法学法守法用法专项行动。将残疾人作为公共法律服务的重点对象,完善公共法律服务平台无障碍功能,依据国家有关规定扩大残疾人法律援助覆盖面,重点提升残疾人法律援助质量。完善残疾人法律救助工作协调机制,培养助残公益律师队伍,开展法律援助志愿助残行动,为残疾人提供及时有效的法律救助服务。加强对残疾人的司法保护,方便残疾人诉讼。发挥"12385"残疾人服务热线和网络信访平台作用,建立健全残疾人权益维护应急处置机制。坚决打击侵害残疾人权益的违法犯罪行为。不断拓宽残疾人和残疾人组织民主参与、民主协商渠道,有效保障残疾人的知情权、参与权、表达权、监督权,支持更多残疾人、残疾人亲友和残疾人工作者进入各级人大、政协并提供履职便利。

3. 提升无障碍设施建设管理水平。新建设施严格执行无障碍相关标准规范。在乡村建设行动、城市更新行动、城镇老旧小区改造和居住社区建设中统筹推进无障碍设施建设和改造。城市道路、公共交通、社区服务设施、公共服务设施和残疾人服务设施、残疾人集中就业单位等加快开展无障碍设施建设和改造。提高残疾人家庭无障碍改造水平。加快推广无障碍公共厕所。探索传统无障碍设施设备数字化、智能化升级。开展无障碍市县村镇达标验收工作。提高无障碍设施规划建设管理水平，推进无障碍设计设施认证工作，提高全社会无障碍意识，加强无障碍监督，保障残疾人、老年人等通行安全和使用便利。

4. 加快发展信息无障碍。将信息无障碍作为数字社会、数字政府、智慧城市建设的重要组成部分，纳入文明城市测评指标。推广便利普惠的电信服务，加快政府政务、公共服务、电子商务、电子导航等信息无障碍建设，加快普及互联网网站、移动互联网应用程序和自助公共服务设备无障碍。推进智能化服务要适应残疾人需求，智能工具应当便于残疾人日常生活使用。促进信息无障碍国家标准推广应用，加强对互联网内容可访问性的测试、认证能力建设，开展互联网和移动互联网无障碍化评级评价。支持研发生产科技水平高、性价比优的信息无障碍终端产品。

专栏8　无障碍重点项目

一、无障碍设施

1. 道路交通无障碍。城市主要道路、主要商业区和大型居住区的人行天桥和人行地下通道配备无障碍设施，人行横道交通信号灯逐步完善无障碍服务功能。公共停车场和大型居住区的停车场设置并标明无障碍停车位。民用航空器、客运列车、客运船舶、公共汽车电车、城市轨道交通车辆等公共交通工具逐步配备无障碍设备。

2. 公共服务设施无障碍。加快推动医疗、教育、文化、体育、交通、金融、邮政、商业、旅游、餐饮等公共服务设施和特殊教育、康复、托养、社会福利等残疾人服务设施、残疾人集中就业单位无障碍改造。

3. 社区和家庭无障碍。居住建筑、居住社区建设无障碍设施。为困难重度残疾人家庭实施无障碍改造。

4. 无障碍公共厕所。加快推进公共服务设施、交通设施、旅游景区等无障碍公共厕所建设。

二、信息无障碍

1. 互联网网站和移动互联网应用程序信息无障碍。加快政府门户网站、政务服务平台和网上办事大厅信息无障碍建设。推动新闻资讯、社交通讯、生活购物、医疗健康、金融服务、学习教育、旅游出行等互联网网站、移动互联网应用程序（APP）的无障碍改造。

2. 自助服务终端信息无障碍。推进自动售卖设备、医院自助就医设备、银行自动柜员机、地铁自助检票设备、机场自助值机设备等自助公共服务设备的无障碍改造。

3. 食品药品说明信息无障碍。利用图像识别、二维码等技术加快食品药品信息识别无障碍。

续表

4. 应急服务信息无障碍。把国家通用手语、国家通用盲文作为应急语言文字服务内容,政府新闻发布会和电视、网络发布突发公共事件信息时加配字幕和手语,医院、疏散避险场所和集中隔离场所等设置语音、字幕等信息提示装置。
三、无障碍服务
政府新闻发布会配备同步速录字幕、手语翻译,鼓励政务服务大厅和公共服务场所为残疾人提供字幕、手语、语音等服务。支持地方建设听力、言语残疾人无障碍信息服务平台。

5. 营造全社会助残和残疾人自强的文明社会氛围。深入开展习近平新时代中国特色社会主义思想学习教育,学习宣传习近平总书记关于残疾人事业的重要指示批示精神,坚持以社会主义核心价值观为引领,加强新时代中国特色残疾人事业理论和实践研究,厚植残疾人事业发展的思想文化基础。将扶残助残纳入公民道德建设、文明创建活动和新时代文明实践中心建设,弘扬人道主义精神和扶残助残传统美德,营造理解、尊重、关心、帮助残疾人的文明社会氛围。激发残疾人自强不息精神,鼓励残疾人自尊、自信、自强、自立。加强残疾人事业全媒体传播能力建设,办好全国助残日、国际残疾人日和全国残疾人事业好新闻作品评选等主题宣传活动,支持残疾人题材优秀纪录片、公益广告、网络视听节目制作播出。开展"全国自强模范"和助残先进评选表彰。

(五)完善支持保障条件,促进残疾人事业高质量发展。

1. 强化党委领导、政府负责的领导体制。加强党对残疾人工作的领导,确保习近平总书记关于残疾人事业的重要指示批示精神和党中央、国务院决策部署有效落实,为残疾人事业发展提供坚强政治保障。完善党委领导、政府负责、部门协同、社会参与、市场推动、残疾人组织充分发挥作用的领导体制和工作机制,各级政府残疾人工作委员会统筹协调,有关部门分工协作、履职尽责,形成协同高效的工作合力。

2. 健全多元化投入格局。各级政府按规定做好残疾人事业经费保障。加快构建预算绩效管理体系,资金原则上优先保障实施效果好、残疾人满意度高的项目。落实残疾人事业金融、税收等支持政策,吸引社会资本、慈善捐赠等资金,形成多渠道、多元化投入格局。

3. 加强基础设施和信息化建设。实现有条件的县(市、区、旗)残疾人服务设施全覆盖,促进服务设施规范运营和发挥效益。地方可对新建民办残疾人康复和托养机构给予支持。鼓励地方将政府投资建设的残疾人服务设施无偿或低价提供给公益性、普惠性残疾人服务机构使用。乡镇(街道)、村(社区)

为残疾人服务提供场地保障。加强特殊教育学校、残疾人服务设施和基层残疾人组织的信息基础设施建设。推动残疾人基本公共服务项目纳入各地政务服务“一网通办”平台、社会保障卡等加载残疾人服务功能。坚持传统服务方式与智能化服务创新并行,建立线上线下相结合的残疾人服务体系,推动数字化服务在助残中的普惠应用。完善残疾人口基础数据,改进残疾人服务需求和服务供给调查统计,加强残疾人服务大数据建设。

4. 加快科技创新和人才培养。将科技助残纳入科技强国行动纲要,促进生命健康、人工智能等领域科学技术在残疾人服务中示范应用,开展残疾预防、主动健康、康复等基础研究,扶持智能化康复辅助器具、康复设备、盲文数字出版、无障碍等领域关键技术研究和产品推广应用。利用现有资源研究设立康复国家重点实验室,鼓励企业、高校、科研院所等参与残疾人服务科技创新和应用。推动建立从中职、高职到本科、硕士、博士等较为完整的残疾人服务相关专业人才培养体系,鼓励有条件的职业院校和普通本科院校增设康复治疗、康复工程技术、特殊教育、手语、盲文等相关专业,加强残疾人服务从业人员职业能力建设和职称评定,加快培养残疾人康复、教育、就业、托养照护、文化、体育、社会工作等专业人才队伍。

专栏9　基础设施、信息化和科技创新重点项目

1. 残疾人服务设施兜底线工程项目。继续支持残疾人康复、托养等服务设施建设,配置专业设备和器材。支持集中安置盲人医疗按摩人员执业的按摩专科医院建设。

2. 特殊教育学校提升项目。鼓励人口20万以上的县(市)独立设置特殊教育学校,有条件的省(自治区、直辖市)建立孤独症儿童特殊教育学校。各省(自治区、直辖市)扶持一所残疾人职业院校建设提升实训基地。

3. 精神卫生福利设施建设项目。优化精神卫生社会福利机构布局,改善现有设施条件,在精神卫生服务能力不足的地区建设100个左右精神卫生福利设施,逐步形成布局合理、功能完善的精神卫生福利设施体系,为困难精神障碍患者提供集中照护、康复服务。

4. 互联网康复项目。建立线上线下相结合的康复服务平台,支持“爱心阳光”中国残疾人综合服务云平台和华夏云课堂建设,为基层康复机构、残疾人、残疾儿童少年及其家长提供指导和服务。

5. 残疾人就业创业网络服务平台项目。完善全国残疾人职业技能培训管理系统、就业服务管理系统、按比例就业年审系统和盲人医疗按摩人员管理系统,保障系统有效运行。

6. 残疾人服务大数据建设项目。建设残疾人口基础信息和服务需求、服务资源信息数据库,实现与政府有关部门数据的联通共享,推动精准化服务和精细化管理。

续表

7. 科技助残项目。实施相关科技计划项目,开展智能助听、中高端假肢、儿童康复机器人、基于智慧城市的无障碍等技术研发,推动3D盲文绿色印刷生产、语音字幕实时转换、智能化轮椅、柔性可穿戴外骨骼辅助机器人等技术和产品推广应用。

5. 促进残疾人事业城乡、区域协同发展。结合乡村建设行动,加强和改善农村残疾人服务。强化县城残疾人综合服务能力。城镇公共服务设施辐射带动乡村残疾人服务,引导鼓励城镇残疾人服务资源向乡村延伸。城镇残疾人基本公共服务逐步覆盖常住人口。促进中西部、东北地区残疾人事业加快发展,鼓励东部地区探索率先实现残疾人事业现代化。支持革命老区、民族地区、边疆地区残疾人事业加快发展。促进京津冀残疾人事业协同发展,提升长江经济带、黄河流域残疾人事业整体水平,发挥粤港澳大湾区残疾人事业高质量发展先行示范作用,推进长三角残疾人公共服务便利共享。鼓励各地发挥地方优势创新残疾人保障和发展措施。

6. 增强基层为残疾人服务的能力。将残疾人公共服务纳入县(市、区、旗)、乡镇(街道)政府公共服务事项清单和村(居)委会承担的社区工作事项清单及协助政府的社区工作事项清单。实施县域残疾人服务能力提升行动,建设县、乡、村三级联动互补的基层残疾人服务网络。县(市、区、旗)明确残疾人基本公共服务实施标准,开展残疾人需求评估,加强服务资源统筹。乡镇(街道)普遍建立"阳光家园"、"残疾人之家"等服务机构,开展残疾人集中照护、日间照料、社区康复、辅助性就业等服务。将残疾人服务纳入城乡社区治理和服务体系建设,村(居)委会将残疾人作为重点服务对象,加强走访探视,根据残疾人需求协助政府做好集中照护、日间照料、居家服务、邻里互助、安全提示、辅助性就业、社会工作等服务,实现"乡乡有机构、村村有服务"。针对残疾人特殊困难推行上门办、网上办、就近办、一次办等便利化服务。发现侵犯残疾人合法权益的违法犯罪行为,及时报告并采取有效措施加以解决。支持各类社会组织在城乡社区有序开展助残服务。

7. 发挥残疾人组织桥梁纽带作用。各级残联要深入学习贯彻习近平新时代中国特色社会主义思想和习近平总书记关于残疾人事业的重要指示批示精神,以政治建设为统领,落实党的建设、全面从严治党各项任务,进一步增强"四个意识"、坚定"四个自信"、做到"两个维护"。发扬优良传统,履行好残联的"代表、服务、管理"职能,为残疾人解难,为党和政府分忧,把残疾人群众紧紧凝聚在党的周围,听党话、跟党走。深化各级残联改革建设,加强服务创新,增强工作活力。强化县(市、区、旗)和乡镇(街道)残联建设,实现村(社区)残疾人协会全覆盖。改善乡镇(街道)残联、村(社区)残协专职委员待遇,提高其履职能力。支持残疾人专门协会建设,发挥“代表、服务、维权、监督”职能。通过专兼挂等多种方式增强残疾人工作力量,培养忠诚、干净、担当,懂残疾人、知残疾人、爱残疾人、心系残疾人的高素质残联干部队伍。重视各级残联残疾人干部、年轻干部、基层干部培养选拔。加强各级残联党风廉政建设和反腐败斗争。广大残疾人工作者要不忘初心、牢记使命,自觉践行好干部标准,恪守职业道德,加强思想修养,提高专业素质,全心全意为残疾人服务。

8. 积极营造残疾人事业发展的良好国际环境。服务国家外交大局,履行联合国《残疾人权利公约》,落实2030年可持续发展议程涉残疾人可持续发展目标,参与国际残疾人事务。务实开展“一带一路”残疾人群体交流和残疾人事务合作,深化与重点国家及周边国家和地区残疾人事务合作。继续开展“亚太残疾人十年”等残疾人事务区域合作,支持康复国际等国际残疾人组织发挥作用。加强对外宣传,讲好中国残疾人故事,展示我国残疾人人权保障和发展成就。

四、实施机制

实施好本规划是各级政府和全社会的责任。国务院有关部门和单位要根据职责分工制定配套实施方案,各地区要依据本规划制定当地“十四五”残疾人保障和发展(或残疾人事业)规划,确保各项任务落到实处。

国务院残疾人工作委员会及有关部门要对规划实施情况进行年度监测、中期评估和总结评估,开展第三方评估和社会满意度调查,及时发现和解决规划实施中出现的问题。各地区要将当地“十四五”残疾人保障和发展(或残疾人事业)规划实施情况纳入政府工作考核。省级以上政府残疾人工作委员会要在“十四五”期末对规划实施情况进行评估总结,按照国家有关规定对先进典型予以表彰。

国务院办公厅关于印发全国深化“放管服”改革着力培育和激发市场主体活力电视电话会议重点任务分工方案的通知

(2021年7月11日 国办发〔2021〕25号)

《全国深化“放管服”改革着力培育和激发市场主体活力电视电话会议重点任务分工方案》已经国务院同意,现印发给你们,请结合实际认真贯彻落实。

全国深化“放管服”改革着力培育和激发市场主体活力电视电话会议重点任务分工方案

党中央、国务院高度重视深化“放管服”改革优化营商环境工作。2021年6月2日，李克强总理在全国深化“放管服”改革着力培育和激发市场主体活力电视电话会议上发表重要讲话，部署持续一体推进“放管服”改革，打造市场化法治化国际化营商环境，培育壮大市场主体，更大激发市场活力和社会创造力。为确保会议确定的重点任务落到实处，现制定如下分工方案。

一、直面市场主体需求，创新实施宏观政策和深化“放管服”改革

（一）继续围绕市场主体关切，科学精准实施宏观政策，落实好常态化财政资金直达机制和货币政策直达工具，并强化全链条监控。（财政部、人民银行、审计署、税务总局等国务院相关部门及各地区按职责分工负责）

具体措施：

1. 完善常态化财政资金直达机制，强化对资金分配、使用的跟踪监控，确保基层合规、高效使用直达资金。（财政部牵头，审计署等国务院相关部门及各地区按职责分工负责）

2. 建立税费优惠政策与征管操作办法同步发布、同步解读工作机制，及时调整优化征管信息系统功能，确保政策红利惠及市场主体。（税务总局负责）

3. 督促指导银行机构按照市场化原则与企业自主协商延期还本付息，加大普惠小微企业信用贷款发放力度，监测延期贷款到期偿还情况，加强风险防范。（人民银行、银保监会牵头，国务院相关部门及各地区按职责分工负责）

（二）充分调动企事业单位和社会力量的积极性，在水、电、气、热、交通、电信等基础设施方面增加供给，提升服务质量和水平，为市场主体经营发展创造好的条件。（国家发展改革委、工业和信息化部、住房城乡建设部、交通运输部、市场监管总局、国家能源局等国务院相关部门及各地区按职责分工负责）

具体措施：

1. 明确水、电、气、热、通信、有线电视等接入标准，简化接入审批流程，公开服务内容、资费标准等信息，加快推进报装、查询、缴费等业务全程网办。2021年11月底前组织开展相关公用事业行业收费专项检查，规范收费行为。（工业和信息化部、住房城乡建设部、市场监管总局、国家能源局等国务院相关部门及各地区按职责分工负责）

2. 优化办电服务，2021年底前实现城市地区用电报装容量160千瓦及以下、农村地区100千瓦及以下的小微企业用电报装“零投资”，将实行“零上门、零审批、零投资”服务的低压非居民用户全过程办电时间压减至20个工作日以内。修订《供电营业规则》，研究取消电费保证金，减轻企业用电负担。（国家能源局、财政部、国家发展改革委等国务院相关部门及各地区按职责分工负责）

3. 优化宽带接入和安装服务，对物业指定代理商、限制用户选择运营商等违法违规行为进行专项整治。重点整治基础电信企业通过擅自添加业务限制用户携号转网等违规行为，推动实现携号转网异地办、网上办。（工业和信息化部、公安部、住房城乡建设部、国务院国资委、市场监管总局等国务院相关部门及各地区按职责分工负责）

（三）保障好基本民生，尽力而为、量力而行，重点加强义务教育、基本医疗、基本住房等保障，完善失业保障、灵活就业人员基本权益保障等制度，逐步提高保障水平，织密织牢社会保障“安全网”。（教育部、民政部、财政部、人力资源社会保障部、住房城乡建设部、国家卫生健康委、国家医保局等国务院相关部门及各地区按职责分工负责）

具体措施：

1. 建立健全低收入人口动态监测和常态化救助帮扶机制，及时发现需要救助的低收入人口并纳入救助帮扶范围。优化最低生活保障审核流程，完善特困人员认定条件，简化认定程序，确保相关人员及时获得救助，同时加强规范化管理。进一步完善困难残疾人生活补贴和重度残疾人护理补贴制度，提高管理和服务质量。（民政部牵头，中国残联等相关单位及各地区按职责分工负责）

2. 2021年底前制定出台维护新就业形态劳动者劳动保障权益的有关意见，并开展平台灵活就业人员职业伤害保障试点。制定出台失业保险关系转移办法，优化失业保险待遇申领程序。（人力资源社会保障部等国务院相关部门按职责分工负责）

3. 增加保障性租赁住房和共有产权住房供给，规范发展长租房市场，降低租赁住房税费负担，尽最大努力帮助新市民、青年人等缓解住房困难。（住房城乡建设部牵头，国务院相关部门及各地区按职责分工负责）

（四）重视企业合理诉求，加强帮扶支持，让市场主体安心发展、更好发展。进一步增强服务意识，加大政策宣介力度，优化政策落地机制，用好现代信息技术，努力使“人找政策”变为“政策找人”，推动惠企政策应享尽享、快速兑现。（各地区、各相关部门负责）

具体措施：

1. 运用大数据手段，主动甄别符合享受税费优惠政策条件的纳税人缴费人，精准推送税费政策信息，编制发布税费优惠政策指引，便利纳税人缴费人申请。（税务总局负责）

2. 健全企业合理诉求解决机制，完善问题受理、协同办理、结果反馈等流程，杜绝投诉无门、推诿扯皮现象，有效解决企业面临的实际困难问题。（各地区负责）

二、着力打造市场化营商环境

（五）持续深化行政审批制度改革，着力推进涉企审批减环节、减材料、减时限、减费用，抓紧编制公布行政许可事项清单。深化"证照分离"改革，着力推进照后减证并证，让市场主体尤其是制造业、一般服务业市场主体准入更便捷。动态优化国家职业资格目录，进一步降低就业创业门槛。（国务院办公厅、国家发展改革委、司法部、人力资源社会保障部、商务部、市场监管总局等国务院相关部门及各地区按职责分工负责）

具体措施：

1. 建立健全行政许可设定审查机制，完善行政许可设定标准和论证程序，对新设许可等行政管理措施从严审查把关，创新完善行政审批制度改革方式，并加强对行政许可实施情况的监督。（国务院办公厅负责）

2. 编制公布中央层面设定的行政许可事项清单，组织编制县级以上地方行政许可事项清单，将全部行政许可事项纳入清单管理，逐项明确设定依据、实施机关、许可条件、办理程序、办理时限、申请材料、有效期限、收费等要素。制定全面实行行政许可事项清单管理有关办法，明确清单编制、管理、实施和监督的基本规则，严肃清理清单之外违规实施的变相许可。（国务院办公厅牵头，国务院相关部门及各地区按职责分工负责）

3. 在全国范围内深化"证照分离"改革，实施涉企经营许可事项全覆盖清单管理，并在自由贸易试验区进一步加大改革试点力度。（国务院办公厅、市场监管总局、司法部牵头，国务院相关部门及各地区按职责分工负责）

4. 2021 年底前修订出台《市场准入负面清单（2021 年版）》，选择符合条件的地区开展放宽市场准入试点，研究市场准入效能评估标准并探索开展综合评估，进一步畅通市场主体对隐性壁垒的投诉渠道和处理回应机制。（国家发展改革委、商务部负责）

5. 2021 年 9 月底前修订公布新版国家职业资格目录。针对部分风险可控的准入类职业资格，降低或取消考试工作年限要求。深化职业技能人才评价制度改革，健全完善职业技能等级制度。（人力资源社会保障部牵头，国务院

相关部门及各地区按职责分工负责）

（六）加强部门衔接，扩大简易注销范围，使市场主体退出更顺畅，促进市场新陈代谢。（市场监管总局牵头，人民银行、海关总署、税务总局等国务院相关部门及各地区按职责分工负责）

具体措施：

1. 将简易注销登记适用范围拓展至未发生债权债务或已将债权债务清偿完结的各类市场主体（上市股份有限公司除外），将公示时间由45天压减为20天。建立简易注销登记容错机制，优化注销平台功能，对部分存在轻微异常状态的市场主体，待其异常状态消失后允许再次申请简易注销登记。完善《企业注销指引》，解决企业注销过程中遇到的问题和困难，为企业提供更加规范的行政指导。（市场监管总局牵头，国务院相关部门及各地区按职责分工负责）

2. 扩大跨省税务迁移改革试点，对符合条件的企业，由迁出地税务机关将企业相关信息推送至迁入地税务机关，企业可继承原有的纳税信用级别等资质信息、增值税期末留抵税额等权益信息，进一步提升跨省税务迁移便利化水平。（税务总局及相关地区按职责分工负责）

（七）深化投资建设领域审批制度改革，精简整合审批流程，推行多规合一、多图联审、联合验收等做法，在确保安全的前提下推行告知承诺制，让项目早落地、早投产。（国家发展改革委、自然资源部、住房城乡建设部等国务院相关部门及各地区按职责分工负责）

具体措施：

1. 2021年底前研究制定工程建设项目全过程审批管理制度性文件，建立健全工程建设项目审批监督管理机制，提升审批服务效能。（住房城乡建设部牵头，国务院相关部门及各地区按职责分工负责）

2. 2021年10月底前开展工程建设项目审批“体外循环”、“隐性审批”专项治理，在确保工程质量和安全前提下，进一步清理规范工程建设项目全流程涉及的行政许可、技术审查、中介服务、市政公用服务等事项，以及不必要的专家审查、会议审查、征求意见、现场踏勘等环节。（住房城乡建设部等国务院相关部门及各地区按职责分工负责）

3. 推动投资项目在线审批监管平台和各相关审批系统互联互通和数据共享，避免企业重复填报、部门重复核验。（国家发展改革委、自然资源部、住房城乡建设部、交通运输部、水利部等国务院相关部门及各地区按职责分工负责）

（八）着力完善政策、消除障碍、搭建平台，强化企业创新主体地位，注重运用税收优惠等普惠性政策激励企业研发创新。加大对“双创”的支持力度，促进大中小企业融通创新,聚众智汇众力,提高创新效率。(国家发展改革委、科技部、工业和信息化部、财政部、国务院国资委、税务总局、国家知识产权局等国务院相关部门及各地区按职责分工负责)

具体措施:

1. 进一步简化研发支出辅助账,优化技术合同认定登记等程序和手续,便利符合条件的企业享受研发费用加计扣除政策。(税务总局、科技部牵头,国务院相关部门及各地区按职责分工负责)

2. 建立完善众创空间、孵化器、加速器等科技型中小企业孵化链条,构建从孵化培育、成长扶持到壮大的全生命周期服务体系。引导金融机构创新符合中小企业轻资产、重智力等特征的金融产品,并完善相应信贷管理机制。(国家发展改革委、科技部、银保监会等国务院相关部门及各地区按职责分工负责)

3. 运用大数据等技术手段筛选高校院所质量较高、具备市场前景的专利,发现潜在许可实施对象,利用专利开放许可等机制,提高专利转移转化效率,助力中小企业创新发展。(国家知识产权局负责)

4. 加快出台《中华人民共和国人类遗传资源管理条例》实施细则及配套规定,制定公布人类遗传资源行政许可和备案的范围、标准、条件、程序等,在确保有效监管前提下,提升人类遗传资源领域政务服务质量和效率,推行网上申报和备案服务,对需要补正的材料一次性告知,便利企业查询审批进度及结果,为企业开展研发创新提供有利条件。(科技部等国务院相关部门按职责分工负责)

(九)切实维护公平竞争的市场秩序,对包括国企、民企、外企在内的各类市场主体一视同仁。对垄断和不正当竞争进行规范治理,清理纠正地方保护、行业垄断、市场分割等不公平做法。(市场监管总局、国家发展改革委、工业和信息化部、财政部、商务部、国务院国资委等国务院相关部门及各地区按职责分工负责)

具体措施:

1. 推进公平竞争审查全覆盖,强化制度刚性约束,查处限制交易、阻碍商品和要素在地区间自由流通等滥用行政权力排除、限制竞争行为。依法查处企业低价倾销、价格欺诈等违法行为,加大对仿冒混淆、虚假宣传、商业诋毁等不正当竞争行为的监管执法力度。依法查处平台企业垄断案件,围绕医药、公用事业、建材、教育培训等重点民生领域开展反垄断执法,切实维护市场公平竞争秩序。(市场监管总局牵头,国务院相关部门及各地区按职责分工负责)

2. 纵深推进招标投标全流程电子化,完善电子招标投标制度规则、技术标准和数据规范，推进各地区、各部门评标专家资源共享，推动数字证书(CA)全国互认，提升招标投标透明度和规范性。畅通招标投标异议、投诉渠道，清理招标人在招标投标活动中设置的注册资本金、设立分支机构、特定行政区域、行业奖项等不合理投标条件。(国家发展改革委牵头，国务院相关部门及各地区按职责分工负责)

(十)坚持把“放”和“管”统一起来，把有效监管作为简政放权的必要保障。健全监管规则，创新监管方式，完善事中事后监管，深入推进“双随机、一公开”监管、跨部门综合监管、“互联网+监管”和信用风险分类监管，提高监管的精准性有效性。(国务院办公厅、国家发展改革委、人民银行、市场监管总局等国务院相关部门及各地区按职责分工负责)

具体措施：

1. 研究制定关于进一步加强事中事后监管的指导意见，推动全面落实监管责任，建立健全监管协调机制，改进完善监管方式，切实提高监管效能。(国务院办公厅牵头，国务院相关部门及各地区按职责分工负责)

2. 组织对取消和下放行政许可事项的事中事后监管情况进行“回头看”，分析查找存在的风险隐患和监管漏洞，完善加强事中事后监管措施。(国务院办公厅牵头，国务院相关部门及各地区按职责分工负责)

3. 2021年底前制定出台在市场监管领域推进企业信用风险分类管理的有关意见，推进“双随机、一公开”监管与信用风险分类管理等结合，进一步提升监管精准性。(市场监管总局等国务院相关部门及各地区按职责分工负责)

4. 健全跨部门综合监管制度，明确相关部门监管责任，完善监管机制和方式，打破部门界限，形成监管合力。(国务院办公厅牵头，国务院相关部门及各地区按职责分工负责)

5. 完善国家“互联网+监管”系统功能，健全工作机制，加强监管数据归集与治理，强化监管事项目录清单动态管理，明确风险预警协同处置工作流程，研究制定关于加快构建全国一体化在线监管平台的文件。(国务院办公厅牵头，国务院相关部门及各地区按职责分工负责)

6. 依法依规推进社会信用体系建设，制定发布全国公共信用信息基础目录、全国失信惩戒措施基础清单，根据失信行为的性质和严重程度，采取轻重适度的惩戒措施，确保过惩相当。(国家发展改革委、人民银行牵头，市场监管总局等国务院相关部门及各地区按职责分工负责)

7. 修订《互联网广告管理暂行办法》，进一步加大对违法互联网广告的惩治力度。研究制定平台交易规则、直播电子商务标准等，促进电子商务规范健康发展。(市场监管总局、商务部及各地区按职责分工负责)

（十一）对涉及安全生产、人民身体健康和生命安全等领域和事项，切实把好每一道关口，确保质量和安全。（国务院相关部门及各地区按职责分工负责）

具体措施：

1. 加大强制性产品认证监管力度，对指定认证机构开展全覆盖检查，对儿童用品、家电、电子电器等重点领域的获证产品开展认证有效性抽查，确保产品质量安全。（市场监管总局牵头，国务院相关部门及各地区按职责分工负责）

2. 加强全国特种设备安全状况分析，开展安全生产专项整治行动，督促各地做好隐患排查及整改。加大对持证特种设备生产单位和检验检测机构的监督抽查力度，查处违法违规行为并向社会公开。（市场监管总局牵头，国务院相关部门及各地区按职责分工负责）

3. 加快制定药品经营、药品网络销售以及化妆品生产经营等监督管理办法，强化质量监管，提升监管效能。推进医疗器械唯一标识在医疗器械生产、经营、使用中的全链条应用，加强用于新冠肺炎疫情防控的医疗器械质量安全监管，严厉查处医疗器械网络销售违法违规行为。（国家药监局、市场监管总局负责）

4. 组织开展安全评价执业行为专项整治，坚决打击安全评价机构、从业人员、评审人员和生产经营单位违法违规行为，坚守安全生产底线。依法督促消防技术服务机构落实主体责任，规范执业行为，提高服务质量，严厉打击消防技术服务弄虚作假行为。（应急部及各地区按职责分工负责）

5. 制定出台《医疗保障基金使用监督管理条例》配套实施文件和相关规范标准，采取日常检查、现场检查、飞行检查、联合检查等多种手段，加强医保基金监管。（国家医保局及各地区按职责分工负责）

（十二）继续推进省内通办、跨省通办，推进政务服务标准化规范化便利化，用好政务服务平台，推动电子证照扩大应用和全国互通互认，实现更多政务服务网上办、掌上办、一次办。（国务院办公厅牵头，各地区、各部门负责）

具体措施：

1. 2021 年底前研究制定关于加快推进政务服务标准化规范化便利化的指导意见，进一步推进政务服务运行标准化、服务供给规范化、企业和群众办事便利化。（国务院办公厅牵头，国务院相关部门及各地区按职责分工负责）

2. 2021 年底前实现工业产品生产许可证办理、异地就医登记备案和结算、社保卡申领、户口迁移等 74 项政务服务事项“跨省通办”，完善全国一体化政务服务平台“跨省通办”服务专区，规范省际“点对点”跨省通办。（国务院办

公厅牵头，公安部、人力资源社会保障部、市场监管总局、国家医保局等国务院相关部门及各地区按职责分工负责）

3. 2021年底前研究制定关于加快推进政务服务事项集成改革的政策文件，推动实现套餐式、主题式集成服务事项同标准、无差别办理。2022年底前研究制定政务服务事项集成服务相关标准。（国务院办公厅牵头，国务院相关部门及各地区按职责分工负责）

4. 2021年11月底前制定出台关于依托全国一体化政务服务平台推动电子证照扩大应用领域和全国互通互认的文件。（国务院办公厅牵头，各地区、各部门负责）

5. 优化部分高频事项服务，在全国范围内开展增值税、消费税分别与城市维护建设税、教育费附加、地方教育附加合并申报，2021年底前基本实现企业办税缴费事项网上办理、个人办税缴费事项掌上办理。在试点基础上，2022年底前在全国全面推行机动车驾驶证电子化。（公安部、税务总局及各地区按职责分工负责）

（十三）把企业和群众的“关键小事”当作政府的“心头大事”来办，着力破解异地就医报销难、车检难、公证难等问题，实现企业常规信息“最多报一次”，分类完成地方政务服务便民热线的归并，用制度和技术的办法，让市场主体和群众依规办事不求人。（国务院办公厅、公安部、司法部、生态环境部、交通运输部、市场监管总局、国家医保局等国务院相关部门及各地区按职责分工负责）

具体措施：

1. 加快推进地方政务服务便民热线优化，2021年底前按要求分级分类完成热线归并。（国务院办公厅牵头，国务院相关部门及各地区按职责分工负责）

2. 制定出台关于优化车辆检测的政策文件，规范提升车辆检测站服务，优化检测流程和材料，减少群众车检排队等候时间。增加车检服务供给，探索允许具备资质、信用良好的汽车品牌服务企业提供非营运小型车辆维修、保养、检测“一站式”服务，加强对伪造检测结果等违法违规行为的监管和查处。推动检测机构公示服务项目、内容和价格，加大对检测机构相互串通、操纵市场价格等行为的监管和查处力度。（公安部、生态环境部、交通运输部、市场监管总局等国务院相关部门及各地区按职责分工负责）

3. 优化公证服务，规范和精简公证证明材料，全面推行公证证明材料清单管理，落实一次性告知制度，推进人口基本信息、婚姻、收养、不动产登记等办理公证所需数据共享和在线查询核验，实现更多高频公证服务事项“一网通

办”。推动降低偏高的公证事项收费标准。（司法部牵头，国务院相关部门及各地区按职责分工负责）

4. 着力缓解异地就医报销难问题，2021 年底前实现各省份 60% 以上的县至少有 1 家普通门诊费用跨省联网医疗机构，各统筹地区基本实现普通门诊费用跨省直接结算；对于高血压、糖尿病、恶性肿瘤门诊放化疗、尿毒症透析、器官移植术后抗排异治疗等 5 个群众需求大、各地普遍开展的门诊慢特病，每个省份至少有 1 个统筹地区实现相关治疗费用跨省直接结算。（国家医保局及各地区按职责分工负责）

5. 对部门规章、规范性文件设定的证明事项进行审核，梳理发布中央层面确需保留的证明事项清单，督促指导各地抓紧发布本地区确需保留的证明事项清单，行政机关办理依申请的行政事项不得索要清单之外的证明。（司法部牵头，国务院相关部门及各地区按职责分工负责）

三、着力打造法治化营商环境

（十四）建立健全营商环境法规体系，推进《优化营商环境条例》等进一步落实到位，推动做好营商环境方面法律法规立改废释工作，将行之有效的做法上升为制度规范，当前要重点抓好行政审批、行政收费、政务服务、数据安全共享等领域法规建设。（国务院办公厅、国家发展改革委、司法部、财政部等国务院相关部门及各地区按职责分工负责）

具体措施：

1. 持续抓好《优化营商环境条例》贯彻落实，抓紧制定完善配套措施，确保各项规定落到实处、取得实效。（各地区、各部门负责）

2. 研究制定优化政务服务方面的行政法规，为推进政务服务持续优化提供法治保障。（国务院办公厅、司法部等国务院相关部门按职责分工负责）

（十五）依法保护各类市场主体产权和合法权益。完善产权保护制度，依法全面保护各类产权，严格执行知识产权侵权惩罚性赔偿制度，着力解决侵权成本低、维权成本高等问题。（国家发展改革委、司法部、国家知识产权局等国务院相关部门及各地区按职责分工负责）

具体措施：

1. 2021 年底前推动健全涉产权冤错案件依法甄别纠正常态化机制、涉政府产权纠纷问题治理长效机制，持续加强产权执法司法平等保护。（国家发展改革委等国务院相关部门及各地区按职责分工负责）

2. 建立知识产权代理行业监管长效机制，加大对无资质开展专利代理行为的打击力度。制定商标一般违法判断标准，统一行政执法标准。推进商标信息与企业名称信息联通，打击恶意将企业名称或字号抢注为商标、囤积商标

和不以保护创新为目的的非正常专利申请等行为。(国家知识产权局、市场监管总局等国务院相关部门及各地区按职责分工负责)

3. 修订企业知识产权管理规范,发布企业知识产权保护指南,引导和支持企业完善知识产权管理体系,提升知识产权保护能力。(国家知识产权局负责)

(十六)政府要带头守信践诺,梳理政府对企业依法依规作出的承诺事项,未如期履行承诺的要限期解决,因政府失信导致企业合法权益受损的要依法赔偿,绝不能“新官不理旧账”。(国务院办公厅、国家发展改革委、司法部、工业和信息化部、财政部、国务院国资委等国务院相关部门及各地区按职责分工负责)

具体措施:

1. 研究进一步健全政务诚信长效机制,督促地方各级政府严格履行依法依规作出的承诺事项,重点治理政府失信行为。(国务院办公厅、国家发展改革委负责)

2. 健全防范和化解拖欠中小企业账款长效机制,制定出台保障中小企业款项支付投诉处理办法,完善违约拖欠中小企业款项登记(投诉)平台功能,健全企业投诉受理、办理和反馈机制。(工业和信息化部牵头,财政部、国务院国资委等国务院相关部门及各地区按职责分工负责)

(十七)严格规范公正文明执法,抓紧研究规范行政裁量权,纠正执法不严、简单粗暴、畸轻畸重等行为,提高执法水平。从源头上清理乱收费、乱罚款、乱摊派,凡违反法定权限和程序设定的罚款事项,一律取消。(司法部、财政部等国务院相关部门及各地区按职责分工负责)

具体措施:

1. 全面梳理现行行政法规、部门规章设定的罚款事项,取消或调整不合理罚款事项。各地区要组织清理地方政府规章设定的不合理罚款事项。(司法部等国务院相关部门及各地区按职责分工负责)

2. 开展涉企违规收费专项检查,严肃查处擅自设立收费项目、提高征收标准、扩大征收范围、乱摊派等问题。(财政部牵头,国务院相关部门及各地区按职责分工负责)

3. 研究起草行政执法监督条例,加强执法监督,规范行政执法行为。2021年底前制定出台关于进一步规范行政裁量权基准制定和管理工作的意见,推动各地区、各相关部门加快明确执法裁量基准。(司法部牵头,国务院相关部门及各地区按职责分工负责)

4. 2021年底前制定出台关于加强生态环境监督执法正面清单管理推动差

异化执法监管的意见，进一步优化执法方式，督促指导地方通过实行分类监管、差异化监管，科学配置执法资源，提高执法效能。（生态环境部及各地区按职责分工负责）

5. 进一步畅通企业依法申请行政复议渠道，提高审查涉企行政复议案件的规范性和透明度，严格依法纠正侵犯企业合法权益的违法或不当行政行为。（司法部等国务院相关部门及各地区按职责分工负责）

四、着力打造国际化营商环境

（十八）加强与相关国际通行规则对接，以签署加入《区域全面经济伙伴关系协定》（RCEP）为契机，在贸易投资自由化便利化、知识产权保护、电子商务、政府采购等方面实行更高标准规则。更好发挥自由贸易试验区创新引领作用，在制度型开放上迈出更大步伐。维护好产业链供应链稳定，切实维护国家安全。（商务部、国家发展改革委、司法部、财政部、海关总署、国家知识产权局等国务院相关部门及各地区按职责分工负责）

具体措施：

1. 2021年底前研究制定建设更高水平开放型经济新体制有关文件，推动投资、贸易、金融、创新等领域与国际规则更加深入对接。（国家发展改革委牵头，国务院相关部门按职责分工负责）

2. 2021年底前研究制定自由贸易试验区试点对接国际高标准推进制度型开放有关文件。（商务部牵头，相关单位及地区按职责分工负责）

3. 更大范围开展“经认证的经营者”（AEO）国际互认，推进与“一带一路”沿线国家、重要贸易国家、RCEP成员国及中东欧国家的AEO互认。加强与RCEP成员国的动植物疫情信息共享，探索认可RCEP成员国间动植物检疫措施的等效性。（海关总署牵头，农业农村部、国家林草局等国务院相关部门及各地区按职责分工负责）

（十九）健全外商投资促进和服务体系，全面落实外商投资法和相关配套法规，完善外商投资准入前国民待遇加负面清单管理制度，保障外资企业依法平等进入已经开放的领域。建立具有国际竞争力的引才用才制度，为高层次外国人才来华创业创新提供便利。（国家发展改革委、商务部、外交部、科技部、司法部、人力资源社会保障部、国家移民局等国务院相关部门及各地区按职责分工负责）

具体措施：

1. 严格执行外商投资法及配套法规，继续清理与外商投资法不符的法规、规章和规范性文件。（商务部、国家发展改革委、司法部牵头，国务院相关部门及各地区按职责分工负责）

2. 进一步缩减和完善外商投资准入负面清单，清单之外不得设限，便利外资企业准入。（国家发展改革委、商务部牵头，国务院相关部门及各地区按职责分工负责）

（二十）进一步优化外贸发展环境，继续推动降低外贸企业营商成本，清理规范口岸收费，深化国际贸易“单一窗口”建设，推动国际物流畅通。（商务部、海关总署、国家发展改革委、交通运输部、市场监管总局等国务院相关部门及各地区按职责分工负责）

具体措施：

1. 深化国际贸易“单一窗口”建设，2021 年底前，除涉密等特殊情况外，进出口环节监管证件统一通过“单一窗口”受理，逐步实现监管证件电子签发、自助打印。推行“互联网 + 稽核查”，2021 年底前实现网上送达法律文书、提交资料、视频磋商及在线核验等，提高稽核查工作效率。（海关总署牵头，国务院相关部门及各地区按职责分工负责）

2. 复制推广“一站式阳光价格”服务模式，推动船公司、口岸经营单位等规范简化收费项目，明确收费项目名称和服务内容，提高海运口岸收费透明度。推动建立海运口岸收费成本调查和监审制度。进一步加快出口退税进度，2021 年底前将正常出口退税业务平均办理时间压减至 7 个工作日以内。（国家发展改革委、交通运输部、市场监管总局、海关总署、税务总局等国务院相关部门及各地区按职责分工负责）

3. 推广企业集团加工贸易监管模式，实现集团内企业间保税料件及设备自由流转，简化业务办理手续，减少企业资金占用，提高企业运营效率。（海关总署牵头，国务院相关部门及各地区按职责分工负责）

（二十一）加强对中小外贸企业的信贷、保险等支持。推动发展海外仓，加快相关标准与国际先进对标，助力企业更好开拓国际市场。（商务部、国家发展改革委、人民银行、市场监管总局、银保监会等国务院相关部门及各地区按职责分工负责）

具体措施：

1. 督促引导金融机构完善内部激励约束机制，强化技术手段运用，加大对小微外贸企业等无还本续贷、信用贷款、首贷等支持力度，推广随借随还贷款。（人民银行、银保监会等国务院相关部门及各地区按职责分工负责）

2. 鼓励银行保险机构深化合作，有序开展出口信用保险保单融资。支持银行机构在依法依规获取企业进出口通关、外汇收支、税款缴纳等信息基础上，运用大数据等技术手段，对中小外贸企业历史贸易记录和应收账款的真实性等进行评估，在有效管控风险前提下创新产品服务，更好满足企业融资需

求。(银保监会、海关总署、税务总局、国家外汇局等国务院相关部门及各地区按职责分工负责)

3. 支持企业新建一批海外仓,研究制定海外仓建设、运营等方面标准,更好服务外贸企业经营发展。(商务部负责)

五、进一步增强责任感,攻坚克难,推动改革举措落地见效

(二十二)强化改革担当,从党和国家事业大局和人民群众根本利益出发,勇于破除局部利益、部门利益,敢于"啃硬骨头",为市场主体和人民群众办实事解难题。(各地区、各部门负责)

(二十三)加强改革统筹谋划,持续一体推进"放管服"改革,放掉该放的,管好该管的,切实履行好政府服务职能,提升改革综合效能。(各地区、各部门负责)

(二十四)发挥中央和地方两个积极性,相关部门要加强对地方深化"放管服"改革的指导和督促,及时总结推广好的做法,对锐意改革的地区和单位表扬激励,对改革推进迟缓、政策不落实的及时督促整改;地方和基层要继续结合实际主动探索,自主地改,种好改革"试验田"。(国务院办公厅牵头,各地区、各部门负责)

具体措施:

鼓励支持地方结合实际开展差异化探索,在深化"放管服"改革优化营商环境方面先行先试,打造更多营商环境"单项冠军"。加快设立营商环境创新试点城市,形成更多可在全国复制推广的制度创新成果,带动全国营商环境不断优化。(国务院办公厅牵头,国务院相关部门及各地区按职责分工负责)

(二十五)规范营商环境评价,以市场主体和群众的实际感受作为主要评价依据,力戒形式主义,防止增加地方和市场主体负担。(相关单位及各地区按职责分工负责)

各地区要高度重视,将优化营商环境作为转变政府职能的一项重要任务,明确统筹推进"放管服"改革和优化营商环境工作的牵头部门,强化队伍建设,抓好各项改革任务落地。各部门要根据职责分工,抓实抓细相关改革,加强对地方的指导支持,形成改革合力。国务院办公厅要牵头推进"放管服"改革和优化营商环境工作,加强督促协调和业务指导,及时将行之有效的经验做法上升为制度规范,推动改革取得更大实效。各地区、各部门的贯彻落实情况,年底前书面报国务院。

国务院部门规章

商务部关于废止和修改部分规章的决定

（2021 年 5 月 10 日商务部令 2021 年第 2 号公布　自公布之日起施行　国司备字[2021004379]）

按照有关法规清理工作的要求，商务部现决定：

一、废止 4 部规章

（一）决定废止《经营者集中申报办法》（商务部令 2009 年第 11 号）。

（二）决定废止《经营者集中审查办法》（商务部令 2009 年第 12 号）。

（三）决定废止《未依法申报经营者集中调查处理暂行办法》（商务部令 2011 年第 6 号）。

（四）决定废止《关于经营者集中附加限制性条件的规定（试行）》（商务部令 2014 年第 6 号）。

二、修改 3 部规章

（一）决定删除《对外贸易经营者备案登记办法》（商务部令 2004 年第 14 号 商务部令 2016 年第 2 号 商务部令 2019 年第 1 号修改）第五条第二款第三项第 3 目“对外贸易经营者为外商投资企业的，还应提交外商投资企业批准证书复印件”。

（二）决定删除《对外援助项目实施企业资格认定办法（试行）》（商务部令 2015 年第 1 号 商务部令 2019 年第 1 号修改）第十二条中的“对外承包工程经营资格证书”。

（三）经商发展改革委同意，决定将《农产品进口关税配额管理暂行办法》（商务部、发展改革委令 2003 年第 4 号 商务部令 2019 年第 1 号修改）第二十七条修改为：“加工贸易企业未经许可，擅自将关税配额农产品保税进口料件或其制成品在国内销售的，按《中华人民共和国海关法》和《中华人民共和国海关行政处罚实施条例》的有关规定处理。”

对外贸易经营者备案登记办法

（2004年6月25日商务部令2004年第14号发布　根据2016年8月18日《商务部关于废止和修改部分规章和规范性文件的决定》第一次修订　根据2019年11月30日《商务部关于废止和修改部分规章的决定》第二次修订　根据2021年5月10日《商务部关于废止和修改部分规章的决定》第三次修订）

第一条　为促进对外贸易发展，根据《中华人民共和国对外贸易法》（以下简称《外贸法》）第九条的有关规定，制订本办法。

第二条　从事货物进出口或者技术进出口的对外贸易经营者，应当向中华人民共和国商务部（以下简称商务部）或商务部委托的机构办理备案登记；但是，法律、行政法规和商务部规定不需要备案登记的除外。

对外贸易经营者未按照本办法办理备案登记的，海关不予办理进出口的报关验放手续。

第三条　商务部是全国对外贸易经营者备案登记工作的主管部门。

第四条　对外贸易经营者备案登记工作实行全国联网和属地化管理。

商务部委托符合条件的地方对外贸易主管部门（以下简称备案登记机关）负责办理本地区对外贸易经营者备案登记手续；受委托的备案登记机关不得自行委托其他机构进行备案登记。

备案登记机关必须具备办理备案登记所必需的固定的办公场所，管理、录入、技术支持、维护的专职人员以及连接商务部对外贸易经营者备案登记网络系统（以下简称"备案登记网络"）的相关设备等条件。

对于符合上述条件的备案登记机关，商务部可出具书面委托函，发放由商务部统一监制的备案登记印章，并对外公布。备案登记机关凭商务部的书面委托函和备案登记印章，通过商务部备案登记网络办理备案登记手续。对于情况发生变化、不符合上述条件的以及未按本办法第六、七条规定办理备案登记的备案登记机关，商务部可收回对其委托。

第五条　对外贸易经营者备案登记的程序

对外贸易经营者在本地区备案登记机关办理备案登记。

对外贸易经营者备案登记程序如下：

（一）领取《对外贸易经营者备案登记表》（以下简称《登记表》）。对外贸易经营者可以通过商务部政府网站（http://www.mofcom.gov.cn）下载，或到所在地备案登记机关领取《登记表》(样式附后)。

(二)填写《登记表》。对外贸易经营者应按《登记表》要求认真填写所有事项的信息,并确保所填写内容是完整的、准确的和真实的;同时认真阅读《登记表》背面的条款,并由企业法定代表人或个体工商负责人签字、盖章。

(三)向备案登记机关提交如下备案登记材料:

1. 按本条第二款要求填写的《登记表》;

2. 营业执照复印件;

第六条 备案登记机关应自收到对外贸易经营者提交的上述材料之日起5日内办理备案登记手续,在《登记表》上加盖备案登记印章。

第七条 备案登记机关在完成备案登记手续的同时,应当完整准确地记录和保存对外贸易经营者的备案登记信息和登记材料,依法建立备案登记档案。

第八条 对外贸易经营者应凭加盖备案登记印章的《登记表》在30日内到当地海关、检验检疫、外汇、税务等部门办理开展对外贸易业务所需的有关手续。逾期未办理的,《登记表》自动失效。

第九条 《登记表》上的任何登记事项发生变更时,对外贸易经营者应比照本办法第五条和第八条的有关规定,在30日内办理《登记表》的变更手续,逾期未办理变更手续的,其《登记表》自动失效。

备案登记机关收到对外贸易经营者提交的书面材料后,应当即时予以办理变更手续。

第十条 对外贸易经营者已在工商部门办理注销手续或被吊销营业执照的,自营业执照注销或被吊销之日起,《登记表》自动失效。

根据《外贸法》的相关规定,商务部决定禁止有关对外贸易经营者在一年以上三年以下的期限内从事有关货物或者技术的进出口经营活动的,备案登记机关应当撤销其《登记表》;处罚期满后,对外贸易经营者可依据本办法重新办理备案登记。

第十一条 备案登记机关应当在对外贸易经营者撤销备案登记后将有关情况及时通报海关、检验检疫、外汇、税务等部门。

第十二条 对外贸易经营者不得伪造、变造、涂改、出租、出借、转让和出卖《登记表》。

第十三条 备案登记机关在办理备案登记或变更备案登记时,不得变相收取费用。

第十四条 本办法实施前,已经依法取得货物和技术进出口经营资格、且仅在原核准经营范围内从事进出口经营活动的对外贸易经营者,不再需要办理备案登记手续;对外贸易经营者如超出原核准经营范围从事进出口经营活动,仍需按照本办法办理备案登记。

第十五条 本办法由商务部负责解释。

第十六条 本办法自 2004 年 7 月 1 日起实施。凡与本办法不一致的规定,自本办法发布之日起废止。

对外援助项目实施企业资格认定办法(试行)

(2015 年 10 月 29 日商务部令 2015 年第 1 号发布 根据 2019 年 11 月 30 日《商务部关于废止和修改部分规章的决定》第一次修订 根据 2021 年 5 月 10 日《商务部关于废止和修改部分规章的决定》第二次修订)

第一章 总 则

第一条 为规范对外援助项目实施企业(以下简称援外项目实施企业)的资格认定,依据《行政许可法》和《国务院对确需保留的行政审批项目设定行政许可的决定》(国务院令 2004 年第 412 号),制定本办法。

第二条 本办法所称援外项目实施企业是指经资格认定,可承担中国政府对外援助项目实施任务的企业和其他组织。

前款所称的援外项目实施企业包括:

(一)对外援助成套项目(以下简称成套项目)总承包企业和项目管理企业;

(二)对外援助物资项目(以下简称物资项目)总承包企业;

(三)对外技术援助项目(以下简称技术援助项目)实施单位;

(四)对外人力资源开发合作项目(以下简称人力资源项目)实施单位;

(五)对外援助项目咨询服务单位。

第三条 商务部负责援外项目实施企业的资格认定和资格管理。

省、自治区、直辖市及新疆生产建设兵团商务主管部门(以下统称省级商务主管部门)协助商务部进行援外项目实施企业资格认定。

援外项目管理机构协助商务部对援外项目实施企业进行资格管理。

第四条 商务部根据援外项目实施企业的不同类别,分别采用资格审查或资格招标方式进行援外项目实施企业资格认定。

经资格认定的援外项目实施企业可在相应的资格类别范围内承担援外项目具体实施任务。

第二章　资格条件及认定方式

第五条　援外项目实施企业应具备以下基本资格条件：

（一）系依照中国法律在中国境内设立的法人；

（二）所有出资人均为中国投资者；

（三）前三个会计年度未出现亏损；

（四）前三年未受过刑事处罚、未因进行非法经营活动或违反有关援外管理规章受过行政处罚；

（五）依法纳税和缴纳社会保险费。

第六条　商务部通过资格审查方式认定成套项目总承包企业资格。

申请成套项目总承包企业资格的，除具备第五条规定的基本资格条件外，还应具备以下条件：

（一）具备特级施工总承包资质；或具备一级施工总承包或相应等级的技术资质，申请前三年均列入商务部统计对外承包工程营业额前一百强；

（二）通过质量管理体系、环境管理体系、职业健康安全管理体系认证且认证资格有效；

（三）具有良好的金融资信条件；

（四）具有良好的经营诚信表现。

第七条　商务部通过资格招标方式认定成套项目管理企业资格。

参与成套项目管理企业资格招标的，除具备第五条规定的基本资格条件外，还应具备以下条件：

（一）具备国务院建设主管部门颁发的可从事项目管理服务的工程设计甲级资质，或国务院发展改革主管部门颁发的工程项目管理（全过程管理或全过程策划和准备阶段管理类别）甲级资格；

（二）具备国务院建设主管部门颁发的工程监理甲级资质，或与具备工程监理甲级资质法人单位签订长期合作协议；

（三）具备在境外开展相关业务的业绩；

（四）具有工程项目的项目管理经验。

第八条　商务部通过资格审查方式认定物资项目总承包企业资格。

申请物资项目总承包企业资格的，除具备第五条规定的基本资格条件外，还应具备以下条件：

（一）系符合《对外贸易法》规定的对外贸易经营者；

（二）具有良好的金融资信条件；

（三）申请前三年在受援国有进出口业绩；

（四）具有良好的经营诚信表现。

第九条 商务部通过资格招标方式认定技术援助项目实施单位资格。

参与技术援助项目实施单位资格招标的，除具备第五条规定的基本资格条件外，还应具备以下条件：

（一）具备相关专业的技术能力；

（二）具备在境外开展相关业务的业绩；

（三）具备相关项目的实施经验。

第十条 商务部通过资格招标方式认定人力资源项目实施单位资格。

参与人力资源项目实施单位资格招标的，除具备第五条规定的基本资格条件外，还应具备以下条件：

（一）具备丰富的对外培训经验和较强的外事接待能力；

（二）具备开展培训所需的师资力量、培训场所和其他软硬件；

（三）在相关行业、专业或领域内，具有较高的科研能力和影响力。

第十一条 商务部通过资格招标方式认定咨询服务单位资格。

参与咨询服务单位资格招标的，除具备第五条规定的基本资格条件外，还应具备以下条件：

（一）具备国务院有关行政主管部门核准的咨询资质或其他技术资质；

（二）具备开展境外项目咨询服务的相关业绩；

（三）具备项目咨询服务经验。

第三章　资格审查

第十二条 采取资格审查方式认定资格的，申请人应提交以下文件：

（一）申请书；

（二）企业法人营业执照和法定代表人身份证明文件；

（三）出资人身份证明文件；

（四）企业出资情况的说明并承诺属实；

（五）前三个年度企业会计报表；

（六）本企业关于前三年未受过刑事处罚、未因进行非法经营活动或违反有关援外管理规章受过行政处罚的声明；

（七）税务机关出具的前三年完税证明；

（八）社会保险经办机构出具的前三年缴费证明。

除上述文件外，申请成套项目总承包企业资格还须提交技术资质证书、质量管理体系认证证书、环境管理体系认证证书、职业健康安全管理体系认证证书和具有良好的经营诚信表现说明；申请物资项目总承包企业资格还须提交海关统计信息部门出具的货物进出口业绩证明和具有良好的经营诚信表现说明及证明。

第十三条 中央企业和其他在国务院工商行政主管部门登记的企业直接向商务部提交申请，其他企业向所在地省级商务主管部门提交申请。

第十四条 企业向省级商务主管部门申请的，省级商务主管部门应当在收到企业提交的申请文件之日起五个工作日内完成初核，将企业申请文件连同初核意见一并报商务部审核。

第十五条 商务部应在收到企业提交的完备申请文件之日起二十个工作日内或收到省级商务主管部门初核意见之日起十五个工作日内完成审核，作出许可与否的决定。

准予许可的，商务部颁发有效期为三年的许可文件；不予许可的，商务部应当说明理由，并告知企业享有依法申请行政复议或者提起行政诉讼的权利。

第十六条 商务部应公布经资格审查取得资格的企业名单。

第十七条 取得资格的企业需要延续资格许可有效期的，应当在有效期届满六十日前按第十二条和第十三条向商务部或所在地省级商务主管部门提出申请。

省级商务主管部门和商务部按照第十四条和第十五条规定的期限对申请进行初核或审核，商务部在许可有效期届满前作出是否准予延期的决定。

准予延期的，商务部颁发准予延期三年的许可文件；不予延期的，商务部应当说明理由，并告知企业享有依法申请行政复议或者提起行政诉讼的权利。

第四章 资格招标

第十八条 采用资格招标方式认定资格的，商务部自本办法施行之日起每三年组织一次公开资格招标。

商务部依法委托招标代理机构组织招标。

第十九条 商务部应在组织资格招标前一个月发布招标公告，招标公告主要包括以下内容：

（一）招标代理机构的名称、地址和联系方式；

（二）援外项目实施企业资格招标的类别和数量；

（三）申请参与资格招标单位的资格要求；

（四）获取招标文件的时间、地点、方式；

(五)投标截止时间。

第二十条 招标文件开始发出之日起至投标单位提交投标文件截止之日止,应不少于二十日。

第二十一条 商务部对已发出的招标文件进行必要的澄清或修改的,应当在提交投标文件截止时间至少十五日前,以书面形式作出通知。该澄清或修改的内容为招标文件的组成部分。

第二十二条 申请参与资格招标的单位对招标文件有异议的,应当在投标截止时间十日前提出。商务部应当自收到异议之日起三日内作出答复;作出答复前,应当暂停招标投标活动。

第二十三条 申请参与资格招标的单位应按照招标文件要求编制投标文件,并在招标文件规定的截止时间前,将投标文件经单位法定代表人或其授权代表签字、加盖公章并密封后,送达指定地点。

逾期送达的、未送达至指定地点的或未按招标文件要求密封的投标文件无效,招标代理机构应当拒收。

第二十四条 商务部依法组建评标委员会。评标委员会应当按照招标文件规定的评标标准和方法,对投标文件进行评审。

评标委员会由商务部的代表和有关技术、经济等方面的专家组成,成员人数为五人以上单数,其中技术、经济等方面的专家不得少于成员总数的三分之二。

第二十五条 属下列情况之一的,评标委员会应当否决其投标:

(一)未按招标文件规定加盖公章的;

(二)未经单位法定代表人或其授权代表签字确认的;

(三)投标函与招标文件规定格式严重不符的;

(四)申请参与资格招标的单位不具备招标文件规定资格要求的。

第二十六条 评标委员会应自评标结束之日起两日内将评标报告提交商务部,评标报告主要包括评标结果和中标候选单位排序。

第二十七条 商务部自收到评标报告之日起五日内在评标报告推荐的中标候选单位中确定中标单位。

第二十八条 在正式授标前,商务部将中标单位名单公示五日,公示期满后公布通过资格招标的单位名单。

第二十九条 通过资格招标的,取得相应类别的援外项目实施企业资格,商务部颁发有效期为三年的许可文件。

第三十条 通过资格招标方式认定资格的援外项目实施企业,由于受到行政处罚或第三十四条规定等原因不能承担援外项目实施任务,且数量超出原定资格招标数量百分之三十的，商务部应及时组织补充资格招标，按原定资格招标数量补足援外项目实施企业。

第五章 资格管理

第三十一条 援外项目实施企业发生企业名称、企业类型、法定代表人、注册资本和出资人变更的，应在变更之日起一个月内向商务部备案，提供以下文件：

（一）变更申请表；

（二）工商行政管理机构出具的变更登记证明文件；

（三）变更后的相关证明文件。

第三十二条 援外项目实施企业发生改制、分立或合并情形的，改制、分立或合并后新成立的企业应按照本办法规定重新申请资格认定。原企业注销的，改制、合并或分立后的企业可继承原企业的援外业绩。

第三十三条 商务部建立援外项目实施企业诚信评价体系，根据企业遵守援外管理规章和履行项目实施合同情况将企业诚信状况分为良好、合格和不合格三个等级。

第三十四条 有下列情形之一的，商务部可依据职权或根据利害关系人的请求，撤销援外项目实施企业资格：

（一）行政机关工作人员滥用职权、玩忽职守作出援外项目实施企业资格许可决定的；

（二）违反法定程序作出援外项目实施企业资格许可决定的；

（三）对不具备申请资格或不符合法定条件的申请人准予援外项目实施企业资格许可的。

企业以欺骗、贿赂等不正当手段获得援外项目实施企业资格的，商务部应撤销其资格。

第三十五条 援外项目实施企业因有效期届满而丧失实施资格，不影响已中标项目的履行。

第六章 法律责任

第三十六条 有下列情形之一的，商务部给予警告，可以并处三万元人民币以下罚款；违反相关法律、行政法规规定的，依照相关法律、行政法规的规定给予行政处罚；构成犯罪的，依法追究刑事责任：

（一）企业以欺骗、贿赂等不正当手段获得援外项目实施企业资格的；

（二）企业以出租、出借等方式非法转让援外项目实施企业资格的。

第三十七条 商务部、省级商务主管部门和援外项目管理机构工作人员在援外项目实施企业资格管理过程中，违反有关法律法规和本办法规定的，视情节轻重给予相应处分；构成犯罪的，依法追究刑事责任。

第七章 附 则

第三十八条 在采取资格招标方式认定资格的援外项目实施企业类别项下，部分技术类别、业务类别因行业特点或其他限制条件暂时不能组织资格招标的，该技术类别或业务类别援外项目实施企业的选定按照援外项目采购规定执行。

第三十九条 有关第六条第二款第（三）项、第（四）项、第（五）项和第八条第二款第（二）项、第（四）项涉及的细化条件及第八条第二款第（三）项规定的受援国名单，商务部以公告方式另行公布。

第四十条 本办法所称“中国投资者”不包括外商投资企业。

第四十一条 本办法所称的“中央企业”是指国务院国有资产监督管理机构履行出资人职责的企业。

第四十二条 本办法所称“以上”，包括本数。

第四十三条 本办法由商务部负责解释。

第四十四条 本办法自公布之日起施行。《对外援助成套项目施工任务实施企业资格认定办法（试行）》（商务部2004年第9号令）和《对外援助物资项目实施企业资格管理办法》（商务部2011年第2号令）同时废止。

农产品进口关税配额管理暂行办法

（2003年9月27日商务部、发展改革委令2003年第4号发布　根据2019年11月30日《商务部关于废止和修改部分规章的决定》第一次修订　根据2021年5月10日《商务部关于废止和修改部分规章的决定》第二次修订）

第一章 总 则

第一条 为有效实施农产品进口关税配额管理，建立统一、公平、公正、透明、可预见和非歧视的农产品进口关税配额管理体制，根据《中华人民共和国对外贸易法》、《中华人民共和国海关法》、《中华人民共和国货物进出口管理条例》和《中华人民共和国进出口关税条例》制定本办法。

第二条 在公历年度内，根据中国加入世界贸易组织货物贸易减让表所承诺的配额量，确定实施进口关税配额管理农产品的年度市场准入数量。

关税配额量内进口的农产品适用关税配额税率，配额量外进口的农产品按照《中华人民共和国进出口关税条例》的有关规定执行。

散装货物溢装部分按照本《办法》第十九条第二款的规定执行。

第三条 实施进口关税配额管理的农产品品种为：小麦（包括其粉、粒，以下简称小麦）、玉米（包括其粉、粒，以下简称玉米）、大米（包括其粉、粒，以下简称大米）、食糖、棉花、羊毛以及毛条。

实施关税配额管理农产品相应的税目及适用税率另行公布。

第四条 小麦、玉米、大米、食糖、棉花进口关税配额分为国营贸易配额和非国营贸易配额。国营贸易配额须通过国营贸易企业进口；非国营贸易配额通过有贸易权的企业进口，有贸易权的最终用户也可以自行进口。

第五条 农产品进口关税配额为全球配额。

第六条 符合第三条规定的农产品所有贸易方式的进口均纳入关税配额管理范围。

第七条 食糖、羊毛、毛条进口关税配额由商务部分配。

小麦、玉米、大米、棉花进口关税配额由国家发展和改革委员会（以下简称“发展改革委”）会同商务部分配。

第八条 商务部、发展改革委分别委托省级商务主管部门和省级发展改革主管部门（以下简称委托机构）负责下列事项：

（一）接收申请者的申请并将申请材料转报商务部、发展改革委；

（二）受理咨询并将其转达商务部、发展改革委；

（三）通知申请者其申请中不符合要求之处，并提醒其修正；

（四）向经过批准的申请者发放《中华人民共和国农产品进口关税配额证》（以下简称为《农产品进口关税配额证》）。

委托机构名单另行公布。

第九条 《农产品进口关税配额证》适用于一般贸易、加工贸易、易货贸易、边境小额贸易、援助、捐赠等贸易方式进口。

由境外进入保税监管场所、海关特殊监管区域的产品，免予领取《农产品进口关税配额证》。

第二章　申　请

第十条　农产品进口关税配额的申请期为每年10月15日至30日(凭合同先来先领分配方式除外)。商务部、发展改革委于申请期前1个月,分别在商务部网站(网址为http://www.mofcom.gov.cn,下同)、发展改革委网站(网址为http://www.ndrc.gov.cn,下同)上公布每种农产品下一年度进口关税配额总量、申请条件及国务院关税税则委员会确定的当年度关税配额农产品税目和适用税率。

食糖、羊毛、毛条由商务部公布。小麦、玉米、大米、棉花由发展改革委公布。

第十一条　商务部委托机构负责接收本地区内食糖、羊毛、毛条进口关税配额的申请。

发展改革委委托机构负责接收本地区内小麦、玉米、大米、棉花进口关税配额的申请。

第十二条　商务部委托机构根据公布的条件,接收申请者提交的食糖、羊毛、毛条申请及有关资料,并于11月15日前将申请材料转报商务部(凭合同先来先领分配方式除外),同时抄报发展改革委。

发展改革委委托机构根据公布的条件,接收申请者提交的小麦、玉米、大米、棉花申请及有关资料,并于11月15日前将申请材料转报发展改革委,同时抄报商务部。

第三章　分　配

第十三条　农产品进口关税配额将根据申请者的申请数量和以往进口实绩、生产能力、其他相关商业标准或根据先来先领的方式进行分配。分配的最小数量将以每种农产品商业上可行的装运量确定。

第十四条　每年1月1日前,商务部、发展改革委通过各自委托机构向最终用户发放《农产品进口关税配额证》,并加盖"商务部农产品进口关税配额证专用章"或"国家发展和改革委员会农产品进口关税配额证专用章"。

国营贸易配额在《农产品进口关税配额证》上注明。

第四章　期　限

第十五条　年度农产品进口关税配额于每年1月1日开始实施,并在公历年度内有效。《农产品进口关税配额证》自每年 1 月 1 日起至当年 12 月 31 日有效。

实行凭合同先来先领分配方式的《农产品进口关税配额证》有效期，按公布的实施细则执行。

第十六条 当年 12 月 31 日前从始发港出运，需在下一年到货的进口关税配额农产品，最终用户需持《农产品进口关税配额证》及有关证明单证到原发证机构申请延期。原发证机构审核情况属实后可予以办理延期，但延期最迟不得超过下一年 2 月底。

第五章　执　　行

第十七条 最终用户按国家相关商品进口经营的有关规定，自行或委托签订进口合同。

第十八条 加工贸易进口实行关税配额管理的农产品，海关凭企业提交的在“贸易方式”栏目中注明“加工贸易”的《农产品进口关税配额证》办理通关验放手续。

加工贸易企业未能按规定期限加工复出口的，应在到期后 30 天内办理加工贸易核销手续。海关按加工贸易的有关规定执行。

第十九条 《农产品进口关税配额证》实行一证多批制，即最终用户需分多批进口的，凭《农产品进口关税配额证》可多次办理通关手续。最终用户须如实填写《农产品进口关税配额证》“最终用户进口填写栏”，填满后，需持该证到原发证机构换领未办理通关部分的配额证。

散装货物每批次进口溢装量不得超过该批次的 5%。

第二十条 自境外进入保税监管场所、海关特殊监管区域的关税配额农产品由海关按现行规定验放并实施监管。

从保税监管场所、海关特殊监管区域出库或出区进口的关税配额农产品，海关凭《农产品进口关税配额证》按进口货物管理的有关规定办理进口手续。

第二十一条 最终用户完成《农产品进口关税配额证》标明配额量的最后一批次进口报关后，于 20 个工作日内将海关签章的《农产品进口关税配额证》第一联（收货人办理海关手续联）原件交原发证机构。

最终用户将本年度未使用完的《农产品进口关税配额证》第一联（收货人办理海关手续联）原件于下一年 1 月底前交原发证机构。

第六章　调　　整

第二十二条　分配给最终用户的国营贸易农产品进口关税配额量，在当年8月15日前未签订合同的，最终用户可以委托有贸易权的任何企业进口；有贸易权的最终用户可以自行进口。

第二十三条　持有农产品进口关税配额的最终用户当年无法将已申领到的全部配额量签订进口合同或已签订合同无法完成，须在9月15日前将无法完成的配额量交还原发证机构。

第二十四条　农产品进口关税配额再分配量的申请期为每年9月1日至15日（凭合同先来先领分配方式除外）。申请者的申请材料需由委托机构分别转报并同时抄报商务部或发展改革委。

商务部、发展改革委于申请期前1个月，分别在商务部网站、发展改革委网站上公布农产品进口关税配额再分配量的申请条件。

食糖、羊毛、毛条由商务部公布。小麦、玉米、大米、棉花由发展改革委公布。

第二十五条　当年8月底前已完成所分配的全部农产品进口关税配额量，且将海关签章的《农产品进口关税配额证》第一联（收货人办理海关手续联）原件交原发证机构的最终用户，可申请关税配额再分配量。

第二十六条　每年9月30日前，商务部将食糖、羊毛、毛条进口关税配额再分配量分配到最终用户（凭合同先来先领分配方式除外）；发展改革委会同商务部将小麦、玉米、大米、棉花关税配额再分配量分配到最终用户。

关税配额再分配量根据公布的申请条件，按照先来先领方式进行分配。分配的最小数量将以每种农产品商业上可行的装运量确定。

获得再分配配额量的最终用户可以通过有贸易权的企业进口，有贸易权的企业也可以自行进口。

第七章　罚　　则

第二十七条　加工贸易企业未经许可，擅自将关税配额农产品保税进口料件或其制成品在国内销售的，按《中华人民共和国海关法》和《中华人民共和国海关行政处罚实施条例》的有关规定处理。

第二十八条　对伪造、变造或者买卖《农产品进口关税配额证》的，依照有关法律对非法经营罪或者伪造、变造、买卖国家机关公文、证件、印章罪的规定，依法追究刑事责任。持有关税配额的最终用户有上述行为的，商务部、发展改革委两年内不再受理其进口农产品关税配额的申请。

第二十九条 对伪造有关资料骗取《农产品进口关税配额证》的，除依法收缴其《农产品进口关税配额证》，两年内不再受理其进口关税配额的申请。

第三十条 最终用户违反本办法第二十三条规定，于当年未能完成分配其全部农产品进口关税配额量进口，截止到 9 月 15 日又未将当年不能实现进口的配额量交还原发证机构的，其下年度分配的关税配额量将按未完成的比例相应扣减。

第三十一条 最终用户连续两年未能完成分配其全部农产品进口关税配额量进口，并在该两年内每年 9 月 15 日前将当年不能使用的关税配额量交还受委托的原发证机构的，其下年度分配的关税配额量将按其最近一年未完成的比例相应扣减。

第三十二条 最终用户违反本办法第二十一条规定，未在规定时间将海关签章的《农产品进口关税配额证》第一联(收货人办理海关手续联)原件交原发证机构的，视同未完成进口，相应扣减其下年度关税配额量。

第三十三条 走私进口关税配额农产品，按关税配额量外进口适用的税率计算偷逃税金额，并按有关法律、行政法规的规定进行处罚。

第八章 附 则

第三十四条 有关农产品进口关税配额分配和再分配的咨询需以书面形式向商务部、发展改革委或委托机构提出，商务部、发展改革委或委托机构将在 10 个工作日内作出答复。

第三十五条 《农产品进口关税配额证》及“农产品进口关税配额证专用章”分别由商务部、发展改革委监制。

第三十六条 《农产品进口关税配额证》证面以下栏目：最终用户注册地区、关税配额证编号、最终用户名称、关税配额证有效期、贸易方式、商品名称、安排数量、国营贸易量、发证日期、报关口岸须用计算机打印。需要更改证面报关口岸的最终用户，到原发证机构修改换证。

第三十七条 关税配额农产品的进口购汇按国家有关规定执行。

第三十八条 本办法中的国营贸易企业指政府授予某些产品进口专营特权的企业。

国营贸易企业名单由商务部核定并公布。

第三十九条 本办法中的最终用户为直接申领到农产品进口关税配额的

生产企业、贸易商、批发商和分销商等。

第四十条　本办法自公布之日起施行，2003 年度农产品进口关税配额依照原《农产品进口关税配额管理暂行办法》（国家发展计划委员会令第 19 号）执行。

未成年人学校保护规定

（2021 年 6 月 1 日教育部令第 50 号公布　自 2021 年 9 月 1 日起施行　国司备字［2021004319］）

第一章　总　　则

第一条　为了落实学校保护职责，保障未成年人合法权益，促进未成年人德智体美劳全面发展、健康成长，根据《中华人民共和国教育法》《中华人民共和国未成年人保护法》等法律法规，制定本规定。

第二条　普通中小学、中等职业学校（以下简称学校）对本校未成年人（以下统称学生）在校学习、生活期间合法权益的保护，适用本规定。

第三条　学校应当全面贯彻国家教育方针，落实立德树人根本任务，弘扬社会主义核心价值观，依法办学、依法治校，履行学生权益保护法定职责，健全保护制度，完善保护机制。

第四条　学校学生保护工作应当坚持最有利于未成年人的原则，注重保护和教育相结合，适应学生身心健康发展的规律和特点；关心爱护每个学生，尊重学生权利，听取学生意见。

第五条　教育行政部门应当落实工作职责，会同有关部门健全学校学生保护的支持措施、服务体系，加强对学校学生保护工作的支持、指导、监督和评价。

第二章　一般保护

第六条　学校应当平等对待每个学生，不得因学生及其父母或者其他监护人（以下统称家长）的民族、种族、性别、户籍、职业、宗教信仰、教育程度、家庭状况、身心健康情况等歧视学生或者对学生进行区别对待。

第七条　学校应当落实安全管理职责，保护学生在校期间人身安全。学校不得组织、安排学生从事抢险救灾、参与危险性工作，不得安排学生参加商业性活动及其他不宜学生参加的活动。

学生在校内或者本校组织的校外活动中发生人身伤害事故的，学校应当依据有关规定妥善处理，及时通知学生家长；情形严重的，应当按规定向有关部门报告。

第八条 学校不得设置侵犯学生人身自由的管理措施，不得对学生在课间及其他非教学时间的正当交流、游戏、出教室活动等言行自由设置不必要的约束。

第九条 学校应当尊重和保护学生的人格尊严，尊重学生名誉，保护和培育学生的荣誉感、责任感，表彰、奖励学生做到公开、公平、公正；在教育、管理中不得使用任何贬损、侮辱学生及其家长或者所属特定群体的言行、方式。

第十条 学校采集学生个人信息，应当告知学生及其家长，并对所获得的学生及其家庭信息负有管理、保密义务，不得毁弃以及非法删除、泄露、公开、买卖。

学校在奖励、资助、申请贫困救助等工作中，不得泄露学生个人及其家庭隐私；学生的考试成绩、名次等学业信息，学校应当便利学生本人和家长知晓，但不得公开，不得宣传升学情况；除因法定事由，不得查阅学生的信件、日记、电子邮件或者其他网络通讯内容。

第十一条 学校应当尊重和保护学生的受教育权利，保障学生平等使用教育教学设施设备、参加教育教学计划安排的各种活动，并在学业成绩和品行上获得公正评价。

对身心有障碍的学生，应当提供合理便利，实施融合教育，给予特别支持；对学习困难、行为异常的学生，应当以适当方式教育、帮助，必要时，可以通过安排教师或者专业人员课后辅导等方式给予帮助或者支持。

学校应当建立留守学生、困境学生档案，配合政府有关部门做好关爱帮扶工作，避免学生因家庭因素失学、辍学。

第十二条 义务教育学校不得开除或者变相开除学生，不得以长期停课、劝退等方式，剥夺学生在校接受并完成义务教育的权利；对转入专门学校的学生，应当保留学籍，原决定机关决定转回的学生，不得拒绝接收。

义务教育学校应当落实学籍管理制度，健全辍学或者休学、长期请假学生的报告备案制度，对辍学学生应当及时进行劝返，劝返无效的，应当报告有关主管部门。

第十三条 学校应当按规定科学合理安排学生在校作息时间，保证学生有休息、参加文娱活动和体育锻炼的机会和时间，不得统一要求学生在规定的上课时间前到校参加课程教学活动。

义务教育学校不得占用国家法定节假日、休息日及寒暑假，组织学生集体补课；不得以集体补课等形式侵占学生休息时间。

第十四条 学校不得采用毁坏财物的方式对学生进行教育管理，对学生携带进入校园的违法违规物品，按规定予以暂扣的，应当统一管理，并依照有关规定予以处理。

学校不得违反规定向学生收费，不得强制要求或者设置条件要求学生及家长捐款捐物、购买商品或者服务，或者要求家长提供物质帮助、需支付费用的服务等。

第十五条 学校以发布、汇编、出版等方式使用学生作品，对外宣传或者公开使用学生个体肖像的，应当取得学生及其家长许可，并依法保护学生的权利。

第十六条 学校应当尊重学生的参与权和表达权，指导、支持学生参与学校章程、校规校纪、班级公约的制定，处理与学生权益相关的事务时，应当以适当方式听取学生意见。

第十七条 学校对学生实施教育惩戒或者处分学生的，应当依据有关规定，听取学生的陈述、申辩，遵循审慎、公平、公正的原则作出决定。

除开除学籍处分以外，处分学生应当设置期限，对受到处分的学生应当跟踪观察、有针对性地实施教育，确有改正的，到期应当予以解除。解除处分后，学生获得表彰、奖励及其他权益，不再受原处分影响。

第三章 专项保护

第十八条 学校应当落实法律规定建立学生欺凌防控和预防性侵害、性骚扰等专项制度，建立对学生欺凌、性侵害、性骚扰行为的零容忍处理机制和受伤害学生的关爱、帮扶机制。

第十九条 学校应当成立由校内相关人员、法治副校长、法律顾问、有关专家、家长代表、学生代表等参与的学生欺凌治理组织，负责学生欺凌行为的预防和宣传教育、组织认定、实施矫治、提供援助等。

学校应当定期针对全体学生开展防治欺凌专项调查，对学校是否存在欺凌等情形进行评估。

第二十条 学校应当教育、引导学生建立平等、友善、互助的同学关系，组织教职工学习预防、处理学生欺凌的相关政策、措施和方法，对学生开展相应的专题教育，并且应当根据情况给予相关学生家长必要的家庭教育指导。

第二十一条 教职工发现学生实施下列行为的，应当及时制止：

（一）殴打、脚踢、掌掴、抓咬、推撞、拉扯等侵犯他人身体或者恐吓威胁他人；

（二）以辱骂、讥讽、嘲弄、挖苦、起侮辱性绰号等方式侵犯他人人格尊严；

（三）抢夺、强拿硬要或者故意毁坏他人财物；

（四）恶意排斥、孤立他人，影响他人参加学校活动或者社会交往；

（五）通过网络或者其他信息传播方式捏造事实诽谤他人、散布谣言或者错误信息诋毁他人、恶意传播他人隐私。

学生之间，在年龄、身体或者人数等方面占优势的一方蓄意或者恶意对另一方实施前款行为，或者以其他方式欺压、侮辱另一方，造成人身伤害、财产损失或者精神损害的，可以认定为构成欺凌。

第二十二条 教职工应当关注因身体条件、家庭背景或者学习成绩等可能处于弱势或者特殊地位的学生，发现学生存在被孤立、排挤等情形的，应当及时干预。

教职工发现学生有明显的情绪反常、身体损伤等情形，应当及时沟通了解情况，可能存在被欺凌情形的，应当及时向学校报告。

学校应当教育、支持学生主动、及时报告所发现的欺凌情形，保护自身和他人的合法权益。

第二十三条 学校接到关于学生欺凌报告的，应当立即开展调查，认为可能构成欺凌的，应当及时提交学生欺凌治理组织认定和处置，并通知相关学生的家长参与欺凌行为的认定和处理。认定构成欺凌的，应当对实施或者参与欺凌行为的学生作出教育惩戒或者纪律处分，并对其家长提出加强管教的要求，必要时，可以由法治副校长、辅导员对学生及其家长进行训导、教育。

对违反治安管理或者涉嫌犯罪等严重欺凌行为，学校不得隐瞒，应当及时向公安机关、教育行政部门报告，并配合相关部门依法处理。

不同学校学生之间发生的学生欺凌事件，应当在主管教育行政部门的指导下建立联合调查机制，进行认定和处理。

第二十四条 学校应当建立健全教职工与学生交往行为准则、学生宿舍安全管理规定、视频监控管理规定等制度，建立预防、报告、处置性侵害、性骚扰工作机制。

学校应当采取必要措施预防并制止教职工以及其他进入校园的人员实施以下行为：

（一）与学生发生恋爱关系、性关系；

（二）抚摸、故意触碰学生身体特定部位等猥亵行为；

（三）对学生作出调戏、挑逗或者具有性暗示的言行；

（四）向学生展示传播包含色情、淫秽内容的信息、书刊、影片、音像、图片或者其他淫秽物品；

（五）持有包含淫秽、色情内容的视听、图文资料；

（六）其他构成性骚扰、性侵害的违法犯罪行为。

第四章　管理要求

第二十五条　学校应当制定规范教职工、学生行为的校规校纪。校规校纪应当内容合法、合理，制定程序完备，向学生及其家长公开，并按照要求报学校主管部门备案。

第二十六条　学校应当严格执行国家课程方案，按照要求开齐开足课程、选用教材和教学辅助资料。学校开发的校本课程或者引进的课程应当经过科学论证，并报主管教育行政部门备案。

学校不得与校外培训机构合作向学生提供有偿的课程或者课程辅导。

第二十七条　学校应当加强作业管理，指导和监督教师按照规定科学适度布置家庭作业，不得超出规定增加作业量，加重学生学习负担。

第二十八条　学校应当按照规定设置图书馆、班级图书角，配备适合学生认知特点、内容积极向上的课外读物，营造良好阅读环境，培养学生阅读习惯，提升阅读质量。

学校应当加强读物和校园文化环境管理，禁止含有淫秽、色情、暴力、邪教、迷信、赌博、恐怖主义、分裂主义、极端主义等危害未成年人身心健康内容的读物、图片、视听作品等，以及商业广告、有悖于社会主义核心价值观的文化现象进入校园。

第二十九条　学校应当建立健全安全风险防控体系，按照有关规定完善安全、卫生、食品等管理制度，提供符合标准的教育教学设施、设备等，制定自然灾害、突发事件、极端天气和意外伤害应急预案，配备相应设施并定期组织必要的演练。

学生在校期间学校应当对校园实行封闭管理，禁止无关人员进入校园。

第三十条　学校应当以适当方式教育、提醒学生及家长，避免学生使用兴奋剂或者镇静催眠药、镇痛剂等成瘾性药物；发现学生使用的，应当予以制止、向主管部门或者公安机关报告，并应当及时通知家长，但学生因治疗需要并经执业医师诊断同意使用的除外。

第三十一条　学校应当建立学生体质监测制度，发现学生出现营养不良、近视、肥胖、龋齿等倾向或者有导致体质下降的不良行为习惯，应当进行必要的管理、干预，并通知家长，督促、指导家长实施矫治。

学校应当完善管理制度，保障学生在课间、课后使用学校的体育运动场地、设施开展体育锻炼；在周末和节假日期间，按规定向学生和周边未成年人免费或者优惠开放。

第三十二条 学校应当建立学生心理健康教育管理制度，建立学生心理健康问题的早期发现和及时干预机制，按照规定配备专职或者兼职心理健康教育教师、建设心理辅导室，或者通过购买专业社工服务等多种方式为学生提供专业化、个性化的指导和服务。

有条件的学校，可以定期组织教职工进行心理健康状况测评，指导、帮助教职工以积极、乐观的心态对待学生。

第三十三条 学校可以禁止学生携带手机等智能终端产品进入学校或者在校园内使用；对经允许带入的，应当统一管理，除教学需要外，禁止带入课堂。

第三十四条 学校应当将科学、文明、安全、合理使用网络纳入课程内容，对学生进行网络安全、网络文明和防止沉迷网络的教育，预防和干预学生过度使用网络。

学校为学生提供的上网设施，应当安装未成年人上网保护软件或者采取其他安全保护技术措施，避免学生接触不适宜未成年人接触的信息；发现网络产品、服务、信息有危害学生身心健康内容的，或者学生利用网络实施违法活动的，应当立即采取措施并向有关主管部门报告。

第三十五条 任何人不得在校园内吸烟、饮酒。学校应当设置明显的禁止吸烟、饮酒的标识，并不得以烟草制品、酒精饮料的品牌冠名学校、教学楼、设施设备及各类教学、竞赛活动。

第三十六条 学校应当严格执行入职报告和准入查询制度，不得聘用有下列情形的人员：

（一）受到剥夺政治权利或者因故意犯罪受到有期徒刑以上刑事处罚的；

（二）因卖淫、嫖娼、吸毒、赌博等违法行为受到治安管理处罚的；

（三）因虐待、性骚扰、体罚或者侮辱学生等情形而被开除或者解聘的；

（四）实施其他被纳入教育领域从业禁止范围的行为的。

学校在聘用教职工或引入志愿者、社工等校外人员时，应当要求相关人员提交承诺书；对在聘人员应当按照规定定期开展核查，发现存在前款规定情形的人员应当及时解聘。

第三十七条 学校发现拟聘人员或者在职教职工存在下列情形的，应当对有关人员是否符合相应岗位要求进行评估，必要时可以安排有专业资质的

第三方机构进行评估,并将相关结论作为是否聘用或者调整工作岗位、解聘的依据:

(一)有精神病史的;

(二)有严重酗酒、滥用精神类药物史的;

(三)有其他可能危害未成年人身心健康或者可能造成不良影响的身心疾病的。

第三十八条 学校应当加强对教职工的管理,预防和制止教职工实施法律、法规、规章以及师德规范禁止的行为。学校及教职工不得实施下列行为:

(一)利用管理学生的职务便利或者招生考试、评奖评优、推荐评价等机会,以任何形式向学生及其家长索取、收受财物或者接受宴请、其他利益;

(二)以牟取利益为目的,向学生推销或者要求、指定学生购买特定辅导书、练习册等教辅材料或者其他商品、服务;

(三)组织、要求学生参加校外有偿补课,或者与校外机构、个人合作向学生提供其他有偿服务;

(四)诱导、组织或者要求学生及其家长登录特定经营性网站,参与视频直播、网络购物、网络投票、刷票等活动;

(五)非法提供、泄露学生信息或者利用所掌握的学生信息牟取利益;

(六)其他利用管理学生的职权牟取不正当利益的行为。

第三十九条 学校根据《校车安全管理条例》配备、使用校车的,应当依法建立健全校车安全管理制度,向学生讲解校车安全乘坐知识,培养学生校车安全事故应急处理技能。

第四十条 学校应当定期巡查校园及周边环境,发现存在法律禁止在学校周边设立的营业场所、销售网点的,应当及时采取应对措施,并报告主管教育部门或者其他有关主管部门。

学校及其教职工不得安排或者诱导、组织学生进入营业性娱乐场所、互联网上网服务营业场所、电子游戏场所、酒吧等不适宜未成年人活动的场所;发现学生进入上述场所的,应当及时予以制止、教育,并向上述场所的主管部门反映。

第五章 保护机制

第四十一条 校长是学生学校保护的第一责任人。学校应当指定一名校领导直接负责学生保护工作,并明确具体的工作机构,有条件的,可以设立学生保护专员开展学生保护工作。学校应当为从事学生保护工作的人员接受相关法律、理论和技能的培训提供条件和支持，对教职工开展未成年人保护专项培训。

有条件的学校可以整合欺凌防治、纪律处分等组织、工作机制，组建学生保护委员会，统筹负责学生权益保护及相关制度建设。

第四十二条 学校要树立以生命关怀为核心的教育理念，利用安全教育、心理健康教育、环境保护教育、健康教育、禁毒和预防艾滋病教育等专题教育，引导学生热爱生命、尊重生命；要有针对性地开展青春期教育、性教育，使学生了解生理健康知识，提高防范性侵害、性骚扰的自我保护意识和能力。

第四十三条 学校应当结合相关课程要求，根据学生的身心特点和成长需求开展以宪法教育为核心、以权利与义务教育为重点的法治教育，培养学生树立正确的权利观念，并开展有针对性的预防犯罪教育。

第四十四条 学校可以根据实际组成由学校相关负责人、教师、法治副校长（辅导员）、司法和心理等方面专业人员参加的专业辅导工作机制，对有不良行为的学生进行矫治和帮扶；对有严重不良行为的学生，学校应当配合有关部门进行管教，无力管教或者管教无效的，可以依法向教育行政部门提出申请送专门学校接受专门教育。

第四十五条 学校在作出与学生权益有关的决定前，应当告知学生及其家长，听取意见并酌情采纳。

学校应当发挥学生会、少代会、共青团等学生组织的作用，指导、支持学生参与权益保护，对于情节轻微的学生纠纷或者其他侵害学生权益的情形，可以安排学生代表参与调解。

第四十六条 学校应当建立与家长有效联系机制，利用家访、家长课堂、家长会等多种方式与学生家长建立日常沟通。

学校应当建立学生重大生理、心理疾病报告制度，向家长及时告知学生身体及心理健康状况；学校发现学生身体状况或者情绪反应明显异常、突发疾病或者受到伤害的，应当及时通知学生家长。

第四十七条 学校和教职工发现学生遭受或疑似遭受家庭暴力、虐待、遗弃、长期无人照料、失踪等不法侵害以及面临不法侵害危险的，应当依照规定及时向公安、民政、教育等有关部门报告。学校应当积极参与、配合有关部门做好侵害学生权利案件的调查处理工作。

第四十八条 教职员工发现学生权益受到侵害，属于本职工作范围的，应当及时处理；不属于本职工作范围或者不能处理的，应当及时报告班主任或学校负责人；必要时可以直接向主管教育行政部门或者公安机关报告。

第四十九条 学生因遭受遗弃、虐待向学校请求保护的，学校不得拒绝、推诿,需要采取救助措施的,应当先行救助。

学校应当关心爱护学生,为身体或者心理受到伤害的学生提供相应的心理健康辅导、帮扶教育。对因欺凌造成身体或者心理伤害,无法在原班级就读的学生,学生家长提出调整班级请求,学校经评估认为有必要的,应当予以支持。

第六章　支持与监督

第五十条　教育行政部门应当积极探索与人民检察院、人民法院、公安、司法、民政、应急管理等部门以及从事未成年人保护工作的相关群团组织的协同机制,加强对学校学生保护工作的指导与监督。

第五十一条　教育行政部门应当会同有关部门健全教职工从业禁止人员名单和查询机制,指导、监督学校健全准入和定期查询制度。

第五十二条　教育行政部门可以通过政府购买服务的方式,组织具有相应资质的社会组织、专业机构及其他社会力量,为学校提供法律咨询、心理辅导、行为矫正等专业服务,为预防和处理学生权益受侵害的案件提供支持。

教育行政部门、学校在与有关部门、机构、社会组织及个人合作进行学生保护专业服务与支持过程中,应当与相关人员签订保密协议,保护学生个人及家庭隐私。

第五十三条　教育行政部门应当指定专门机构或者人员承担学生保护的监督职责,有条件的,可以设立学生保护专兼职监察员负责学生保护工作,处理或者指导处理学生欺凌、性侵害、性骚扰以及其他侵害学生权益的事件,会同有关部门落实学校安全区域制度,健全依法处理涉校纠纷的工作机制。

负责学生保护职责的人员应当接受专门业务培训,具备学生保护的必要知识与能力。

第五十四条　教育行政部门应当通过建立投诉举报电话、邮箱或其他途径,受理对学校或者教职工违反本规定或者其他法律法规、侵害学生权利的投诉、举报;处理过程中发现有关人员行为涉嫌违法犯罪的,应当及时向公安机关报案或者移送司法机关。

第五十五条　县级教育行政部门应当会同民政部门,推动设立未成年人保护社会组织,协助受理涉及学生权益的投诉举报、开展侵害学生权益案件的调查和处理,指导、支持学校、教职工、家长开展学生保护工作。

第五十六条　地方教育行政部门应当建立学生保护工作评估制度,定期组织或者委托第三方对管辖区域内学校履行保护学生法定职责情况进行评估，评估结果作为学校管理水平评价、校长考评考核的依据。

各级教育督导机构应当将学校学生保护工作情况纳入政府履行教育职责评价和学校督导评估的内容。

第七章　责任与处理

第五十七条　学校未履行未成年人保护法规定的职责，违反本规定侵犯学生合法权利的，主管教育行政部门应当责令改正，并视情节和后果，依照有关规定和权限分别对学校的主要负责人、直接责任人或者其他责任人员进行诫勉谈话、通报批评、给予处分或者责令学校给予处分；同时，可以给予学校1至3年不得参与相应评奖评优，不得获评各类示范、标兵单位等荣誉的处理。

第五十八条　学校未履行对教职工的管理、监督责任，致使发生教职工严重侵害学生身心健康的违法犯罪行为，或者有包庇、隐瞒不报，威胁、阻拦报案，妨碍调查、对学生打击报复等行为的，主管教育部门应当对主要负责人和直接责任人给予处分或者责令学校给予处分；情节严重的，应当移送有关部门查处，构成违法犯罪的，依法追究相应法律责任。因监管不力、造成严重后果而承担领导责任的校长，5年内不得再担任校长职务。

第五十九条　学校未按本规定建立学生权利保护机制，或者制定的校规违反法律法规和本规定，由主管教育部门责令限期改正、给予通报批评；情节严重、影响较大或者逾期不改正的，可以对学校主要负责人和直接负责人给予处分或者责令学校给予处分。

第六十条　教职工违反本规定的，由学校或者主管教育部门依照事业单位工作人员管理、中小学教师管理的规定予以处理。

教职工实施第二十四条第二款禁止行为的，应当依法予以开除或者解聘；有教师资格的，由主管教育行政部门撤销教师资格，纳入从业禁止人员名单；涉嫌犯罪的，移送有关部门依法追究责任。

教职工违反第三十八条规定牟取不当利益的，应当责令退还所收费用或者所获利益，给学生造成经济损失的，应当依法予以赔偿，并视情节给予处分，涉嫌违法犯罪的移送有关部门依法追究责任。

学校应当根据实际，建立健全校内其他工作人员聘用和管理制度，对其他人员违反本规定的，根据情节轻重予以校内纪律处分直至予以解聘，涉嫌违反治安管理或者犯罪的，移送有关部门依法追究责任。

第六十一条　教育行政部门未履行对学校的指导、监督职责，管辖区域内学校出现严重侵害学生权益情形的，由上级教育行政部门、教育督导机构责令改正、予以通报批评，情节严重的依法追究主要负责人或者直接责任人的责任。

第八章　附　　则

第六十二条　幼儿园、特殊教育学校应当根据未成年人身心特点，依据本规定有针对性地加强在园、在校未成年人合法权益的保护，并参照本规定、结合实际建立保护制度。

幼儿园、特殊教育学校及其教职工违反保护职责，侵害在园、在校未成年人合法权益的，应当适用本规定从重处理。

第六十三条　本规定自2021年9月1日起施行。

保险公司董事、监事和高级管理人员任职资格管理规定

（2021年6月3日中国银行保险监督管理委员会令2021年第6号公布　自2021年7月3日起施行　国司备字［2021004368］）

第一章　总　　则

第一条　为了加强和完善对保险公司董事、监事和高级管理人员的管理，保障保险公司稳健经营，促进保险业健康发展，根据《中华人民共和国保险法》《中华人民共和国行政许可法》和有关法律、行政法规，制定本规定。

第二条　中国银行保险监督管理委员会（以下简称银保监会）根据法律法规授权，对保险公司董事、监事和高级管理人员任职资格实行统一监督管理。

银保监会派出机构依法独立负责辖区内保险公司分支机构高级管理人员任职资格的监督管理，但中资再保险公司分公司和境外保险公司分公司除外。银保监会派出机构根据授权依法独立负责辖区内保险公司董事、监事和高级管理人员任职资格的监督管理。

第三条　本规定所称保险公司，是指经银保监会批准设立，并依法登记注册的商业保险公司。

本规定所称同类保险公司，是指同属财产保险公司、同属人身保险公司或者同属再保险公司。

专属机构高级管理人员任职资格管理,由银保监会另行规定。

第四条 本规定所称高级管理人员,是指对保险公司经营管理活动和风险控制具有决策权或者重大影响的下列人员:

(一)总公司总经理、副总经理和总经理助理;

(二)总公司董事会秘书、总精算师、合规负责人、财务负责人和审计责任人;

(三)省级分公司总经理、副总经理和总经理助理;

(四)其他分公司、中心支公司总经理;

(五)与上述高级管理人员具有相同职权的管理人员。

第五条 保险公司董事、监事和高级管理人员,应当在任职前取得银保监会或其派出机构核准的任职资格。

第二章 任职资格条件

第六条 保险公司董事、监事和高级管理人员应当遵守法律、行政法规和银保监会的有关规定,遵守保险公司章程。

第七条 保险公司董事、监事和高级管理人员应当符合以下基本条件:

(一)具有完全民事行为能力;

(二)具有诚实信用的品行、良好的守法合规记录;

(三)具有履行职务必需的知识、经验与能力,并具备在中国境内正常履行职务必需的时间和条件;

(四)具有担任董事、监事和高级管理人员职务所需的独立性。

第八条 保险公司董事、监事和高级管理人员应当具有大学本科以上学历或者学士以上学位。

第九条 保险公司董事长应当具有金融工作经历 5 年以上或者经济工作经历 10 年以上(其中金融工作经历不得少于 3 年)。

第十条 保险公司董事和监事应当具有 5 年以上与其履行职责相适应的工作经历。

第十一条 保险公司总经理应当具有金融工作经历 8 年以上或者经济工作经历 10 年以上(其中金融工作经历不得少于 5 年),并且具有下列任职经历之一:

(一)担任保险公司省级分公司总经理以上职务高级管理人员 5 年以上;

(二)担任保险公司部门主要负责人 5 年以上;

(三)担任金融监管机构相当管理职务 5 年以上。

具有10年以上金融工作经历且其中保险业工作经历不少于2年，并担任国家机关、大中型企业相当管理职务5年以上的，可以不受前款关于任职经历的限制。

第十二条　保险公司副总经理、总经理助理应当从事金融工作8年以上或者经济工作10年以上。

第十三条　保险公司董事会秘书应当从事金融工作5年以上或者经济工作8年以上。

第十四条　保险公司总精算师应当具备下列条件：

（一）取得中国精算师、北美精算师、英国精算师、法国精算师或者银保监会认可的其他国家（地区）精算领域专业资格3年以上，熟悉中国保险精算监管制度，具有从事保险精算工作必需的专业技能；

（二）从事保险精算、保险财务或者保险投资工作8年以上，其中包括5年以上在保险行业内担任保险精算、保险财务或者保险投资管理职务的任职经历；

（三）银保监会规定的其他条件。

其中，银保监会认可的其他国家（地区）精算领域专业资格，由银保监会不定期公布。

第十五条　保险公司合规负责人应当具备下列条件：

（一）具有在企事业单位或者国家机关担任领导或者管理职务的任职经历；

（二）熟悉合规工作，具有一定年限的合规从业经历，从事法律、合规、稽核、财会或者审计等相关工作5年以上，或者在金融机构的业务部门、内控部门或者风险管理部门等相关部门工作5年以上；

（三）熟悉保险法律、行政法规和基本民事法律，熟悉保险监管规定和行业自律规范；

（四）银保监会规定的其他条件。

第十六条　保险公司财务负责人应当从事金融工作5年以上或者经济工作8年以上，并且具备下列条件：

（一）具有在企事业单位或者国家机关担任领导或者管理职务的任职经历；

（二）具有国内外会计、财务、投资或者精算等相关领域的合法专业资格，或者具有国内会计或者审计系列高级职称；

（三）熟悉履行职责所需的法律法规和监管规定，在会计、精算、投资或者风险管理等方面具有良好的专业基础；

（四）对保险业的经营规律有比较深入的认识，有较强的专业判断能力、组织管理能力和沟通能力；

（五）银保监会规定的其他条件。

具有财会等相关专业博士学位的，或从事金融工作 10 年以上并且在金融机构担任 5 年以上管理职务的，可以豁免本条第一款第（二）项规定的条件。

第十七条 保险公司审计责任人应当具备下列条件：

（一）具有在企事业单位或者国家机关担任领导或者管理职务的任职经历；

（二）从事审计、会计或财务工作 5 年以上，或者从事金融工作 8 年以上，熟悉金融保险业务；

（三）银保监会规定的其他条件。

第十八条 保险公司省级分公司总经理、副总经理和总经理助理应当从事金融工作 5 年以上或者经济工作 8 年以上。

省级分公司总经理除具备前款规定条件外，还应当具有下列任职经历之一：

（一）担任保险公司中心支公司总经理以上职务高级管理人员 3 年以上；

（二）担任保险公司省级分公司部门主要负责人以上职务 3 年以上；

（三）担任其他金融机构高级管理人员 3 年以上；

（四）担任国家机关、大中型企业相当管理职务 5 年以上。

第十九条 保险公司在计划单列市设立的行使省级分公司管理职责的分公司，其高级管理人员的任职条件参照适用第十八条规定。

第二十条 除省级分公司以外的其他分公司、中心支公司总经理应当从事金融工作 3 年以上或者经济工作 5 年以上，还应当具有下列任职经历之一：

（一）担任保险公司高级管理人员 2 年以上；

（二）担任保险公司分公司、中心支公司部门主要负责人以上职务 2 年以上；

（三）担任其他金融机构高级管理人员 2 年以上；

（四）担任国家机关、大中型企业相当管理职务 3 年以上；

（五）其他足以证明其具有拟任职务所需知识、能力、经验的职业资历。

第二十一条 保险公司主持工作的副总经理或者其他高级管理人员任职资格核准，适用本规定同级机构总经理的有关规定。

第二十二条 境外保险公司分公司高级管理人员任职资格核准，适用保险公司总公司高级管理人员的有关规定。

第二十三条 保险公司应当与高级管理人员建立劳动关系，订立书面劳动合同。

第二十四条 保险公司高级管理人员兼任其他经营管理职务不得违反《中华人民共和国公司法》等国家有关规定,不得兼任存在利益冲突的职务。

第二十五条 保险公司拟任董事、监事或者高级管理人员有下列情形之一的,银保监会及其派出机构对其任职资格不予核准:

(一)无民事行为能力或者限制民事行为能力;

(二)因贪污、贿赂、侵占财产、挪用财产或者破坏社会主义市场经济秩序,被判处刑罚,执行期满未逾5年,或者因犯罪被剥夺政治权利,执行期满未逾5年;

(三)被判处其他刑罚,执行期满未逾3年;

(四)被金融监管部门取消、撤销任职资格,自被取消或者撤销任职资格年限期满之日起未逾5年;

(五)被金融监管部门禁止进入市场,期满未逾5年;

(六)被国家机关开除公职,自作出处分决定之日起未逾5年,或受国家机关警告、记过、记大过、降级、撤职等其他处分,在受处分期间内的;

(七)因违法行为或者违纪行为被吊销执业资格的律师、注册会计师或者资产评估机构、验证机构等机构的专业人员,自被吊销执业资格之日起未逾5年;

(八)担任破产清算的公司、企业的董事或者厂长、经理,对该公司、企业的破产负有个人责任的,自该公司、企业破产清算完结之日起未逾3年;

(九)担任因违法被吊销营业执照、责令关闭的公司、企业的法定代表人,并负有个人责任的,自该公司、企业被吊销营业执照之日起未逾3年;

(十)个人所负数额较大的债务到期未清偿;

(十一)申请前1年内受到银保监会或其派出机构警告或者罚款的行政处罚;

(十二)因涉嫌严重违法违规行为,正接受有关部门立案调查,尚未作出处理结论;

(十三)受到境内其他行政机关重大行政处罚,执行期满未逾2年;

(十四)因严重失信行为被国家有关单位确定为失信联合惩戒对象且应当在保险领域受到相应惩戒,或者最近5年内具有其他严重失信不良记录的;

(十五)银保监会规定的其他情形。

第二十六条 保险公司被整顿、接管期间,或者出现重大风险时,负有直接责任的董事、监事或者高级管理人员,在被整顿、接管或者重大风险处置期间,不得到其他保险公司担任董事、监事或者高级管理人员。

第三章 任职资格核准

第二十七条 保险公司董事、监事和高级管理人员需要进行任职资格核准的，保险公司应当在内部选用程序完成后，及时按要求向银保监会或其派出机构提交任职资格申请材料。保险公司及其拟任董事、监事和高级管理人员应当对材料的真实性、完整性负责，不得有虚假记载、误导性陈述和重大遗漏。

保险公司在决定聘任董事、监事和高级管理人员前，应对拟任人员进行必要的履职调查，确保拟任人员符合相关规定。

第二十八条 保险公司董事、监事和高级管理人员需要进行任职资格核准的，保险公司应当向银保监会或其派出机构提交下列申请材料：

（一）任职资格核准申请文件；

（二）银保监会统一制作的任职资格申请表；

（三）拟任董事、监事或者高级管理人员身份证、学历证书等有关证书的复印件；

（四）接受反洗钱培训情况报告及本人签字的履行反洗钱、反恐怖融资义务承诺书；

（五）拟任人最近三年曾任金融机构董事长或高级管理人员的，应当提交其最近一次离任审计报告或经济责任审计报告；

（六）银保监会规定的其他材料。

第二十九条 保险公司拟任高级管理人员频繁更换保险公司任职的，应当由本人提交两年内工作情况的书面说明，并解释更换任职的原因。

第三十条 银保监会或其派出机构在核准保险公司拟任董事、监事或者高级管理人员的任职资格前，可以向原任职机构核实其工作的基本情况。

第三十一条 银保监会或其派出机构可以对保险公司拟任董事、监事和高级管理人员进行任职考察，包括下列内容：

（一）进行保险法规及相关知识测试；

（二）通过谈话方式，了解拟任人员的基本情况和业务素质，如对公司治理、业务发展、法律合规、风险管控等问题的理解把握，对拟任人员需要重点关注的问题进行提示；

（三）银保监会或其派出机构认为应当考察的其他内容。

任职考察谈话应当制作书面记录，由考察人和拟任人员签字。

第三十二条 银保监会及其派出机构应当自受理任职资格申请之日起20日内，作出核准或者不予核准的决定。20日内不能作出决定的，经本机关负责人批准，可以延长10日，并应当将延长期限的理由告知申请人。

决定核准任职资格的，应当颁发核准文件；决定不予核准的，应当作出书面决定并说明理由。

第三十三条 已核准任职资格的保险公司董事、监事和高级管理人员，任职符合下列情形的，无须重新核准其任职资格，但任职中断时间超过一年的除外：

（一）在同一保险公司内调任、兼任同级或者下级机构高级管理人员职务；

（二）保险公司董事、监事转任同类保险公司董事长以外的董事、监事；

（三）在同类保险公司间转任同级或者下级机构高级管理人员职务。

调任、兼任或转任的同级机构职务为董事长或总经理的，应当重新报经银保监会或其派出机构核准任职资格。

调任、兼任或转任同级或下级机构职务后，拟任职务对经济工作经历及金融工作经历年限的要求、对任职经历的要求或者对专业资格的要求高于原职务的，应当重新报经银保监会或其派出机构核准任职资格。

任职中断时间，自拟任职人员从原职务离职次日起算，至拟任职务任命决定作出之日止。

保险公司董事、监事和高级管理人员任职过程中或任职中断期间存在本规定第二十五条所列情形的，不适用本条第一款规定。

第三十四条 已核准任职资格的高级管理人员，依照本规定第三十三条第一款规定任职的，其任职保险公司应当自任命决定作出之日起10日内向银保监会或其派出机构提交下列报告材料：

（一）任职报告文件；

（二）银保监会统一制作的任职报告表；

（三）任命文件复印件；

（四）最近三年曾任金融机构董事长或高级管理人员的，应当提交其最近一次离任审计报告或经济责任审计报告；

（五）银保监会规定的其他材料。

银保监会或其派出机构审查发现存在不符合任职资格条件的情形，可以责令保险公司限期改正。

第三十五条 保险公司董事、监事或者高级管理人员有下列情形之一的，其任职资格自动失效：

（一）获得核准任职资格后，超过2个月未实际到任履职，且未提供正当理由；

（二）从核准任职资格的岗位离职；

（三）受到银保监会或其派出机构禁止进入保险业的行政处罚；

（四）出现《中华人民共和国公司法》第一百四十六条或者《中华人民共和国保险法》第八十二条规定的情形；

（五）被判处刑罚；

（六）银保监会认定的其他情形。

出现前款第（三）至（五）项规定情形的，保险公司应当立即解除相关人员的职务。

第四章　监督管理

第三十六条　保险公司董事、监事和高级管理人员需要进行任职资格核准的，未经银保监会或其派出机构核准任职资格，保险公司不得以任何形式任命董事、监事或者高级管理人员。

第三十七条　保险公司总公司总经理、总精算师、合规负责人、财务负责人和审计责任人，省级分公司、其他分公司和中心支公司总经理不能履行职务或缺位时，可以指定临时负责人，但临时负责时间累计不得超过6个月。保险公司应当在6个月内选聘具有任职资格的人员正式任职。

保险公司确有需要的，在本条第一款规定的累计临时负责期限内，可以更换1次临时负责人。更换临时负责人的，保险公司应当说明理由。

临时负责人应当具有与履行职责相当的能力，并不得有本规定禁止担任高级管理人员的情形。

第三十八条　保险公司应当自下列决定作出之日起10日内，向银保监会或其派出机构报告：

（一）董事、监事或者高级管理人员的任职、免职或者批准其辞职的决定；

（二）依照保险监管规定对高级管理人员作出的撤职或者开除的处分决定；

（三）因任职资格失效，解除董事、监事或者高级管理人员职务的决定；

（四）根据撤销任职资格的行政处罚，解除董事、监事或者高级管理人员职务的决定；

（五）根据禁止进入保险业的行政处罚，解除董事、监事或者高级管理人员职务、终止劳动关系的决定；

（六）指定、更换或者撤销临时负责人的决定；

（七）根据本规定第四十五条、第四十六条规定，暂停职务的决定。

保险公司依照本规定第三十四条规定已经报告的，不再重复报告。

第三十九条 保险公司董事、监事和高级管理人员应当按照银保监会的规定参加培训。

第四十条 保险公司应当对董事长和高级管理人员实施审计。

第四十一条 保险公司董事、监事或者高级管理人员在任职期间犯罪、受到监察机关重大处分或者受到其他行政机关重大行政处罚的,保险公司应当自知道或者应当知道判决或者行政处罚决定之日起10日内,向银保监会或其派出机构报告。

第四十二条 保险公司出现下列情形之一的,银保监会或其派出机构可以对直接负责的董事、监事或者高级管理人员出具重大风险提示函,进行监管谈话,要求其就相关事项作出说明,并可以视情形责令限期整改:

(一)在业务经营、资金运用、公司治理、关联交易、反洗钱或者内控制度等方面出现重大隐患的;

(二)董事、监事或者高级管理人员违背《中华人民共和国公司法》规定的忠实和勤勉义务,严重危害保险公司业务经营的;

(三)银保监会规定的其他情形。

第四十三条 保险公司出现下列情形之一的,银保监会及其派出机构可以视情形责令其限期整改,要求保险公司或者直接负责的董事、监事、高级管理人员作出书面说明,对其进行监管谈话、出具监管意见,或对其作出监管措施决定:

(一)频繁变更高级管理人员,对经营造成不利影响;

(二)未按照本规定履行对高级管理人员的任职管理责任;

(三)银保监会规定的其他情形。

第四十四条 银保监会及其派出机构记录并管理保险公司董事、监事和高级管理人员的以下信息:

(一)任职资格申请材料的基本内容;

(二)保险公司根据本规定第三十四条、第三十八条规定报告的情况;

(三)与该人员相关的风险提示函、监管谈话记录、监管意见、监管措施决定;

(四)离任审计报告;

(五)受到刑罚和行政处罚情况;

(六)银保监会规定的其他内容。

第四十五条 保险公司董事、监事或者高级管理人员涉嫌重大违纪或重大违法犯罪,被监察机关、行政机关立案调查或者司法机关立案侦查的,保险公司应当暂停相关人员的职务。

第四十六条 保险公司出现下列情形之一的，银保监会或其派出机构认为与被调查事件相关的董事、监事或者高级管理人员不宜继续履行职责时，可以在调查期间责令保险公司暂停相关董事、监事或者高级管理人员职务：

（一）偿付能力严重不足；

（二）涉嫌严重损害被保险人的合法权益；

（三）未按照规定提取或者结转各项责任准备金；

（四）未按照规定办理再保险；

（五）未按照规定运用保险资金。

第四十七条 保险公司在整顿、接管、撤销清算期间，或者出现重大风险时，银保监会及其派出机构可以对该机构直接负责的董事、监事或者高级管理人员采取以下措施：

（一）通知出境管理机关依法阻止其出境；

（二）申请司法机关禁止其转移、转让或者以其他方式处分财产，或者在财产上设定其他权利。

第五章 法律责任

第四十八条 隐瞒有关情况或者提供虚假材料申请任职资格的机构或者个人，银保监会及其派出机构不予受理或者不予核准任职资格申请，并在1年内不再受理对该拟任董事、监事或者高级管理人员的任职资格申请。

第四十九条 以欺骗、贿赂等不正当手段取得任职资格的，由银保监会或其派出机构撤销核准该董事、监事或者高级管理人员任职资格的行政许可决定，并在3年内不再受理其任职资格的申请。

第五十条 保险公司或者其从业人员违反本规定，由银保监会及其派出机构依照法律、行政法规进行处罚；法律、行政法规没有规定的，由银保监会及其派出机构责令改正，予以警告，对有违法所得的处以违法所得1倍以上3倍以下罚款，但最高不超过3万元，对没有违法所得的处以1万元以下罚款；涉嫌犯罪的，依法移交司法机关追究刑事责任。

第六章 附 则

第五十一条 保险集团公司、保险控股公司、再保险公司、政策性保险公司、一般相互保险组织和保险资产管理公司董事、监事和高级管理人员任职资格管理适用本规定，法律、行政法规和银保监会另有规定的，适用其规定。

第五十二条 外资独资保险公司、中外合资保险公司董事、监事和高级管理人员任职资格管理适用本规定，法律、行政法规和银保监会另有规定的，适用其规定。

第五十三条 保险公司依照本规定报送的任职资格申请、报告材料和其他文件资料，应当用中文书写。原件是外文的，应当附中文译本。

第五十四条 本规定所称“日”指工作日。

本规定所称“以上”“以下”，除有专门解释外，均包括本数。

第五十五条 本规定由银保监会负责解释。本规定施行前发布的规章、规范性文件内容与本规定不一致的，以本规定为准。

第五十六条 本规定自2021年7月3日起施行。《保险公司董事、监事和高级管理人员任职资格管理规定》（保监会令〔2010〕2号，根据保监会令〔2014〕1号第1次修改，根据保监会令〔2018〕4号第2次修改）和《保险机构董事、监事和高级管理人员任职资格考试管理暂行办法》（保监发〔2016〕6号）同时废止。

国家税务总局关于修改《重大税务案件审理办法》的决定

（2021年6月7日国家税务总局令第51号公布　自2021年8月1日起施行　国司备字〔2021004318〕）

为进一步提高重大税务案件审理质量，更好地保护纳税人缴费人合法权益，根据《中华人民共和国行政处罚法》等法律、行政法规有关规定，国家税务总局决定对《重大税务案件审理办法》作如下修改：

一、将第一条修改为：“为贯彻落实中共中央办公厅、国务院办公厅印发的《关于进一步深化税收征管改革的意见》，推进税务机关科学民主决策，强化内部权力制约，优化税务执法方式，严格规范执法行为，推进科学精确执法，保护纳税人缴费人等税务行政相对人合法权益，根据《中华人民共和国行政处罚法》《中华人民共和国税收征收管理法》，制定本办法。”

二、将第四条修改为：“参与重大税务案件审理的人员应当严格遵守国家保密规定和工作纪律，依法为纳税人缴费人等税务行政相对人的商业秘密、个人隐私和个人信息保密。”

三、将第十一条修改为：“本办法所称重大税务案件包括：

“（一）重大税务行政处罚案件，具体标准由各省、自治区、直辖市和计划单列市税务局根据本地情况自行制定，报国家税务总局备案；

“（二）根据《重大税收违法案件督办管理暂行办法》督办的案件；

“（三）应监察、司法机关要求出具认定意见的案件；

“（四）拟移送公安机关处理的案件；

“（五）审理委员会成员单位认为案情重大、复杂，需要审理的案件；

“（六）其他需要审理委员会审理的案件。

“有下列情形之一的案件，不属于重大税务案件审理范围：

“（一）公安机关已就税收违法行为立案的；

“（二）公安机关尚未就税收违法行为立案，但被查对象为走逃（失联）企业，并且涉嫌犯罪的；

“（三）国家税务总局规定的其他情形。”

四、将第十二条修改为：“本办法第十一条第一款第三项规定的案件经审理委员会审理后，应当将拟处理意见报上一级税务局审理委员会备案。备案5日后可以作出决定。”

五、将第十四条第二款修改为：“当事人按照法律、法规、规章有关规定要求听证的，由稽查局组织听证。”

六、将第十八条第二款修改为：“补充调查、请示上级机关或征求有权机关意见、拟处理意见报上一级税务局审理委员会备案的时间不计入审理期限。”

七、增加一条，作为第二十六条：“审理过程中，稽查局发现本办法第十一条第二款规定情形的，书面告知审理委员会办公室。审理委员会办公室报请审理委员会主任或其授权的副主任批准，可以终止审理。”

八、将第三十七条改为第三十八条，第二款修改为：“需要归档的重大税务案件审理案卷包括税务稽查报告、税务稽查审理报告以及有关文书。”

九、将第四十一条改为第四十二条，修改为：“本办法规定期限的最后一日为法定休假日的，以休假日期满的次日为期限的最后一日；在期限内有连续3日以上法定休假日的，按休假日天数顺延。

“本办法有关‘5日’的规定指工作日，不包括法定休假日。”

十、删除附件《重大税务案件审理文书范本》。

此外，对条文顺序作相应调整。

本决定自2021年8月1日起施行。

《重大税务案件审理办法》根据本决定作相应修改，重新公布。

重大税务案件审理办法

（2014 年 12 月 2 日国家税务总局令第 34 号公布　根据 2021 年 6 月 7 日国家税务总局关于修改《重大税务案件审理办法》的决定修订）

第一章　总　则

第一条　为贯彻落实中共中央办公厅、国务院办公厅印发的《关于进一步深化税收征管改革的意见》，推进税务机关科学民主决策，强化内部权力制约，优化税务执法方式，严格规范执法行为，推进科学精确执法，保护纳税人缴费人等税务行政相对人合法权益，根据《中华人民共和国行政处罚法》《中华人民共和国税收征收管理法》，制定本办法。

第二条　省以下各级税务局开展重大税务案件审理工作适用本办法。

第三条　重大税务案件审理应当以事实为根据、以法律为准绳，遵循合法、合理、公平、公正、效率的原则，注重法律效果和社会效果相统一。

第四条　参与重大税务案件审理的人员应当严格遵守国家保密规定和工作纪律，依法为纳税人缴费人等税务行政相对人的商业秘密、个人隐私和个人信息保密。

第二章　审理机构和职责

第五条　省以下各级税务局设立重大税务案件审理委员会（以下简称审理委员会）。

审理委员会由主任、副主任和成员单位组成，实行主任负责制。

审理委员会主任由税务局局长担任，副主任由税务局其他领导担任。审理委员会成员单位包括政策法规、税政业务、纳税服务、征管科技、大企业税收管理、税务稽查、督察内审部门。各级税务局可以根据实际需要，增加其他与案件审理有关的部门作为成员单位。

第六条　审理委员会履行下列职责：

（一）拟定本机关审理委员会工作规程、议事规则等制度；

（二）审理重大税务案件；

（三）指导监督下级税务局重大税务案件审理工作。

第七条 审理委员会下设办公室，办公室设在政策法规部门，办公室主任由政策法规部门负责人兼任。

第八条 审理委员会办公室履行下列职责：

（一）组织实施重大税务案件审理工作；

（二）提出初审意见；

（三）制作审理会议纪要和审理意见书；

（四）办理重大税务案件审理工作的统计、报告、案卷归档；

（五）承担审理委员会交办的其他工作。

第九条 审理委员会成员单位根据部门职责参加案件审理，提出审理意见。

稽查局负责提交重大税务案件证据材料、拟作税务处理处罚意见、举行听证。

稽查局对其提交的案件材料的真实性、合法性、准确性负责。

第十条 参与重大税务案件审理的人员有法律法规规定的回避情形的，应当回避。

重大税务案件审理参与人员的回避，由其所在部门的负责人决定；审理委员会成员单位负责人的回避，由审理委员会主任或其授权的副主任决定。

第三章 审理范围

第十一条 本办法所称重大税务案件包括：

（一）重大税务行政处罚案件，具体标准由各省、自治区、直辖市和计划单列市税务局根据本地情况自行制定，报国家税务总局备案；

（二）根据《重大税收违法案件督办管理暂行办法》督办的案件；

（三）应监察、司法机关要求出具认定意见的案件；

（四）拟移送公安机关处理的案件；

（五）审理委员会成员单位认为案情重大、复杂，需要审理的案件；

（六）其他需要审理委员会审理的案件。

有下列情形之一的案件，不属于重大税务案件审理范围：

（一）公安机关已就税收违法行为立案的；

（二）公安机关尚未就税收违法行为立案，但被查对象为走逃（失联）企业，并且涉嫌犯罪的；

（三）国家税务总局规定的其他情形。

第十二条 本办法第十一条第一款第三项规定的案件经审理委员会审理

后,应当将拟处理意见报上一级税务局审理委员会备案。备案5日后可以作出决定。

第十三条 稽查局应当在每季度终了后5日内将稽查案件审理情况备案表送审理委员会办公室备案。

第四章 提请和受理

第十四条 稽查局应当在内部审理程序终结后5日内,将重大税务案件提请审理委员会审理。

当事人按照法律、法规、规章有关规定要求听证的,由稽查局组织听证。

第十五条 稽查局提请审理委员会审理案件,应当提交以下案件材料:

(一)重大税务案件审理案卷交接单;

(二)重大税务案件审理提请书;

(三)税务稽查报告;

(四)税务稽查审理报告;

(五)听证材料;

(六)相关证据材料。

重大税务案件审理提请书应当写明拟处理意见,所认定的案件事实应当标明证据指向。

证据材料应当制作证据目录。

稽查局应当完整移交证据目录所列全部证据材料,不能当场移交的应当注明存放地点。

第十六条 审理委员会办公室收到稽查局提请审理的案件材料后,应当在重大税务案件审理案卷交接单上注明接收部门和收到日期,并由接收人签名。

对于证据目录中列举的不能当场移交的证据材料,必要时,接收人在签收前可以到证据存放地点现场查验。

第十七条 审理委员会办公室收到稽查局提请审理的案件材料后,应当在5日内进行审核。

根据审核结果,审理委员会办公室提出处理意见,报审理委员会主任或其授权的副主任批准:

(一)提请审理的案件属于本办法规定的审理范围,提交了本办法第十五条规定的材料的,建议受理;

(二)提请审理的案件属于本办法规定的审理范围,但未按照本办法第十

五条的规定提交相关材料的,建议补正材料;

(三)提请审理的案件不属于本办法规定的审理范围的,建议不予受理。

第五章 审理程序

第一节 一般规定

第十八条 重大税务案件应当自批准受理之日起30日内作出审理决定,不能在规定期限内作出审理决定的,经审理委员会主任或其授权的副主任批准,可以适当延长,但延长期限最多不超过15日。

补充调查、请示上级机关或征求有权机关意见、拟处理意见报上一级税务局审理委员会备案的时间不计入审理期限。

第十九条 审理委员会审理重大税务案件,应当重点审查:

(一)案件事实是否清楚;

(二)证据是否充分、确凿;

(三)执法程序是否合法;

(四)适用法律是否正确;

(五)案件定性是否准确;

(六)拟处理意见是否合法适当。

第二十条 审理委员会成员单位应当认真履行职责,根据本办法第十九条的规定提出审理意见,所出具的审理意见应当详细阐述理由、列明法律依据。

审理委员会成员单位审理案件,可以到审理委员会办公室或证据存放地查阅案卷材料,向稽查局了解案件有关情况。

第二十一条 重大税务案件审理采取书面审理和会议审理相结合的方式。

第二节 书面审理

第二十二条 审理委员会办公室自批准受理重大税务案件之日起5日内,将重大税务案件审理提请书及必要的案件材料分送审理委员会成员单位。

第二十三条 审理委员会成员单位自收到审理委员会办公室分送的案件材料之日起10日内,提出书面审理意见送审理委员会办公室。

第二十四条 审理委员会成员单位认为案件事实不清、证据不足,需要补充调查的,应当在书面审理意见中列明需要补充调查的问题并说明理由。

审理委员会办公室应当召集提请补充调查的成员单位和稽查局进行协调，确需补充调查的，由审理委员会办公室报审理委员会主任或其授权的副主任批准，将案件材料退回稽查局补充调查。

第二十五条 稽查局补充调查不应超过30日，有特殊情况的，经稽查局局长批准可以适当延长，但延长期限最多不超过30日。

稽查局完成补充调查后，应当按照本办法第十五条、第十六条的规定重新提交案件材料、办理交接手续。

稽查局不能在规定期限内完成补充调查的，或者补充调查后仍然事实不清、证据不足的，由审理委员会办公室报请审理委员会主任或其授权的副主任批准，终止审理。

第二十六条 审理过程中，稽查局发现本办法第十一条第二款规定情形的，书面告知审理委员会办公室。审理委员会办公室报请审理委员会主任或其授权的副主任批准，可以终止审理。

第二十七条 审理委员会成员单位认为案件事实清楚、证据确凿，但法律依据不明确或者需要处理的相关事项超出本机关权限的，按规定程序请示上级税务机关或者征求有权机关意见。

第二十八条 审理委员会成员单位书面审理意见一致，或者经审理委员会办公室协调后达成一致意见的，由审理委员会办公室起草审理意见书，报审理委员会主任批准。

第三节 会议审理

第二十九条 审理委员会成员单位书面审理意见存在较大分歧，经审理委员会办公室协调仍不能达成一致意见的，由审理委员会办公室向审理委员会主任或其授权的副主任报告，提请审理委员会会议审理。

第三十条 审理委员会办公室提请会议审理的报告，应当说明成员单位意见分歧、审理委员会办公室协调情况和初审意见。

审理委员会办公室应当将会议审理时间和地点提前通知审理委员会主任、副主任和成员单位，并分送案件材料。

第三十一条 成员单位应当派员参加会议，三分之二以上成员单位到会方可开会。审理委员会办公室以及其他与案件相关的成员单位应当出席会议。

案件调查人员、审理委员会办公室承办人员应当列席会议。必要时，审理委员会可要求调查对象所在地主管税务机关参加会议。

第三十二条 审理委员会会议由审理委员会主任或其授权的副主任主

持。首先由稽查局汇报案情及拟处理意见。审理委员会办公室汇报初审意见后,各成员单位发表意见并陈述理由。

审理委员会办公室应当做好会议记录。

第三十三条 经审理委员会会议审理,根据不同情况,作出以下处理:

(一)案件事实清楚、证据确凿、程序合法、法律依据明确的,依法确定审理意见;

(二)案件事实不清、证据不足的,由稽查局对案件重新调查;

(三)案件执法程序违法的,由稽查局对案件重新处理;

(四)案件适用法律依据不明确,或者需要处理的有关事项超出本机关权限的,按规定程序请示上级机关或征求有权机关的意见。

第三十四条 审理委员会办公室根据会议审理情况制作审理纪要和审理意见书。

审理纪要由审理委员会主任或其授权的副主任签发。会议参加人员有保留意见或者特殊声明的,应当在审理纪要中载明。

审理意见书由审理委员会主任签发。

第六章 执行和监督

第三十五条 稽查局应当按照重大税务案件审理意见书制作税务处理处罚决定等相关文书,加盖稽查局印章后送达执行。

文书送达后5日内,由稽查局送审理委员会办公室备案。

第三十六条 重大税务案件审理程序终结后,审理委员会办公室应当将相关证据材料退回稽查局。

第三十七条 各级税务局督察内审部门应当加强对重大税务案件审理工作的监督。

第三十八条 审理委员会办公室应当加强重大税务案件审理案卷的归档管理,按照受理案件的顺序统一编号,做到一案一卷、资料齐全、卷面整洁、装订整齐。

需要归档的重大税务案件审理案卷包括税务稽查报告、税务稽查审理报告以及有关文书。

第三十九条 各省、自治区、直辖市和计划单列市税务局应当于每年1月31日之前,将本辖区上年度重大税务案件审理工作开展情况和重大税务案件审理统计表报送国家税务总局。

第七章 附 则

第四十条 各级税务局办理的其他案件，需要移送审理委员会审理的，参照本办法执行。特别纳税调整案件按照有关规定执行。

第四十一条 各级税务局在重大税务案件审理工作中可以使用重大税务案件审理专用章。

第四十二条 本办法规定期限的最后一日为法定休假日的，以休假日期满的次日为期限的最后一日；在期限内有连续3日以上法定休假日的，按休假日天数顺延。

本办法有关"5日"的规定指工作日，不包括法定休假日。

第四十三条 各级税务局应当按照国家税务总局的规划和要求，积极推动重大税务案件审理信息化建设。

第四十四条 各级税务局应当加大对重大税务案件审理工作的基础投入，保障审理人员和经费，配备办案所需的录音录像、文字处理、通讯等设备，推进重大税务案件审理规范化建设。

第四十五条 各省、自治区、直辖市和计划单列市税务局可以依照本办法制定具体实施办法。

第四十六条 本办法自2015年2月1日起施行。《国家税务总局关于印发〈重大税务案件审理办法（试行）〉的通知》（国税发〔2001〕21号）同时废止。

关于修改部分证券期货规章的决定

（2021年6月11日中国证券监督管理委员会令第184号公布
自公布之日起施行 国司备字［2021004367］）

为贯彻落实《民法典》、新《证券法》及国务院"放管服"改革有关要求等，中国证监会对有关证券期货制度文件进行了清理，决定对3部规章的部分条款予以修改。

一、将《优先股试点管理办法》第六十五条第三项中"企业法人"修改为"营利法人"。

二、将《非上市公众公司信息披露管理办法》第六十五条中"其他组织"修改为"非法人组织"。

三、将《客户交易结算资金管理办法》第二条中"具有从事证券交易结算资金存管业务资格的商业银行”修改为“指定的从事证券交易结算资金存管业务的商业银行”。

删去第二十六条。

删去原第三十条、第三十一条、第三十二条、第三十三条、第三十四条、第三十五条中的“公开批评”。

第三十一条改为第三十条、第三十三条改为第三十二条,其中的“情节严重的,按照《证券法》第一百九十三条处罚”修改为“情节严重的,按照《证券法》第二百零八条处罚”。

第三十四条改为第三十三条,其中的“情节严重的,取消从事证券交易结算资金存管业务资格”修改为“情节严重的,按照《证券公司监督管理条例》第八十七条处理”。

第三十七条改为第三十六条,第三项中的“从事客户交易结算资金存管业务的商业银行,指符合本办法规定并经证监会批准,办理证券交易结算资金存取、划转并履行监督职能的商业银行”修改为“指定的从事客户交易结算资金存管业务的商业银行,指符合本办法规定并由证监会和银保监会确定并公告的,办理证券交易结算资金存取、划转并履行监督职能的商业银行”。第四项、第六项中的“具有证券交易结算资金存管业务资格的商业银行”修改为“指定的从事证券交易结算资金存管业务的商业银行”。

此外,对相关规章中的条文序号作相应调整。

《优先股试点管理办法》等3部规章根据本决定作相应修改,重新公布。

优先股试点管理办法

(2014年3月21日中国证券监督管理委员会令第97号公布
根据2021年6月11日中国证券监督管理委员会《关于修改部分证券期货规章的决定》修订)

第一章 总 则

第一条 为规范优先股发行和交易行为,保护投资者合法权益,根据《公司法》、《证券法》、《国务院关于开展优先股试点的指导意见》及相关法律法规,制定本办法。

第二条 本办法所称优先股是指依照《公司法》,在一般规定的普通种类股份之外,另行规定的其他种类股份,其股份持有人优先于普通股股东分配公司利润和剩余财产，但参与公司决策管理等权利受到限制。

第三条 上市公司可以发行优先股，非上市公众公司可以非公开发行优先股。

第四条 优先股试点应当符合《公司法》、《证券法》、《国务院关于开展优先股试点的指导意见》和本办法的相关规定，并遵循公开、公平、公正的原则，禁止欺诈、内幕交易和操纵市场的行为。

第五条 证券公司及其他证券服务机构参与优先股试点，应当遵守法律法规及中国证券监督管理委员会（以下简称中国证监会）相关规定，遵循行业公认的业务标准和行为规范，诚实守信、勤勉尽责。

第六条 试点期间不允许发行在股息分配和剩余财产分配上具有不同优先顺序的优先股，但允许发行在其他条款上具有不同设置的优先股。

同一公司既发行强制分红优先股，又发行不含强制分红条款优先股的，不属于发行在股息分配上具有不同优先顺序的优先股。

第七条 相同条款的优先股应当具有同等权利。同次发行的相同条款优先股，每股发行的条件、价格和票面股息率应当相同；任何单位或者个人认购的股份，每股应当支付相同价额。

第二章 优先股股东权利的行使

第八条 发行优先股的公司除按《国务院关于开展优先股试点的指导意见》制定章程有关条款外，还应当按本办法在章程中明确优先股股东的有关权利和义务。

第九条 优先股股东按照约定的股息率分配股息后，有权同普通股股东一起参加剩余利润分配的，公司章程应明确优先股股东参与剩余利润分配的比例、条件等事项。

第十条 出现以下情况之一的，公司召开股东大会会议应通知优先股股东，并遵循《公司法》及公司章程通知普通股股东的规定程序。优先股股东有权出席股东大会会议，就以下事项与普通股股东分类表决，其所持每一优先股有一表决权，但公司持有的本公司优先股没有表决权：

（一）修改公司章程中与优先股相关的内容；

（二）一次或累计减少公司注册资本超过百分之十；

（三）公司合并、分立、解散或变更公司形式；

（四）发行优先股；

（五）公司章程规定的其他情形。

上述事项的决议，除须经出席会议的普通股股东（含表决权恢复的优先股股东）所持表决权的三分之二以上通过之外，还须经出席会议的优先股股东（不含表决权恢复的优先股股东）所持表决权的三分之二以上通过。

第十一条 公司股东大会可授权公司董事会按公司章程的约定向优先股支付股息。公司累计三个会计年度或连续两个会计年度未按约定支付优先股股息的，股东大会批准当年不按约定分配利润的方案次日起，优先股股东有权出席股东大会与普通股股东共同表决，每股优先股股份享有公司章程规定的一定比例表决权。

对于股息可累积到下一会计年度的优先股，表决权恢复直至公司全额支付所欠股息。对于股息不可累积的优先股，表决权恢复直至公司全额支付当年股息。公司章程可规定优先股表决权恢复的其他情形。

第十二条 优先股股东有权查阅公司章程、股东名册、公司债券存根、股东大会会议记录、董事会会议决议、监事会会议决议、财务会计报告。

第十三条 发行人回购优先股包括发行人要求赎回优先股和投资者要求回售优先股两种情况，并应在公司章程和招股文件中规定其具体条件。发行人要求赎回优先股的，必须完全支付所欠股息，但商业银行发行优先股补充资本的除外。优先股回购后相应减记发行在外的优先股股份总数。

第十四条 公司董事、监事、高级管理人员应当向公司申报所持有的本公司优先股及其变动情况，在任职期间每年转让的股份不得超过其所持本公司优先股股份总数的百分之二十五。公司章程可以对公司董事、监事、高级管理人员转让其所持有的本公司优先股股份作出其他限制性规定。

第十五条 除《国务院关于开展优先股试点的指导意见》规定的事项外，计算股东人数和持股比例时应分别计算普通股和优先股。

第十六条 公司章程中规定优先股采用固定股息率的，可以在优先股存续期内采取相同的固定股息率，或明确每年的固定股息率，各年度的股息率可以不同；公司章程中规定优先股采用浮动股息率的，应当明确优先股存续期内票面股息率的计算方法。

第三章 上市公司发行优先股

第一节 一般规定

第十七条 上市公司应当与控股股东或实际控制人的人员、资产、财务分开，机构、业务独立。

第十八条 上市公司内部控制制度健全,能够有效保证公司运行效率、合法合规和财务报告的可靠性,内部控制的有效性应当不存在重大缺陷。

第十九条 上市公司发行优先股,最近三个会计年度实现的年均可分配利润应当不少于优先股一年的股息。

第二十条 上市公司最近三年现金分红情况应当符合公司章程及中国证监会的有关监管规定。

第二十一条 上市公司报告期不存在重大会计违规事项。公开发行优先股,最近三年财务报表被注册会计师出具的审计报告应当为标准审计报告或带强调事项段的无保留意见的审计报告;非公开发行优先股,最近一年财务报表被注册会计师出具的审计报告为非标准审计报告的,所涉及事项对公司无重大不利影响或者在发行前重大不利影响已经消除。

第二十二条 上市公司发行优先股募集资金应有明确用途,与公司业务范围、经营规模相匹配,募集资金用途符合国家产业政策和有关环境保护、土地管理等法律和行政法规的规定。

除金融类企业外,本次募集资金使用项目不得为持有交易性金融资产和可供出售的金融资产、借予他人等财务性投资,不得直接或间接投资于以买卖有价证券为主要业务的公司。

第二十三条 上市公司已发行的优先股不得超过公司普通股股份总数的百分之五十,且筹资金额不得超过发行前净资产的百分之五十,已回购、转换的优先股不纳入计算。

第二十四条 上市公司同一次发行的优先股,条款应当相同。每次优先股发行完毕前,不得再次发行优先股。

第二十五条 上市公司存在下列情形之一的,不得发行优先股:

(一)本次发行申请文件有虚假记载、误导性陈述或重大遗漏;

(二)最近十二个月内受到过中国证监会的行政处罚;

(三)因涉嫌犯罪正被司法机关立案侦查或涉嫌违法违规正被中国证监会立案调查;

(四)上市公司的权益被控股股东或实际控制人严重损害且尚未消除;

(五)上市公司及其附属公司违规对外提供担保且尚未解除;

(六)存在可能严重影响公司持续经营的担保、诉讼、仲裁、市场重大质疑或其他重大事项;

(七)其董事和高级管理人员不符合法律、行政法规和规章规定的任职资格;

(八)严重损害投资者合法权益和社会公共利益的其他情形。

第二节　公开发行的特别规定

第二十六条　上市公司公开发行优先股,应当符合以下情形之一:

(一)其普通股为上证 50 指数成份股;

(二)以公开发行优先股作为支付手段收购或吸收合并其他上市公司;

(三)以减少注册资本为目的回购普通股的,可以公开发行优先股作为支付手段,或者在回购方案实施完毕后,可公开发行不超过回购减资总额的优先股。

中国证监会核准公开发行优先股后不再符合本条第(一)项情形的,上市公司仍可实施本次发行。

第二十七条　上市公司最近三个会计年度应当连续盈利。扣除非经常性损益后的净利润与扣除前的净利润相比,以孰低者作为计算依据。

第二十八条　上市公司公开发行优先股应当在公司章程中规定以下事项:

(一)采取固定股息率;

(二)在有可分配税后利润的情况下必须向优先股股东分配股息;

(三)未向优先股股东足额派发股息的差额部分应当累积到下一会计年度;

(四)优先股股东按照约定的股息率分配股息后,不再同普通股股东一起参加剩余利润分配。

商业银行发行优先股补充资本的,可就第(二)项和第(三)项事项另行约定。

第二十九条　上市公司公开发行优先股的,可以向原股东优先配售。

第三十条　除本办法第二十五条的规定外,上市公司最近三十六个月内因违反工商、税收、土地、环保、海关法律、行政法规或规章,受到行政处罚且情节严重的,不得公开发行优先股。

第三十一条　上市公司公开发行优先股,公司及其控股股东或实际控制人最近十二个月内应当不存在违反向投资者作出的公开承诺的行为。

第三节　其 他 规 定

第三十二条　优先股每股票面金额为一百元。

优先股发行价格和票面股息率应当公允、合理,不得损害股东或其他利益相关方的合法利益,发行价格不得低于优先股票面金额。

公开发行优先股的价格或票面股息率以市场询价或中国证监会认可的其

他公开方式确定。非公开发行优先股的票面股息率不得高于最近两个会计年度的年均加权平均净资产收益率。

第三十三条 上市公司不得发行可转换为普通股的优先股。但商业银行可根据商业银行资本监管规定，非公开发行触发事件发生时强制转换为普通股的优先股，并遵守有关规定。

第三十四条 上市公司非公开发行优先股仅向本办法规定的合格投资者发行，每次发行对象不得超过二百人，且相同条款优先股的发行对象累计不得超过二百人。

发行对象为境外战略投资者的，还应当符合国务院相关部门的规定。

第四节 发行程序

第三十五条 上市公司申请发行优先股，董事会应当按照中国证监会有关信息披露规定，公开披露本次优先股发行预案，并依法就以下事项作出决议，提请股东大会批准。

（一）本次优先股的发行方案；

（二）非公开发行优先股且发行对象确定的，上市公司与相应发行对象签订的附条件生效的优先股认购合同。认购合同应当载明发行对象拟认购优先股的数量、认购价格或定价原则、票面股息率或其确定原则，以及其他必要条款。认购合同应当约定发行对象不得以竞价方式参与认购，且本次发行一经上市公司董事会、股东大会批准并经中国证监会核准，该合同即应生效；

（三）非公开发行优先股且发行对象尚未确定的，决议应包括发行对象的范围和资格、定价原则、发行数量或数量区间。

上市公司的控股股东、实际控制人或其控制的关联人参与认购本次非公开发行优先股的，按照前款第（二）项执行。

第三十六条 上市公司独立董事应当就上市公司本次发行对公司各类股东权益的影响发表专项意见，并与董事会决议一同披露。

第三十七条 上市公司股东大会就发行优先股进行审议，应当就下列事项逐项进行表决：

（一）本次发行优先股的种类和数量；

（二）发行方式、发行对象及向原股东配售的安排；

（三）票面金额、发行价格或其确定原则；

（四）优先股股东参与分配利润的方式，包括：票面股息率或其确定原则、股息发放的条件、股息支付方式、股息是否累积、是否可以参与剩余利润分配等；

（五）回购条款，包括回购的条件、期间、价格及其确定原则、回购选择权的行使主体等（如有）；

（六）募集资金用途；

（七）公司与发行对象签订的附条件生效的优先股认购合同（如有）；

（八）决议的有效期；

（九）公司章程关于优先股股东和普通股股东利润分配、剩余财产分配、优先股表决权恢复等相关政策条款的修订方案；

（十）对董事会办理本次发行具体事宜的授权；

（十一）其他事项。

上述决议，须经出席会议的普通股股东（含表决权恢复的优先股股东）所持表决权的三分之二以上通过。已发行优先股的，还须经出席会议的优先股股东（不含表决权恢复的优先股股东）所持表决权的三分之二以上通过。上市公司向公司特定股东及其关联人发行优先股的，股东大会就发行方案进行表决时，关联股东应当回避。

第三十八条 上市公司就发行优先股事项召开股东大会，应当提供网络投票，还可以通过中国证监会认可的其他方式为股东参加股东大会提供便利。

第三十九条 上市公司申请发行优先股应当由保荐人保荐并向中国证监会申报，其申请、审核、核准、发行等相关程序参照《上市公司证券发行管理办法》和《证券发行与承销管理办法》的规定。发审委会议按照《中国证券监督管理委员会发行审核委员会办法》规定的特别程序，审核发行申请。

第四十条 上市公司发行优先股，可以申请一次核准，分次发行，不同次发行的优先股除票面股息率外，其他条款应当相同。自中国证监会核准发行之日起，公司应在六个月内实施首次发行，剩余数量应当在二十四个月内发行完毕。超过核准文件时限的，须申请中国证监会重新核准。首次发行数量应当不少于总发行数量的百分之五十，剩余各次发行的数量由公司自行确定，每次发行完毕后五个工作日内报中国证监会备案。

第四章 非上市公众公司非公开发行优先股

第四十一条 非上市公众公司非公开发行优先股应符合下列条件：

（一）合法规范经营；

（二）公司治理机制健全；

（三）依法履行信息披露义务。

第四十二条 非上市公众公司非公开发行优先股应当遵守本办法第二十

三条、第二十四条、第二十五条、第三十二条、第三十三条的规定。

第四十三条 非上市公众公司非公开发行优先股仅向本办法规定的合格投资者发行，每次发行对象不得超过二百人，且相同条款优先股的发行对象累计不得超过二百人。

第四十四条 非上市公众公司拟发行优先股的，董事会应依法就具体方案、本次发行对公司各类股东权益的影响、发行优先股的目的、募集资金的用途及其他必须明确的事项作出决议，并提请股东大会批准。

董事会决议确定具体发行对象的，董事会决议应当确定具体的发行对象名称及其认购价格或定价原则、认购数量或数量区间等；同时应在召开董事会前与相应发行对象签订附条件生效的股份认购合同。董事会决议未确定具体发行对象的，董事会决议应当明确发行对象的范围和资格、定价原则等。

第四十五条 非上市公众公司股东大会就发行优先股进行审议，表决事项参照本办法第三十七条执行。发行优先股决议，须经出席会议的普通股股东（含表决权恢复的优先股股东）所持表决权的三分之二以上通过。已发行优先股的，还须经出席会议的优先股股东（不含表决权恢复的优先股股东）所持表决权的三分之二以上通过。非上市公众公司向公司特定股东及其关联人发行优先股的，股东大会就发行方案进行表决时，关联股东应当回避，公司普通股股东（不含表决权恢复的优先股股东）人数少于二百人的除外。

第四十六条 非上市公众公司发行优先股的申请、审核（豁免）、发行等相关程序应按照《非上市公众公司监督管理办法》等相关规定办理。

第五章 交易转让及登记结算

第四十七条 优先股发行后可以申请上市交易或转让，不设限售期。

公开发行的优先股可以在证券交易所上市交易。上市公司非公开发行的优先股可以在证券交易所转让，非上市公众公司非公开发行的优先股可以在全国中小企业股份转让系统转让，转让范围仅限合格投资者。交易或转让的具体办法由证券交易所或全国中小企业股份转让系统另行制定。

第四十八条 优先股交易或转让环节的投资者适当性标准应当与发行环节保持一致；非公开发行的相同条款优先股经交易或转让后，投资者不得超过二百人。

第四十九条 中国证券登记结算公司为优先股提供登记、存管、清算、交收等服务。

第六章 信息披露

第五十条 公司应当按照中国证监会有关信息披露规则编制募集优先股说明书或其他信息披露文件,依法履行信息披露义务。上市公司相关信息披露程序和要求参照《上市公司证券发行管理办法》和《上市公司非公开发行股票实施细则》及有关监管指引的规定。非上市公众公司非公开发行优先股的信息披露程序和要求参照《非上市公众公司监督管理办法》及有关监管指引的规定。

第五十一条 发行优先股的公司披露定期报告时,应当以专门章节披露已发行优先股情况、持有公司优先股股份最多的前十名股东的名单和持股数额、优先股股东的利润分配情况、优先股的回购情况、优先股股东表决权恢复及行使情况、优先股会计处理情况及其他与优先股有关的情况,具体内容与格式由中国证监会规定。

第五十二条 发行优先股的上市公司,发生表决权恢复、回购普通股等事项,以及其他可能对其普通股或优先股交易或转让价格产生较大影响事项的,上市公司应当按照《证券法》第八十条以及中国证监会的相关规定,履行临时报告、公告等信息披露义务。

第五十三条 发行优先股的非上市公众公司按照《非上市公众公司监督管理办法》及有关监管指引的规定履行日常信息披露义务。

第七章 回购与并购重组

第五十四条 上市公司可以非公开发行优先股作为支付手段,向公司特定股东回购普通股。上市公司回购普通股的价格应当公允、合理,不得损害股东或其他利益相关方的合法利益。

第五十五条 上市公司以减少注册资本为目的回购普通股公开发行优先股的,以及以非公开发行优先股为支付手段向公司特定股东回购普通股的,除应当符合优先股发行条件和程序,还应符合以下规定:

(一)上市公司回购普通股应当由董事会依法作出决议并提交股东大会批准;

(二)上市公司股东大会就回购普通股作出的决议,应当包括下列事项:回购普通股的价格区间,回购普通股的数量和比例,回购普通股的期限,决议的有效期,对董事会办理本次回购股份事宜的具体授权,其他相关事项。以发行优先股作为支付手段的,应当包括拟用于支付的优先股总金额以及支付比例;回购方案实施完毕之日起一年内公开发行优先股的,应当包括回购的资金总额以及资金来源;

(三)上市公司股东大会就回购普通股作出决议,必须经出席会议的普通股股东(含表决权恢复的优先股股东)所持表决权的三分之二以上通过;

(四)上市公司应当在股东大会作出回购普通股决议后的次日公告该决议;

(五)依法通知债权人。

本办法未做规定的应当符合中国证监会有关上市公司回购的其他规定。

第五十六条 上市公司收购要约适用于被收购公司的所有股东,但可以针对优先股股东和普通股股东提出不同的收购条件。

第五十七条 上市公司可以按照《上市公司重大资产重组管理办法》规定的条件发行优先股购买资产,同时应当遵守本办法第三十三条,以及第三十五条至第三十八条的规定,依法披露有关信息、履行相应程序。

第五十八条 上市公司发行优先股作为支付手段购买资产的,可以同时募集配套资金。

第五十九条 非上市公众公司发行优先股的方案涉及重大资产重组的,应当符合中国证监会有关重大资产重组的规定。

第八章 监管措施和法律责任

第六十条 公司及其控股股东或实际控制人,公司董事、监事、高级管理人员以及其他直接责任人员,相关市场中介机构及责任人员,以及优先股试点的其他市场参与者违反本办法规定的,依照《公司法》、《证券法》和中国证监会的有关规定处理;涉嫌犯罪的,依法移送司法机关,追究其刑事责任。

第六十一条 上市公司、非上市公众公司违反本办法规定,存在未按规定制定有关章程条款、不按照约定召集股东大会恢复优先股股东表决权等损害优先股股东和中小股东权益等行为的,中国证监会应当责令改正,对上市公司、非上市公众公司和其直接负责的主管人员和其他直接责任人员,可以采取相应的行政监管措施以及警告、三万元以下罚款等行政处罚。

第六十二条 上市公司违反本办法第二十二条第二款规定的,中国证监会可以责令改正,并在三十六个月内不受理该公司的公开发行证券申请。

第六十三条 上市公司、非上市公众公司向本办法规定的合格投资者以外的投资者非公开发行优先股,中国证监会应当责令改正,并可以自确认之日起在三十六个月内不受理该公司的发行优先股申请。

第六十四条 承销机构在承销非公开发行的优先股时，将优先股配售给不符合本办法合格投资者规定的对象的，中国证监会可以责令改正，并在三十六个月内不接受其参与证券承销。

第九章 附 则

第六十五条 本办法所称合格投资者包括：

（一）经有关金融监管部门批准设立的金融机构，包括商业银行、证券公司、基金管理公司、信托公司和保险公司等；

（二）上述金融机构面向投资者发行的理财产品，包括但不限于银行理财产品、信托产品、投连险产品、基金产品、证券公司资产管理产品等；

（三）实收资本或实收股本总额不低于人民币五百万元的营利法人；

（四）实缴出资总额不低于人民币五百万元的合伙企业；

（五）合格境外机构投资者（QFII）、人民币合格境外机构投资者（RQFII）、符合国务院相关部门规定的境外战略投资者；

（六）除发行人董事、高级管理人员及其配偶以外的，名下各类证券账户、资金账户、资产管理账户的资产总额不低于人民币五百万元的个人投资者；

（七）经中国证监会认可的其他合格投资者。

第六十六条 非上市公众公司首次公开发行普通股并同时非公开发行优先股的，其优先股的发行与信息披露应符合本办法中关于上市公司非公开发行优先股的有关规定。

第六十七条 注册在境内的境外上市公司在境外发行优先股，应当符合境外募集股份及上市的有关规定。

注册在境内的境外上市公司在境内发行优先股，参照执行本办法关于非上市公众公司发行优先股的规定，以及《非上市公众公司监督管理办法》等相关规定，其优先股可以在全国中小企业股份转让系统进行转让。

第六十八条 本办法下列用语含义如下：

（一）强制分红：公司在有可分配税后利润的情况下必须向优先股股东分配股息；

（二）可分配税后利润：发行人股东依法享有的未分配利润；

（三）加权平均净资产收益率：按照《公开发行证券的公司信息披露编报规则第9号——净资产收益率和每股收益的计算及披露》计算的加权平均净资产收益率；

（四）上证50指数：中证指数有限公司发布的上证50指数。

第六十九条 本办法中计算合格投资者人数时，同一资产管理机构以其管理的两只以上产品认购或受让优先股的，视为一人。

第七十条 本办法自公布之日起施行。

非上市公众公司信息披露管理办法

（2019年12月20日中国证券监督管理委员会令第162号公布 根据2021年6月11日中国证券监督管理委员会《关于修改部分证券期货规章的决定》修订）

第一章 总 则

第一条 为了规范非上市公众公司有关信息披露行为，保护投资者合法权益，维护市场秩序和社会公众利益，根据《公司法》《证券法》《国务院关于全国中小企业股份转让系统有关问题的决定》《非上市公众公司监督管理办法》（证监会令第161号）等有关法律法规的规定，制定本办法。

第二条 本办法适用于股票在全国中小企业股份转让系统（以下简称全国股转系统）挂牌公开转让的非上市公众公司（以下简称挂牌公司）定期报告和临时报告信息披露有关行为。

第三条 挂牌公司披露的信息，应当真实、准确、完整，简明清晰，通俗易懂，不得有虚假记载、误导性陈述或重大遗漏。

在境外市场发行股票及其他证券品种并上市的挂牌公司在境外市场披露的信息，应当同时在全国股转系统披露。

第四条 根据挂牌公司发展阶段、公众化程度以及风险状况等因素，充分考虑投资者需求，以全国股转系统精选层、创新层、基础层分层为基础，实施挂牌公司差异化的信息披露制度。

第五条 挂牌公司的董事、监事、高级管理人员应当忠实、勤勉地履行职责，保证公司及时、公平地披露信息，所披露的信息真实、准确、完整。

第六条 在内幕信息依法披露前，任何知情人不得公开或者泄露该信息，不得利用该信息进行交易。

第七条 挂牌公司依法披露的信息，应当在符合《证券法》规定的信息披露平台发布。挂牌公司在公司网站或者其他公众媒体发布信息的时间不得先于上述信息披露平台。

挂牌公司应当将披露的信息同时置备于公司住所、全国股转系统，供社会公众查阅。

信息披露文件应当采用中文文本。同时采用外文文本的，挂牌公司应当保证两种文本的内容一致。两种文本发生歧义时，以中文文本为准。

第八条 中国证券监督管理委员会（以下简称中国证监会）根据《证券法》等法律法规以及本办法的规定，对挂牌公司信息披露有关各方的行为进行监督管理，并且可以结合市场分层对挂牌公司信息披露实施分类监管。

全国中小企业股份转让系统有限责任公司（以下简称全国股转公司）对挂牌公司信息披露有关行为实施自律管理，强化监管问询，督促挂牌公司及时、准确地披露信息。

第九条 除依法或者按照本办法及有关自律规则需要披露的信息外，挂牌公司可以自愿披露与投资者作出价值判断和投资决策有关的信息，但不得与依法或者按照本办法及有关自律规则披露的信息相冲突，不得误导投资者。

挂牌公司应当保持信息披露的持续性和一致性，避免选择性披露，不得利用自愿披露信息不当影响公司股票及其他证券品种交易价格。自愿披露具有一定预测性质信息的，应当明确预测的依据，并提示可能出现的不确定性和风险。

第十条 由于国家秘密、商业秘密等特殊原因导致本办法规定的某些信息确实不便披露的，挂牌公司可以不予披露，但应当在相关定期报告、临时报告中说明未按照规定进行披露的原因。中国证监会、全国股转公司认为需要披露的，挂牌公司应当披露。

第二章 定期报告

第十一条 挂牌公司定期报告包括年度报告、中期报告和季度报告。精选层挂牌公司应当披露年度报告、中期报告和季度报告。创新层、基础层挂牌公司应当披露年度报告和中期报告。

凡是对投资者作出投资决策有重大影响的信息，均应当在定期报告中披露。

第十二条 年度报告应当在每个会计年度结束之日起四个月内，中期报告应当在每个会计年度的上半年结束之日起两个月内，季度报告应当在每个会计年度第三个月、第九个月结束之日起一个月内编制完成并披露。

第一季度季度报告的披露时间不得早于上一年度年度报告的披露时间。

第十三条 年度报告中的财务会计报告应当经符合《证券法》规定的会计

师事务所审计。

精选层挂牌公司审计业务签字注册会计师应当定期轮换，具体由全国股转公司规定。

第十四条 挂牌公司年度报告应当记载以下内容：

（一）公司基本情况；

（二）主要会计数据和财务指标；

（三）管理层讨论与分析；

（四）公司股票、债券发行及变动情况，报告期末股票、债券总额、股东总数，公司前十大股东持股情况；

（五）控股股东及实际控制人情况；

（六）董事、监事、高级管理人员、核心员工任职及持股情况；

（七）报告期内发生的重大事件及对公司的影响；

（八）公司募集资金使用情况（如有）；

（九）利润分配情况；

（十）公司治理及内部控制情况；

（十一）财务会计报告和审计报告全文；

（十二）中国证监会规定的其他事项。

第十五条 挂牌公司中期报告应当记载以下内容：

（一）公司基本情况；

（二）主要会计数据和财务指标；

（三）公司股票、债券发行及变动情况，报告期末股东总数，公司前十大股东持股情况；

（四）控股股东及实际控制人发生变化的情况；

（五）报告期内重大诉讼、仲裁等重大事件及对公司的影响；

（六）公司募集资金使用情况（如有）；

（七）财务会计报告；

（八）中国证监会规定的其他事项。

第十六条 挂牌公司季度报告应当记载以下内容：

（一）公司基本情况；

（二）主要会计数据和财务指标；

（三）中国证监会规定的其他事项。

第十七条 除本办法第十四条规定的事项外，精选层挂牌公司还应当在年度报告中结合所属行业特点充分披露行业经营信息以及可能对公司核心竞争力、经营活动和未来发展产生重大不利影响的风险因素。

精选层挂牌公司尚未盈利的,应当在年度报告中充分披露尚未盈利的原因,以及对公司生产经营的影响。

第十八条 挂牌公司存在特别表决权股份的,应当在年度报告中披露特别表决权股份的持有和变化情况,以及相关投资者合法权益保护措施的实施情况。

第十九条 挂牌公司股东大会实行累积投票制和网络投票安排的,应当在年度报告中披露累积投票制和网络投票安排的实施情况。

第二十条 挂牌公司董事、高级管理人员应当对定期报告签署书面确认意见。

监事会应当对董事会编制的定期报告进行审核并提出书面审核意见,说明董事会的编制和审核程序是否符合法律、行政法规和中国证监会、全国股转公司的规定,报告的内容是否真实、准确、完整地反映挂牌公司的实际情况。监事应当签署书面确认意见。

挂牌公司董事、监事和高级管理人员无法保证定期报告内容的真实性、准确性、完整性或者有异议的,应当在书面确认意见中发表意见并陈述理由,挂牌公司应当披露。挂牌公司不予披露的,董事、监事和高级管理人员可以直接申请披露。

第二十一条 定期报告披露前出现业绩泄露,或者出现业绩传闻且公司股票及其他证券品种交易出现异常波动的,挂牌公司应当及时披露本报告期相关财务数据。

第二十二条 精选层挂牌公司预计不能在会计年度结束之日起两个月内披露年度报告的,应当在该会计年度结束之日起两个月内披露本报告期主要财务数据。

精选层挂牌公司预计经营业绩发生亏损、扭亏为盈或者发生大幅变动的,应当及时进行业绩预告。

第二十三条 定期报告中的财务会计报告被出具非标准审计意见的,挂牌公司董事会应当针对该审计意见涉及事项作出专项说明。

第二十四条 挂牌公司未在规定期限内披露定期报告的,全国股转公司根据自律规则予以处理,情节严重的,应当提请中国证监会立案稽查。

精选层挂牌公司未在规定期限内披露年度报告和中期报告的,中国证监会应当立案稽查。

第三章 临时报告

第二十五条 发生可能对挂牌公司股票及其他证券品种交易价格产生较

大影响,或者对投资者作出投资决策有较大影响的重大事件,投资者尚未得知时,挂牌公司应当立即将有关该重大事件的情况向中国证监会和全国股转公司报送临时报告,并予公告,说明事件的起因、目前的状态和可能产生的影响。

前款所称重大事件包括:

(一)公司的经营方针和经营范围的重大变化;

(二)公司的重大投资行为,公司在一年内购买、出售重大资产超过公司资产总额百分之三十,或者公司营业用主要资产的抵押、质押、出售或者报废一次超过该资产的百分之三十;

(三)公司订立重要合同,提供重大担保或者从事关联交易,可能对公司的资产、负债、权益和经营成果产生重要影响;

(四)公司发生重大债务和未能清偿到期重大债务的违约情况;

(五)公司发生重大亏损或者重大损失;

(六)公司生产经营的外部条件发生的重大变化;

(七)公司的董事、三分之一以上监事或者经理发生变动,董事长或者经理无法履行职责;

(八)持有公司百分之五以上股份的股东或者实际控制人,其持有股份或者控制公司的情况发生较大变化,公司的实际控制人及其控制的其他企业从事与公司相同或者相似业务的情况发生较大变化;

(九)公司分配股利、增资的计划,公司股权结构的重要变化,公司减资、合并、分立、解散及申请破产的决定,或者依法进入破产程序、被责令关闭;

(十)涉及公司的重大诉讼、仲裁,股东大会、董事会决议被依法撤销或者宣告无效;

(十一)公司涉嫌违法违规被有权机关调查,或者受到刑事处罚、重大行政处罚;公司控股股东、实际控制人、董事、监事、高级管理人员涉嫌违法违纪被有权机关调查、采取留置措施或强制措施,或者受到刑事处罚、重大行政处罚;

(十二)获得大额政府补贴等可能对公司资产、负债、权益或者经营成果产生重大影响的额外收益;

(十三)公司董事会就拟在其他证券交易场所上市、股权激励方案、股份回购方案作出决议;

(十四)公司主要资产被查封、扣押、冻结;

(十五)公司丧失重要生产资质、许可、特许经营权,或者主要业务陷入停顿;

(十六)法院裁决禁止控股股东转让其所持股份;任一股东所持公司百分之五以上股份被质押、冻结、司法拍卖、托管、设定信托或者被依法限制表决权；

（十七）变更会计政策、会计估计（法律、行政法规或者国家统一会计制度要求的除外）；

（十八）因前期已披露的信息存在差错、未按规定披露或者虚假记载，被有关机关责令改正或者经董事会决定进行更正；

（十九）中国证监会规定的其他事项。

挂牌公司的控股股东或者实际控制人对重大事件的发生、进展产生较大影响的，应当及时将其知悉的有关情况书面告知挂牌公司，并配合挂牌公司履行信息披露义务。

第二十六条 挂牌公司应当在最先发生的以下任一时点，及时履行重大事件的信息披露义务：

（一）董事会或者监事会就该重大事件形成决议时；

（二）有关各方就该重大事件签署意向书或者协议时；

（三）董事、监事或者高级管理人员知悉或者应当知悉该重大事件发生时。

挂牌公司筹划的重大事项存在较大不确定性，立即披露可能会损害公司利益或者误导投资者，且有关内幕信息知情人已书面承诺保密的，公司可以暂不披露，但最迟应当在该重大事项形成最终决议、签署最终协议、交易确定能够达成时对外披露。

相关信息确实难以保密、已经泄露或者出现市场传闻，导致公司股票及其他证券品种交易价格发生大幅波动的，公司应当立即披露相关筹划和进展情况。

第二十七条 挂牌公司披露重大事件后，已披露的重大事件出现可能对投资者决策或者挂牌公司股票及其他证券品种交易价格产生较大影响的进展或者变化的，应当及时披露进展或者变化情况、可能产生的影响。

第二十八条 挂牌公司控股子公司发生本办法第二十五条规定的重大事件，可能对投资者决策或者公司股票及其他证券品种交易价格产生较大影响的，挂牌公司应当履行信息披露义务。

挂牌公司参股公司发生可能对投资者决策或者挂牌公司股票及其他证券品种交易价格产生较大影响的事件，挂牌公司应当履行信息披露义务。

第二十九条 挂牌公司股票及其他证券品种交易被中国证监会或者全国股转公司认定为异常波动的，挂牌公司应当及时了解造成交易异常波动的影响因素，并于次一交易日开盘前披露。

第三十条 媒体传播的消息可能或者已经对投资者决策或者挂牌公司股票及其他证券品种交易价格产生较大影响的，挂牌公司应当及时了解情况，发布相应澄清公告。

第四章 信息披露事务管理

第三十一条 挂牌公司应当制定信息披露事务管理制度，经董事会审议通过并披露。信息披露事务管理制度应当包括：

（一）明确挂牌公司应当披露的信息，确定披露标准；

（二）未公开信息的传递、审核、披露流程；

（三）信息披露事务负责人在信息披露中的职责；

（四）董事和董事会、监事和监事会、高级管理人员等的报告、审议和披露的职责；

（五）董事、监事、高级管理人员履行职责的记录和保管制度；

（六）未公开信息的保密措施，内幕信息知情人的范围和保密责任；

（七）财务管理和会计核算的内部控制及监督机制；

（八）对外发布信息的申请、审核、发布流程；与投资者、证券服务机构、媒体等的信息沟通与制度；

（九）信息披露相关文件、资料的档案管理；

（十）涉及子公司的信息披露事务管理和报告制度；

（十一）未按规定披露信息的责任追究机制，对违反规定人员的处理措施。

信息披露事务负责人是指挂牌公司董事会秘书或者挂牌公司指定负责信息披露事务的人员。

精选层、创新层挂牌公司应当设立董事会秘书。基础层挂牌公司可以设立董事会秘书，不设立董事会秘书的，应当指定一名高级管理人员兼任信息披露事务负责人。董事会秘书为公司高级管理人员，其选任、履职应当符合中国证监会、全国股转公司的有关规定。

精选层挂牌公司应当设立信息披露事务管理部门，协助董事会秘书管理信息披露事务。

第三十二条 挂牌公司董事长、经理、信息披露事务负责人，应当对公司临时报告信息披露的真实性、准确性、完整性承担主要责任。

挂牌公司董事长、经理、财务负责人应对公司财务报告的真实性、准确性、完整性承担主要责任。

第三十三条 挂牌公司董事、监事、高级管理人员应当关注信息披露文件的编制情况，保证定期报告、临时报告在规定期限内披露，配合挂牌公司履行信息披露义务。

第三十四条 挂牌公司应当制定定期报告的编制、审议、公告程序。经理、财务负责人、信息披露事务负责人及相关人员应当及时编制定期报告草案,提请董事会审议;信息披露事务负责人负责送达董事审阅;董事长负责召集和主持董事会会议审议定期报告;监事会负责审核董事会编制的定期报告;信息披露事务负责人负责组织定期报告的公告工作。

第三十五条 挂牌公司应当制定重大事件的报告、传递、审核、披露程序。董事、监事、高级管理人员知悉重大事件发生时,应当按照公司规定立即履行报告义务;董事长在接到报告后,应当立即向董事会报告,并敦促信息披露事务负责人组织临时报告的披露工作。

第三十六条 挂牌公司通过业绩说明会、分析师会议、路演、接受投资者调研等形式就公司的经营情况、财务情况及其他事件与任何机构和个人进行沟通的,不得提供内幕信息。

第三十七条 董事应当了解并持续关注公司生产经营情况、财务状况和公司已经发生或者可能发生的重大事件及其影响,主动调查、获取决策所需的资料。

第三十八条 监事应当对公司董事、高级管理人员履行信息披露职责的行为进行监督;关注公司信息披露情况,发现信息披露存在违法违规问题的,应当进行调查并提出处理建议。

第三十九条 高级管理人员应当及时向董事会报告有关公司经营或者财务方面出现的重大事件、已披露的事件的进展或者变化情况及其他相关信息。

第四十条 信息披露事务负责人负责组织和协调挂牌公司信息披露事务,汇集挂牌公司应当披露的信息并报告董事会,持续关注媒体对公司的报道并主动求证报道的真实情况,办理公司信息对外公布等相关事宜。

信息披露事务负责人有权参加股东大会、董事会会议、监事会会议和高级管理人员相关会议,有权了解公司的财务和经营情况,查阅涉及信息披露事宜的所有文件。挂牌公司应当为信息披露事务负责人履行职责提供便利条件,财务负责人应当配合信息披露事务负责人在财务信息披露方面的相关工作。

第四十一条 挂牌公司的股东、实际控制人不得滥用其股东权利、支配地位指使挂牌公司不按规定履行信息披露义务或者披露有虚假记载、误导性陈述或者重大遗漏的信息,不得要求挂牌公司向其提供内幕信息。

挂牌公司的股东、实际控制人发生以下事件时,应当及时告知公司,并配合挂牌公司履行信息披露义务。

(一)持有公司百分之五以上股份的股东或者实际控制人,其持有股份或者控制公司的情况发生较大变化,公司的实际控制人及其控制的其他企业从事与公司相同或者相似业务的情况发生较大变化;

（二）法院裁决禁止控股股东转让其所持股份，任一股东所持公司百分之五以上股份被质押、冻结、司法拍卖、托管、设定信托或者被依法限制表决权；

（三）拟对挂牌公司进行重大资产或者业务重组；

（四）中国证监会规定的其他情形。

通过接受委托或者信托等方式持有挂牌公司百分之五以上股份的股东或者实际控制人，应当及时将委托人情况告知挂牌公司，配合挂牌公司履行信息披露义务。

应当披露的信息依法披露前，相关信息已在媒体上传播或者公司股票及其他证券品种出现交易异常情况的，股东或者实际控制人应当及时、准确地向挂牌公司作出书面报告，并配合挂牌公司及时、准确地披露。

第四十二条 挂牌公司董事、监事、高级管理人员、持股百分之五以上的股东及其一致行动人、实际控制人应当及时向挂牌公司董事会报送挂牌公司关联方名单、关联关系及变化情况的说明。挂牌公司应当履行关联交易的审议程序，并严格执行关联交易回避表决制度。交易各方不得通过隐瞒关联关系或者采取其他手段，规避挂牌公司信息披露义务和关联交易审议程序。

第四十三条 为挂牌公司提供持续督导服务的主办券商应持续关注挂牌公司业务经营、公司治理、财务等方面的重大变化，指导、督促挂牌公司规范履行信息披露义务。挂牌公司应当配合主办券商持续督导工作，提供必要材料，为主办券商开展持续督导工作提供便利条件。

持续督导期间内，发现挂牌公司拟披露的信息或已披露信息存在错误、遗漏或者误导的，或者发现存在应当披露而未披露事项的，主办券商应当要求挂牌公司进行更正或补充。挂牌公司拒不更正、补充的，主办券商应当及时发布风险揭示公告并报告全国股转公司，情节严重的，应同时报告挂牌公司注册地中国证监会派出机构。

主办券商持续督导业务有关具体规定由全国股转公司制定。

第四十四条 为挂牌公司履行信息披露义务出具专项文件的证券服务机构，应当勤勉尽责、诚实守信，认真履行审慎核查义务，按照依法制定的业务规定、行业执业规范、监管规则和道德准则发表意见，保证所出具文件的真实性、准确性和完整性。

挂牌公司应当配合为其提供服务的证券服务机构的工作，按要求提供与其执业相关的材料，不得要求证券服务机构出具与客观事实不符的文件或阻碍其工作。

证券服务机构在为信息披露出具专项文件时，发现挂牌公司提供的材料有虚假记载、误导性陈述、重大遗漏的，应当要求其补充、纠正。挂牌公司拒不补充、纠正的，证券服务机构应报告全国股转公司，情节严重的，应同时报告挂牌公司注册地中国证监会派出机构。

第四十五条 挂牌公司解聘会计师事务所的，应当在董事会决议后及时通知会计师事务所，公司股东大会就解聘会计师事务所进行表决时，应当允许会计师事务所陈述意见。股东大会作出解聘、更换会计师事务所决议的，挂牌公司应当在披露时说明更换的具体原因和会计师事务所的陈述意见。

第四十六条 任何机构和个人不得非法获取、提供、传播挂牌公司的内幕信息，不得利用所获取的内幕信息买卖或者建议他人买卖公司股票或其他证券品种，不得在投资价值分析报告、研究报告等文件中使用内幕信息。

第四十七条 媒体应当客观、真实地报道涉及挂牌公司的情况，发挥舆论监督作用。

任何机构和个人不得提供、传播虚假或者误导投资者的挂牌公司信息。

违反前两款规定，给投资者造成损失的，依法承担赔偿责任。

第五章 监督管理

第四十八条 中国证监会依法对挂牌公司、主办券商和证券服务机构进行检查，挂牌公司、主办券商和证券服务机构应当予以配合。

中国证监会可以要求挂牌公司及其股东、实际控制人，或者其董事、监事、高级管理人员对有关信息披露问题作出解释、说明或者提供相关资料，或要求挂牌公司提供主办券商或者证券服务机构的专业意见。

中国证监会可以要求主办券商、证券服务机构对挂牌公司有关信息披露问题进行核查，并出具专项意见。中国证监会对主办券商和证券服务机构出具文件的真实性、准确性、完整性有疑义的，可以要求相关机构作出解释、补充，并调阅其工作底稿。

第四十九条 挂牌公司及其董事、监事、高级管理人员，挂牌公司的股东、实际控制人及其董事、监事、高级管理人员违反本办法的，中国证监会可以采取以下措施：

（一）责令改正；

（二）监管谈话；

（三）责令公开说明；

（四）出具警示函；

（五）认定为不适当人选；

（六）依法可以采取的其他监管措施。

第五十条 主办券商及其人员履行持续督导等义务，未勤勉尽责情节严重的，中国证监会可以采取责令改正、监管谈话、出具警示函及依法可以采取的其他监管措施。

第五十一条 为挂牌公司履行信息披露义务出具专项文件的证券服务机构及其人员，违反《证券法》、行政法规和中国证监会的规定，中国证监会可以采取责令改正、监管谈话、出具警示函及依法可以采取的其他监管措施。

第五十二条 全国股转公司可以依据自律规则及挂牌协议的规定对挂牌公司、主办券商、证券服务机构进行核查、检查，要求挂牌公司及其董事、监事、高级管理人员、股东、实际控制人，主办券商、证券服务机构对有关信息披露问题作出说明，发现问题应当按照有关规定处理，涉嫌违法的及时移送中国证监会。

第五十三条 挂牌公司、主办券商、证券服务机构及其人员违反信息披露有关自律规则的，全国股转公司可以对相关责任主体采取以下自律监管措施：

（一）约见谈话；

（二）要求提交书面承诺；

（三）出具警示函；

（四）责令改正；

（五）全国股转公司规定的其他监管措施。

情节严重的，全国股转公司可以对相关责任主体给予通报批评、公开谴责等纪律处分措施。

第六章 法律责任

第五十四条 挂牌公司未按规定履行信息披露义务，或者所披露的信息有虚假记载、误导性陈述或者重大遗漏的，中国证监会依照《证券法》有关规定处罚。

挂牌公司的控股股东、实际控制人指使从事前款行为的，或知晓前款行为而未及时制止、纠正的，中国证监会可以依照前款规定处罚。

第五十五条 挂牌公司及其董事、监事、高级管理人员、股东及其一致行动人、实际控制人，主办券商、证券服务机构未按照本办法规定履行报告义务，或者报送的报告有虚假记载、误导性陈述或者重大遗漏的，中国证监会依照《证券法》有关规定处罚。

第五十六条 挂牌公司通过隐瞒关联关系或者采取其他手段，规避信息披露、报告义务的，中国证监会依照《证券法》有关规定处罚。

第五十七条 为挂牌公司履行信息披露义务出具专项文件的证券服务机构及其人员，违反《证券法》、行政法规和中国证监会的规定，应当给予行政处罚的，中国证监会依照《证券法》有关规定处罚。

第五十八条 任何机构和个人泄露挂牌公司内幕信息，或者利用内幕信息买卖股票及其他证券品种，中国证监会依照《证券法》有关规定处罚。

第五十九条 任何机构和个人编制、传播虚假信息扰乱证券市场；媒体传播挂牌公司信息不真实、不客观的，中国证监会依照《证券法》有关规定处罚。

在股票及其他证券品种交易活动中作出虚假陈述或者信息误导的，中国证监会依照《证券法》有关规定处罚。

第六十条 挂牌公司未按本办法规定制定挂牌公司信息披露事务管理制度的，中国证监会可以采取责令改正的监管措施。拒不改正的，可以给予警告或者三万元以下罚款。

第六十一条 挂牌公司股东、实际控制人未依法配合挂牌公司履行信息披露义务的，或者非法要求挂牌公司提供内幕信息的，中国证监会可以采取责令改正的监管措施。拒不改正的，可以给予警告或者三万元以下罚款。

第六十二条 相关责任主体违反本办法，存在主动消除或者减轻危害后果等情形的，依法从轻或者减轻处罚。

违法行为轻微并及时纠正，没有造成危害后果的，不予处罚。

第六十三条 相关责任主体违反本办法的规定，情节严重的，中国证监会可以采取证券市场禁入的措施。

第六十四条 违反本办法，涉嫌犯罪的，依法移送司法机关，追究刑事责任。

第七章　附　　则

第六十五条 本办法下列用语具有如下含义：

（一）主办券商，是指依据《全国中小企业股份转让系统有限责任公司管理暂行办法》规定在全国股转系统从事相关业务的证券公司。

（二）证券服务机构，是指为挂牌公司履行信息披露义务出具专项文件的会计师事务所、资产评估机构、律师事务所、财务顾问机构、资信评级机构等。

（三）及时，是指自起算日起或者触及披露时点的两个交易日内。

（四）挂牌公司的关联交易，是指挂牌公司或者其控股子公司与挂牌公司关联方之间发生的转移资源或者义务的事项。

关联方包括关联法人和关联自然人。

具有以下情形之一的法人或非法人组织，为挂牌公司的关联法人：

1. 直接或者间接地控制挂牌公司的法人或非法人组织；

2. 由前项所述法人直接或者间接控制的除挂牌公司及其控股子公司以外的法人或非法人组织；

3. 关联自然人直接或者间接控制的、或者担任董事、高级管理人员的，除挂牌公司及其控股子公司以外的法人或非法人组织；

4. 直接或间接持有挂牌公司百分之五以上股份的法人或非法人组织；

5. 在过去十二个月内或者根据相关协议安排在未来十二个月内，存在上述情形之一的；

6. 中国证监会、全国股转公司或者挂牌公司根据实质重于形式的原则认定的其他与挂牌公司有特殊关系，可能或者已经造成挂牌公司对其利益倾斜的法人或非法人组织。

具有以下情形之一的自然人，为挂牌公司的关联自然人：

1. 直接或间接持有挂牌公司百分之五以上股份的自然人；

2. 挂牌公司董事、监事及高级管理人员；

3. 直接或者间接地控制挂牌公司的法人的董事、监事及高级管理人员；

4. 上述第1、2项所述人士的关系密切的家庭成员，包括配偶、父母、年满十八周岁的子女及其配偶、兄弟姐妹及其配偶，配偶的父母、兄弟姐妹，子女配偶的父母；

5. 在过去十二个月内或者根据相关协议安排在未来十二个月内，存在上述情形之一的；

6. 中国证监会、全国股转公司或者挂牌公司根据实质重于形式的原则认定的其他与挂牌公司有特殊关系，可能或者已经造成挂牌公司对其利益倾斜的自然人。

第六十六条 股票不在全国股转系统公开转让的非上市公众公司有关信息披露行为按照《非上市公众公司监督管理办法》的相关规定执行。

第六十七条 中国证监会对特殊行业公司信息披露有特别规定的，适用其规定。

第六十八条 本办法自公布之日起施行。

客户交易结算资金管理办法

（2001年5月16日中国证券监督管理委员会令第3号发布　根据2021年6月11日中国证券监督管理委员会《关于修改部分证券期货规章的决定》修订）

第一章　总　　则

第一条　为规范证券交易结算资金的管理，保护投资者利益，根据《中华人民共和国证券法》（以下简称《证券法》），制定本办法。

第二条　客户交易结算资金必须全额存入指定的从事证券交易结算资金存管业务的商业银行，单独立户管理。严禁挪用客户交易结算资金。

第三条　从事证券交易结算资金存管业务的商业银行、证券登记结算公司（以下简称结算公司）依照本办法对客户交易结算资金、清算备付金的定向划转实行监督。

第四条　中国证券监督管理委员会（以下简称证监会）依照本办法对证券公司、结算公司和商业银行的证券交易结算资金存管业务活动进行监督管理。

第二章　账户管理

第五条　证券公司及其证券营业部必须将客户交易结算资金全额存放于客户交易结算资金专用存款账户和清算备付金账户。

结算公司必须将证券公司存入的清算备付金全额存入清算备付金专用存款账户。

第六条　证券公司根据业务需要可在多家存管银行存放客户交易结算资金，但必须确定一家存管银行为主办存管银行。

第七条　证券公司应当在存管银行开立客户交易结算资金专用存款账户，在主办存管银行开立自有资金专用存款账户。

证券公司下属证券营业部应当在证券公司所确定的存管银行设在当地的分支机构开立客户交易结算资金专用存款账户。

结算公司应当在结算银行开立清算备付金专用存款账户、自有资金专用存款账户、验资专户。

第八条　证券公司在同一家存管银行只能开立一个客户交易结算资金专

用存款账户，在主办存管银行只能开立一个自有资金专用存款账户。

一个证券营业部只能在同一家存管银行设在当地的分支机构开立一个客户交易结算资金专用存款账户。

结算公司在同一家结算银行只能开立一个清算备付金专用存款账户和一个自有资金专用存款账户，一个验资专户。

第九条 证券公司及其证券营业部开立的客户交易结算资金专用存款账户，证券公司开立的自有资金专用存款账户，结算公司开立的清算备付金专用存款账户、自有资金专用存款账户、验资专户，应在开立后三个工作日内向证监会报备，在获得账户备案回执之前，不得使用。

第十条 证券公司获得证监会的账户备案回执后，应当通知其存管银行及结算公司。

结算公司在获得证监会账户备案回执后，应当通知结算银行及证券公司。

第十一条 证券公司不再使用的客户交易结算资金专用存款账户，应当在向证监会报备后注销，并同时通知有关存管银行、结算公司。

结算公司不再使用的清算备付金专用存款账户、验资专户，应当在向证监会报备后注销，并同时通知有关证券公司、存管银行。

证券公司、结算公司不再使用的自有资金专用存款账户，应当在向证监会报备后注销。其中证券公司注销自有资金专用存款账户的，应通知结算公司；结算公司注销自有资金专用存款账户的，应通知结算银行。

第十二条 证券公司、证券营业部出现迁址、终止营业等情形，应当及时注销不再使用的客户交易结算资金专用存款账户、自有资金专用存款账户。

第十三条 客户交易结算资金专用存款账户、清算备付金专用存款账户、自有资金专用存款账户发生变更的，视同注销旧户，开设新户。

第三章 资金划拨与监督

第十四条 综合类证券公司必须将客户交易结算资金和其证券自营资金分开办理，其业务人员、财务账户均应分开，不得混合操作。

第十五条 存管银行、结算公司在确认证券公司申请划款的账户已经在证监会备案，自有资金专用存款账户的使用符合本办法要求后，方可将资金划入该账户。

结算银行在确认结算公司申请划款的账户已经在证监会备案、自有资金专用存款账户的使用符合本法规定后，方可将资金划入该账户。

第十六条 客户交易结算资金只能在客户交易结算资金专用存款账户和

清算备付金账户之间划转，但客户提款、证券公司将收取客户的费用转入自有资金专用存款账户等业务除外。

第十七条 综合类证券公司向客户收取佣金等费用、以自有资金补充清算备付金，应当集中通过清算备付金账户和自有资金专用存款账户划拨。

经纪类证券公司向客户收取佣金等费用，应当从一个固定的客户交易结算资金专用存款账户集中向证券公司自有资金账户划拨。

结算公司向证券公司收取手续费等费用，应当从清算备付金专用存款账户向结算公司自有资金专用存款账户划拨。

第十八条 通过证券交易所发行有价证券时，验资专户里的申购资金必须通过清算备付金账户进行划拨。

证券公司承销非上市证券从客户处所筹集的资金，应当通过证券公司在主办存管银行的客户交易结算资金专用存款账户划拨给发行人。

第十九条 证券公司自营证券账户应当向证监会和结算公司备案，结算公司应当根据证券公司备案的自营证券账户、经纪证券账户的净交收额及资金存取变动情况，定期计算每个交易日清算备付金账户中每家证券公司自营资金、经纪资金的余额，并保留有关记录。

结算公司如果发现证券公司有大量挪用客户交易结算资金情况，要及时向证监会报告。

第二十条 证券公司应当按月向证监会报告客户交易结算资金账面余额。同时，抄送结算公司。

结算公司应当按月向证监会报告各证券公司清算备付金中的经纪资金、自营资金及所收到证券公司清算备付金以及验资专户申购资金的账面余额。

存管银行应当按月向证监会报告所辖客户交易结算资金专用存款账户余额。

结算银行应当按月向证监会报告所辖清算备付金专用存款账户、验资专户余额。

证监会根据监管需要，可以调整上述报告周期。

第二十一条 证券公司、结算公司、存管银行、结算银行根据证监会要求或遇到客户交易结算资金专用存款账户、清算备付金专用存款账户、验资专户出现重大异常情况时，应当及时向证监会报告。

第二十二条 证券公司应当对客户交易结算资金集中统一管理。

证券公司下属证券营业部收到的客户交易结算资金，除留足日常备付的部分外，应当交由证券公司管理。

第二十三条 客户交易结算资金只能用于客户的证券交易结算和客户

提款。

证券公司和结算公司不得以客户交易结算资金、清算备付金为他人提供担保。

第二十四条 存管银行、结算银行、结算公司及其工作人员应当对证券交易结算资金的情况保密。

存管银行、结算银行和结算公司有权拒绝任何单位或个人的查询,但法律、法规另有规定以及证监会、开户证券公司和结算公司根据预定的程序所作的查询除外。

第四章 从事客户交易结算资金存管业务的商业银行

第二十五条 从事客户交易结算资金存管业务的商业银行应当符合下列条件:

(一)经中国人民银行认定具有足够的抗风险能力和良好的经营业绩的商业银行;

(二)具有及时、安全、高效的资金汇划系统,能够保证本行系统内证券交易结算资金汇划在两小时内到账;

(三)有健全的证券交易结算资金存管业务操作办法和规程,有相应的业务部门和人员;

(四)能够按证监会规定的格式和时间报送证券交易结算资金账户的有关资料;

(五)符合证监会认定的其他条件。

第二十六条 从事客户交易结算资金存管业务的商业银行,按业务对象分为存管银行和结算银行。

第二十七条 证券公司与其确定的存管银行、主办存管银行,结算公司与其确定的结算银行应当签定有关资金存管及代理结算业务的合同,明确双方的权利和义务,并报证监会备案。

第二十八条 存管银行、结算银行应当为证券交易结算资金清算提供快捷、安全、准确的结算服务。

第五章 罚 则

第二十九条 证券公司、证券营业部有下列行为之一的,责令限期改正,给予通报批评,单处或者并处警告、三万元以下罚款:

（一）未按本办法制定客户交易结算资金操作办法和规程；

（二）违规开立客户交易结算资金专用存款账户、自有资金专用存款账户；

（三）未在规定时间内向证监会报备存管银行、客户交易结算资金专用存款账户、自有资金专用存款账户；

（四）未及时注销不再使用的客户交易结算资金专用存款账户、自有资金专用存款账户；

（五）未按期向证监会报告客户交易结算资金账面余额；

（六）其他违反本办法的行为。

对有前款规定行为的有关责任人员，给予通报批评，单处或者并处警告、三万元以下罚款。

第三十条 证券公司、证券营业部有下列行为之一的，责令限期改正，给予通报批评，单处或者并处警告、三万元以下罚款，情节严重的，按照《证券法》第二百零八条处罚：

（一）以伪造、变造证监会账户备案回执等欺骗手段，取得存管银行或者结算公司资金划拨许可；

（二）违反本办法，在客户交易结算资金专用存款账户、清算备付金账户之外存放客户交易结算资金；

（三）以客户交易结算资金为他人提供担保；

（四）其他违反本办法的行为。

对有前款规定行为的有关责任人员，给予通报批评，单处或者并处警告、三万元以下罚款，情节严重的，按照《证券法》第二百零八条处罚。

第三十一条 结算公司有下列行为之一的，责令限期改正，给予通报批评，单处或者并处警告、三万元以下罚款：

（一）违反本办法，未能对客户交易结算资金划拨进行有效监督；

（二）违规开立清算备付金专用存款账户或者自有资金专用存款账户；

（三）未在规定时间内向证监会报备结算银行、清算备付金专用存款账户、自有资金专用存款账户、验资专户；

（四）未及时注销不再使用的清算专户、自有资金专用存款账户；

（五）未按期向证监会报告有关清算备付金账户及验资专户的账面余额；

（六）其他违反本办法的行为。

对有前款规定行为的有关责任人员，给予通报批评，单处或者并处警告、三万元以下罚款。

第三十二条 结算公司有下列行为之一的，责令限期改正，给予通报批评，单处或者并处警告、三万元以下罚款，情节严重的，按照《证券法》第二百零八条处罚：

（一）违反本办法，在清算备付金专用存款账户外存放清算备付金；

（二）以清算备付金为他人提供担保；

（三）违反本办法第十八条第一款的规定；

（四）其他违反本办法的行为。

对有前款规定行为的有关责任人员，给予通报批评，单处或者并处警告、三万元以下罚款，情节严重的，按照《证券法》第二百零八条处罚。

第三十三条 存管银行或其分支机构、结算银行有下列行为之一的，责令限期改正，给予通报批评，单处或者并处警告、三万元以下罚款，情节严重的，按照《证券公司监督管理条例》第八十七条处理：

（一）违反本办法，未能对客户交易结算资金划拨进行有效监督；

（二）未按照本办法规定，向证监会报送客户交易结算资金专用存款账户、清算备付金专用存款账户和验资专户的有关资料；

（三）其他违反本办法的行为。

对有前款规定行为的有关责任人员，给予通报批评，单处或者并处警告、三万元以下罚款。

第三十四条 证券公司、结算公司、存管银行、结算银行违反本办法第二十一条规定，不向证监会及时报告的，予以通报批评，单处或者并处警告、三万元以下罚款。

第三十五条 存管银行、结算公司工作人员泄露证券交易结算资金秘密的，按有关法律、法规、规章进行处罚。

第六章 附 则

第三十六条 释义：

（一）证券交易结算资金，是客户交易结算资金、证券公司自营资金、其他用于证券交易资金的统称。

（二）客户交易结算资金，包括客户为保证足额交收而存入的资金，出售有价证券所得到的所有款项（减去经纪佣金和其他正当费用），持有证券所获得的股息、现金股利、债券利息，上述资金获得的利息，以及证监会认定的其他资金。

（三）指定的从事客户交易结算资金存管业务的商业银行，指符合本办法规定并由证监会和银保监会确定并公告的，办理证券交易结算资金存取、划转并履行监督职能的商业银行。

（四）存管银行，指证券公司在指定的从事证券交易结算资金存管业务的商业银行中确定的，存放其客户交易结算资金的商业银行。

（五）主办存管银行，指证券公司在存管银行范围内确定的，通过其办理证券交易法人结算业务的商业银行。

（六）结算银行，指结算公司在指定的从事证券交易结算资金存管业务的商业银行中确定的，办理证券交易结算资金结算业务的商业银行。

（七）客户交易结算资金专用存款账户，指证券公司及其证券营业部在存管银行开立的，用于存放客户交易结算资金及办理结算划款的专用账户。

（八）清算备付金专用存款账户，指结算公司在结算银行开立的，用于存放证券公司清算备付金的账户。

（九）证券公司的自有资金专用存款账户，指证券公司开立的，按照本办法规定划拨其自有资金或者接受从客户交易结算资金专用存款账户所收取款项的账户。

（十）结算公司的自有资金专用存款账户，指结算公司开立的，按照本办法规定划拨其自有资金或者接受从清算备付金专用存款账户所收取款项的账户。

（十一）验资专户，指结算公司设立的用于新股发行时申购资金验资的专用存款账户。

第三十七条 证券公司应当按照本办法制定客户交易结算资金操作办法和规程，报证监会备案。

第三十八条 证券公司开展资产管理业务接受客户存入的委托资金，在本办法中视同客户交易结算资金进行管理。

第三十九条 信托投资公司证券业务客户交易结算资金的管理参照本办法执行。

第四十条 境内上市外资股客户交易结算资金管理办法，另行制定。

第四十一条 本办法自2002年1月1日起施行。

医疗保障行政处罚程序暂行规定

（2021年6月11日国家医疗保障局令第4号公布 自2021年7月15日起施行 国司备字［2021004364］）

第一章 总 则

第一条 为了规范医疗保障领域行政处罚程序，确保医疗保障行政部门依法实施行政处罚,维护医疗保障基金安全,保护公民、法人和其他组织的合法权益,根据《中华人民共和国行政处罚法》《中华人民共和国行政强制法》等法律、行政法规,制定本规定。

第二条 医疗保障领域行政处罚,适用本规定。

第三条 医疗保障行政部门实施行政处罚遵循公正、公开的原则。坚持以事实为依据,与违法行为的事实、性质、情节以及社会危害程度相当。坚持处罚与教育相结合,做到事实清楚、证据确凿、依据正确、程序合法、处罚适当。

第四条 医疗保障行政部门应当全面落实行政执法公示制度、执法全过程记录制度、重大执法决定法制审核制度。

第五条 执法人员与案件有直接利害关系或者有其他关系可能影响公正执法的,应当回避。

当事人认为执法人员与案件有直接利害关系或者有其他关系可能影响公正执法的,有权申请回避。

当事人提出回避申请的,医疗保障行政部门应当依法审查。医疗保障行政部门主要负责人的回避,由医疗保障行政部门负责人集体讨论决定;医疗保障行政部门其他负责人的回避,由医疗保障行政部门主要负责人决定;其他有关人员的回避,由医疗保障行政部门负责人决定。决定作出前,不停止调查。

第六条 违法行为在二年内未被发现的,不再给予行政处罚;涉及公民生命健康安全且有危害后果的,上述期限延长至五年。

前款规定的期限,从违法行为发生之日起计算;违法行为有连续或者继续状态的,从行为终了之日起计算。

第七条 上级医疗保障行政部门对下级医疗保障行政部门实施的行政处罚,应当加强监督。

医疗保障行政部门法制机构对本部门实施的行政处罚,应当加强监督。

第八条 各级医疗保障行政部门可以依法委托符合法定条件的组织开展行政执法工作。行政强制措施权不得委托。

受委托组织在委托范围内,以委托行政机关的名义实施行政处罚,不得再委托其他组织或者个人实施行政处罚。

委托书应当载明委托的具体事项、权限、期限等内容。委托行政机关和受委托组织应当将委托书向社会公布。

委托行政机关对受委托组织实施行政处罚的行为应当负责监督,并对该行为的后果承担法律责任。

第二章 管辖和适用

第九条 医疗保障领域行政处罚由违法行为发生地的县级以上医疗保障行政部门管辖。法律、行政法规、部门规章另有规定的,从其规定。

医疗保障异地就医的违法行为,由就医地医疗保障行政部门调查处理。仅参保人员违法的,由参保地医疗保障行政部门调查处理。

第十条 两个以上医疗保障行政部门因管辖权发生争议的,应当自发生争议之日起七个工作日内协商解决;协商不成的,报请共同的上一级医疗保障行政部门指定管辖;也可以直接由共同的上一级医疗保障行政部门指定管辖。

第十一条 上级医疗保障行政部门认为有必要时,可以直接管辖下级医疗保障行政部门管辖的案件,也可以将本部门管辖的案件交由下级医疗保障行政部门管辖。法律、法规、规章明确规定案件应当由上级医疗保障行政部门管辖的,上级医疗保障部门不得将案件交由下级医疗保障行政部门管辖。

下级医疗保障行政部门认为依法应由其管辖的案件存在特殊原因,难以办理的,可以报请上一级医疗保障行政部门管辖或者指定管辖。上一级医疗保障行政部门应当自收到报送材料之日起七个工作日内作出书面决定。

第十二条 医疗保障行政部门发现所查处的案件属于其他医疗保障行政部门或其他行政管理部门管辖的,应当依法移送。

受移送的医疗保障行政部门对管辖权有异议的,应当报请共同的上一级医疗保障行政部门指定管辖,不得再自行移送。

第十三条 医疗保障行政部门实施行政处罚时,应当责令当事人改正或者限期改正违法行为。

第三章 行政处罚的普通程序

第十四条 医疗保障行政部门对依据监督检查职权或者通过投诉、举报、其他部门移送、上级交办等途径发现的违法行为线索,应当自发现线索或者收到材料之日起十五个工作日内予以核查,并决定是否立案;特殊情况下,经医疗保障行政部门主要负责人批准后,可以延长十五个工作日。

第十五条 立案应当符合下列标准:

(一)有明确的违法嫌疑人;

(二)经核查认为存在涉嫌违反医疗保障监督管理法律、法规、规章规定,应当给予行政处罚的行为;

（三）属于本部门管辖。

符合立案标准的，应当及时立案。

第十六条 行政处罚应当由具有医疗保障行政执法资格的执法人员实施，执法人员不得少于两人。

执法人员应当文明执法，尊重和保护当事人合法权益。

第十七条 除依据《行政处罚法》第五十一条规定的可以当场作出的行政处罚外，医疗保障行政部门发现公民、法人或者其他组织有依法应当给予行政处罚的行为的，必须全面、客观、公正地调查，收集有关证据；必要时，依照法律、法规的规定，可以进行检查。

医疗保障行政部门及参与案件办理的有关单位和人员对调查或者检查过程中知悉的国家秘密、商业秘密和个人隐私应当依法保密。不得将调查或者检查过程中获取、知悉的被调查或者被检查对象的资料或者相关信息用于医疗保障基金使用监管管理以外的其他目的，不得泄露、篡改、毁损、非法向他人提供当事人的个人信息和商业秘密。

第十八条 医疗保障行政部门开展行政执法，可以采取下列措施：

（一）进入被调查对象有关的场所进行检查，询问与调查事项有关的单位和个人，要求其对有关问题作出解释说明、提供有关材料；

（二）采取记录、录音、录像、照相或者复制等方式收集有关情况和资料；

（三）从相关信息系统中调取数据，要求被检查对象对疑点数据作出解释和说明；

（四）对可能被转移、隐匿或者灭失的资料等予以封存；

（五）聘请符合条件的会计师事务所等第三方机构和专业人员协助开展检查；

（六）法律、法规规定的其他措施。

第十九条 办案人员应当依法收集证据。证据包括：

（一）书证；

（二）物证；

（三）视听资料；

（四）电子数据；

（五）证人证言；

（六）当事人的陈述；

（七）鉴定意见；

（八）勘验笔录、现场笔录。

立案前核查或者监督检查过程中依法取得的证据材料，可以作为案件的证据使用。

对于移送的案件，移送机关依职权调查收集的证据材料，可以作为案件的证据使用。

证据经查证属实，作为认定案件事实的根据。

第二十条　办案人员在进入现场检查时，应当通知当事人或者有关人员到场，并按照有关规定采取拍照、录音、录像等方式记录现场情况。现场检查应当制作现场笔录，并由当事人或者有关人员以逐页签名或盖章等方式确认。

无法通知当事人或者有关人员到场，当事人或者有关人员拒绝接受调查及签名、盖章或者拒绝以其他方式确认的，办案人员应当在笔录或者其他材料上注明情况。

第二十一条　收集、调取的书证、物证应当是原件、原物。调取原件、原物有困难的，可以提取复制件、影印件或者抄录件，也可以拍摄或者制作足以反映原件、原物外形或者内容的照片、录像。复制件、影印件、抄录件和照片、录像由证据提供人核对无误后注明与原件、原物一致，并注明取证日期、证据出处，同时由证据提供人签名或者盖章。

第二十二条　收集、调取的视听资料应当是有关资料的原始载体。调取视听资料原始载体有困难的，可以提取复制件，并注明制作方法、制作时间、制作人等。声音资料应当附有该声音内容的文字记录。视听资料制作记录、声音文字记录同时由证据提供人核对无误后签名或者盖章。

第二十三条　医疗保障行政部门可以利用网络信息系统或者设备收集、固定违法行为证据。用来收集、固定违法行为证据的网络信息系统或者设备应当符合相关规定，保证所收集、固定电子数据的真实性、完整性。

医疗保障行政部门可以指派或者聘请具有专门知识的人员，辅助办案人员对案件关联的电子数据进行调取。

收集、调取的电子数据应当是有关数据的原始载体。收集电子数据原始载体有困难的，可以采用拷贝复制、委托分析、书式固定、拍照录像等方式取证，并注明制作方法、制作时间、制作人等。

医疗保障行政部门利用电子技术监控设备收集、固定违法事实的，证据记录内容应符合法律、法规的规定。

第二十四条　办案人员可以询问当事人及其他有关单位和个人。询问应当个别进行。询问应当制作笔录，笔录应当交被询问人核对；对阅读有困难的，应当向其宣读。笔录如有差错、遗漏，应当允许其更正或者补充。涂改部分应当由被询问人签名、盖章或者以其他方式确认。经核对无误后，由被询问人在笔录上逐页签名、盖章或者以其他方式确认。办案人员应当在笔录上签名。

第二十五条 为查明案情,需要对案件相关医疗文书、医疗证明等内容进行评审的,医疗保障行政部门可以组织有关专家进行评审。

第二十六条 医疗保障行政部门在收集证据时,在证据可能灭失或者以后难以取得的情况下,经医疗保障行政部门负责人批准,可以先行登记保存,并应当在七个工作日内及时作出处理决定。

情况紧急,需要当场采取先行登记保存措施的,执法人员应当在二十四小时内向医疗保障行政部门负责人报告,并补办批准手续。医疗保障行政部门负责人认为不应当采取先行登记保存措施的,应当立即解除。

第二十七条 先行登记保存有关证据,应当当场清点,开具清单,由当事人和办案人员签名或者盖章。清单交当事人一份,并当场交付先行登记保存证据通知书。

先行登记保存期间,当事人或者有关人员不得损毁、销毁或者转移证据。

第二十八条 对于先行登记保存的证据,医疗保障行政部门可以根据案件需要采取以下处理措施:

(一)根据情况及时采取记录、复制、拍照、录像等证据保全措施;

(二)可依法采取封存措施的,决定予以封存;

(三)违法事实不成立,或者违法事实成立但不予行政处罚的,决定解除先行登记保存措施。

逾期未采取相关措施的,先行登记保存措施自动解除。

第二十九条 医疗保障行政部门对可能被转移、隐匿或者灭失的资料,无法以先行登记保存措施加以证据保全,采取封存措施;采取或者解除封存措施的,应当经医疗保障行政部门负责人批准。

情况紧急,需要当场采取封存等行政强制措施的,执法人员应当在二十四小时内向医疗保障行政部门负责人报告,并补办批准手续。医疗保障行政部门负责人认为不应当采取行政强制措施的,应当立即解除。

第三十条 医疗保障行政部门实施封存等行政强制措施应当依照《中华人民共和国行政强制法》规定的程序进行,并当场交付实施行政强制措施决定书和清单。

第三十一条 封存的期限不得超过三十日;情况复杂的,经医疗保障行政部门负责人批准,可以延长,但是延长期限不得超过三十日。延长封存的决定应当及时书面告知当事人,并说明理由。

第三十二条 封存的资料应妥善保管,防止丢失、损毁、篡改和非法借阅;医疗保障行政部门可以委托第三人保管,第三人不得损毁、篡改或者擅自转移、处置。

第三十三条 有下列情形之一的,医疗保障行政部门应当及时作出解除封存决定:

(一)当事人没有违法行为;

(二)封存的资料与违法行为无关;

(三)对违法行为已经作出处理决定,不再需要封存;

(四)封存期限已经届满;

(五)其他不再需要采取封存措施的情形。

解除封存应当立即退还资料,并由办案人员和当事人在资料清单上签名或者盖章。

第三十四条 医疗保障行政部门在案件办理过程中需要其他行政区域医疗保障行政部门协助调查取证的,应当出具书面协助调查函。被请求协助的医疗保障行政部门在接到协助调查函之日起十五日内完成相关协查工作。需要延期完成或者无法协助的,应当在期限届满前告知提出协查请求的医疗保障行政部门。

第三十五条 医疗保障行政部门应当依法以文字、音像等形式,对行政处罚的立案、调查取证、审核决定、送达执行等进行全过程记录,归档保存。

第三十六条 案件调查终结,办案机构应当撰写案件调查终结报告,案件调查终结报告包括以下内容:

(一)当事人的基本情况;

(二)案件来源、调查经过及采取行政强制措施的情况;

(三)调查认定的事实及主要证据;

(四)违法行为性质;

(五)处理意见及依据;

(六)其他需要说明的事项。

第三十七条 有下列情形之一,在医疗保障行政部门负责人作出决定之前,应当进行法制审核,未经法制审核或者审核未通过的,不得作出决定:

(一)责令追回医保基金或者罚款数额较大的;

(二)责令解除医保服务协议等直接关系到当事人或第三人重大权益,经过听证程序的;

(三)案件情况疑难复杂、涉及多个法律关系的;

(四)涉及重大公共利益的;

(五)法律、法规规定的其他需要审核的重大行政执法情形。

法制审核由医疗保障行政部门法制机构负责实施,同一案件的办案人员不得作为审核人员。

第三十八条 法制审核的主要内容包括:

(一)行政执法主体是否合法,行政执法人员是否具备执法资格;

(二)是否具有管辖权;

(三)案件事实是否清楚、证据是否充分;

(四)定性是否准确;

(五)适用依据是否正确;

(六)程序是否合法;

(七)处理是否适当;

(八)行政执法文书是否完备、规范;

(九)违法行为是否涉嫌犯罪、需要移送司法机关;

(十)其他需要合法性审核的内容。

第三十九条 法制机构经对案件进行审核,区别不同情况提出书面意见和建议:

(一)事实清楚、证据确凿充分、定性准确、适用法律正确、处罚适当、程序合法的,提出同意的意见;

(二)主要事实不清、证据不足的,提出继续调查或不予作出行政执法决定的意见;

(三)定性不准、适用法律不准确和执行裁量基准不当的,提出变更意见;

(四)超越执法权限或程序不合法的,提出纠正意见;

(五)认为有必要提出的其他意见和建议。

行政执法机构或办案人员应根据法制机构提出的上述第二项至第四项意见作出相应处理后再次进行法制审核。

第四十条 法制机构收到相关资料后,于十个工作日内审核完毕。因特殊情况需要延长的,经法制机构负责人批准后可延长十个工作日,但不得超过法定时限要求。

行政执法机构或办案人员与法制机构对审核意见不一致时,法制机构可以组织有关专家、法律顾问或者委托第三方专业机构论证,将论证意见等相关材料提交医疗保障行政部门负责人,由医疗保障行政部门负责人组织集体讨论决定。

第四十一条 根据调查情况,拟给予行政处罚的案件,医疗保障行政部门在作出行政处罚决定之前应当书面告知当事人拟作出行政处罚决定的事实、理由及依据,并告知当事人依法享有陈述权、申辩权。

医疗保障行政部门应当充分听取当事人陈述、申辩意见,对当事人提出的事实、理由和证据进行复核。

拟作出的行政处罚属于听证范围的，应当告知当事人有要求举行听证的权利，当事人要求听证的，医疗保障行政部门应当依法组织听证。

当事人提出的事实、理由或者证据成立的，医疗保障行政部门应当予以采纳，不得因当事人陈述、申辩或者申请听证而加重行政处罚。

第四十二条 有下列情形之一的，经医疗保障行政部门负责人批准，中止案件调查，并制作案件中止调查决定书：

（一）行政处罚决定必须以相关案件的裁判结果或者其他行政决定为依据，而相关案件尚未审结或者其他行政决定尚未作出；

（二）涉及法律适用等问题，需要送请有权机关作出解释或者确认；

（三）因不可抗力致使案件暂时无法调查；

（四）因当事人下落不明致使案件暂时无法调查；

（五）其他应当中止调查的情形。

中止调查的原因消除后，应当立即恢复案件调查。

第四十三条 医疗保障行政部门负责人经对案件调查终结报告、法制审核意见、当事人陈述和申辩意见或者听证报告等进行审查，根据不同情况，分别作出以下决定：

（一）确有依法应当给予行政处罚的违法行为的，根据情节轻重及具体情况，作出行政处罚决定；

（二）确有违法行为，但有依法不予行政处罚情形的，不予行政处罚；

（三）违法事实不能成立的，不得给予行政处罚；

（四）依法应移送其他行政管理部门或者医疗保障经办机构处理的，作出移送决定；

（五）违法行为涉嫌犯罪的，移送司法机关。

第四十四条 对下列情节复杂或者重大违法行为给予行政处罚的案件，应当由医疗保障行政部门负责人集体讨论决定：

（一）涉及重大安全问题或者有重大社会影响的案件；

（二）调查处理意见与法制审核意见存在重大分歧的案件；

（三）医疗保障行政部门负责人认为应当提交集体讨论的其他案件。

集体讨论应当形成讨论记录，集体讨论中有不同意见的，应当如实记录。讨论记录经参加讨论人员确认签字，存入案卷。

第四十五条 适用普通程序办理的案件应当自立案之日起九十日内作出处理决定。

因案情复杂或者其他原因，不能在规定期限内作出处理决定的，经医疗保障行政部门负责人批准，可以延长三十日。

案情特别复杂或者有其他特殊情况，经延期仍不能作出处理决定的，应当由医疗保障行政部门负责人集体讨论决定是否继续延期，决定继续延期的，应当同时确定延长的合理期限，但最长不得超过六十日。

案件处理过程中，检测检验、鉴定、听证、公告和专家评审时间不计入前款所指的案件办理期限。

第四十六条 医疗保障行政部门作出的行政处罚决定应当按照政府信息公开及行政执法公示制度等有关规定予以公开。公开的行政处罚决定被依法变更、撤销、确认违法或者确认无效的，医疗保障行政部门应在三日内变更行政处罚决定相关信息并说明理由。

第四十七条 具有下列情形之一的，经医疗保障行政部门负责人批准，终止案件调查：

（一）涉嫌违法的公民死亡（或者下落不明长期无法调查的）或者法人、其他组织终止，并且无权利义务承受人等原因，致使案件调查无法继续进行的；

（二）移送司法机关追究刑事责任的；

（三）其他依法应当终止调查的。

对于终止调查的案件，已经采取强制措施的应当同时解除。

第四章 行政处罚的简易程序

第四十八条 违法事实确凿并有法定依据，对公民处以二百元以下、对法人或者其他组织处以三千元以下罚款或者警告的行政处罚的，可以当场作出行政处罚决定。

第四十九条 适用简易程序当场查处违法行为，办案人员应当向当事人出示执法证件，填写预定格式、编有号码的行政处罚决定书，并当场交付当事人。当事人拒绝签收的，应当在行政处罚决定书上注明。

第五十条 办案人员在行政处罚决定作出前，应当告知当事人拟作出的行政处罚内容及事实、理由、依据，并告知当事人有权进行陈述和申辩。当事人进行陈述和申辩的，办案人员应当记入笔录。

第五十一条 适用简易程序当场作出行政处罚决定的，办案人员应当在作出行政处罚决定之日起七个工作日内将处罚决定及相关材料报所属医疗保障行政部门备案。

第五章 执行与结案

第五十二条 依照本法规定当场作出行政处罚决定，有下列情形之一的，办案人员可以当场收缴罚款：

（一）依法给予一百元以下的罚款的；

（二）不当场收缴事后难以执行的。

办案人员当场收缴罚款的，必须向当事人出具国务院财政部门或者省、自治区、直辖市人民政府财政部门统一制发的专用票据；不出具财政部门统一制发的专用票据的，当事人有权拒绝缴纳罚款。

办案人员当场收缴的罚款，应当自收缴罚款之日起二个工作日内，交至医疗保障行政部门；医疗保障行政部门应当在二个工作日内将罚款缴付指定的银行。

第五十三条 退回的基金退回原医疗保障基金财政专户；罚款、没收的违法所得依法上缴国库。

行政处罚决定依法作出后，当事人应当在行政处罚决定规定的期限内予以履行。

当事人对行政处罚决定不服申请行政复议或者提起行政诉讼的，行政处罚决定不停止执行。法律另有规定的除外。

第五十四条 当事人确有经济困难，需要暂缓或者分期缴纳罚款的，应当提出申请。经医疗保障行政部门负责人批准，同意当事人暂缓或者分期缴纳罚款的，医疗保障行政部门应当书面告知当事人暂缓或者分期的期限以及罚款金额。

第五十五条 当事人逾期不履行行政处罚决定的，作出行政处罚决定的医疗保障行政部门可以采取下列措施：

（一）到期不缴纳罚款的，每日按罚款数额的百分之三加处罚款，加处罚款的数额不得超出罚款的数额；

（二）依照《中华人民共和国行政强制法》的规定申请人民法院强制执行。

医疗保障行政部门批准暂缓、分期缴纳罚款的，申请人民法院强制执行的期限，自暂缓或者分期缴纳罚款期限结束之日起计算。

第五十六条 有下列情形之一的，医疗保障行政部门可以结案：

（一）行政处罚决定执行完毕的；

（二）医疗保障行政部门依法申请人民法院强制执行行政处罚决定，人民法院依法受理的；

（三）不予行政处罚等无须执行的；

（四）医疗保障行政部门认为可以结案的其他情形。

办案人员应当填写行政处罚结案报告，经医疗保障行政部门负责人批准后，予以结案。

第五十七条 医疗保障行政部门应当按照下列要求及时将案件材料立卷归档：

（一）一案一卷；

（二）文书齐全，手续完备；

（三）案卷应当按顺序装订。

第六章 期间、送达

第五十八条 期间以时、日、月计算，期间开始的时或者日不计算在内。期间不包括在途时间。期间届满的最后一日为法定节假日的，以法定节假日后的第一日为期间届满的日期。

第五十九条 行政处罚决定书应当在宣告后当场交付当事人；当事人不在场的，医疗保障行政部门应当在七个工作日内依照《中华人民共和国民事诉讼法》的有关规定，将行政处罚决定书送达当事人。

当事人同意并签订确认书的，医疗保障行政部门可以采用传真、电子邮件等方式，将行政处罚决定书等送达当事人。

第七章 附 则

第六十条 本规定中的“以上”“以下”“内”均包括本数。

第六十一条 外国人、无国籍人、外国组织在中华人民共和国领域内有医疗保障违法行为，应当给予行政处罚的，适用本规定，法律、法规另有规定的除外。

第六十二条 本规定自2021年7月15日起施行。

重要商品和服务价格指数行为管理办法（试行）

（2021年6月12日国家发展和改革委员会令第43号发布 自2021年8月1日起施行 国司备字[2021004317]）

第一章 总 则

第一条 为了规范重要商品和服务价格指数（以下称“价格指数”）行为，

促进价格指数市场健康有序发展,充分发挥价格指数信号作用,服务市场价格合理形成,根据《中华人民共和国价格法》及有关法律法规,制定本办法。

第二条 本办法适用于在中华人民共和国境内与价格指数相关的各种行为,包括价格指数的编制、发布、运行维护、评估、转让和终止等。

本办法所称重要商品和服务,是指与国民经济发展和人民生活关系密切的商品和服务。

本办法所称价格指数,包括某种(类)商品或服务在两个不同时期价格变动的相对数,以及某种(类)商品或服务在某一特定时期内的绝对价格水平。

政府部门编制的价格指数及基于在中央对手方交易的金融产品价格编制的价格指数不适用本办法。

第三条 价格指数行为应当遵守法律法规,遵循独立、公开、透明原则,不得损害国家利益和社会公共利益。

第四条 国务院价格主管部门会同相关部门负责全国价格指数行为的规范管理,县级以上地方各级人民政府价格主管部门会同相关部门负责本行政区域内价格指数行为的规范管理。

价格指数行为规范管理应当坚持规范行为和优化服务的原则。

第五条 价格主管部门、相关部门及其工作人员,依法对价格指数行为主体按照本办法提交的材料负有保守商业秘密的义务。

本办法所称价格指数行为主体,是指编制发布价格指数的企业、事业单位、社会团体以及其他组织。

第二章 价格指数的行为主体

第六条 在中华人民共和国境内依法设立的企业、事业单位、社会团体以及其他组织可以编制发布价格指数。

第七条 价格指数行为主体应当具备以下条件:

(一)独立于价格指数所反映的商品或服务市场的直接利益相关方,并对外公开声明接受监督;

(二)合法稳定的价格信息来源;

(三)必备的组织架构、专业人员和设施;

(四)完备的价格信息采集、指数计算发布和勘误、内部控制等行为流程;

(五)健全的客观中立保障制度;

(六)规范的价格指数投诉受理和处理机制;

(七)价格主管部门规定的其他条件。

本办法所称价格信息包括:在价格信息采集点发生的已完成交易的成交价格、成交量、产品规格、交付日期及交付地等,未成交的买卖报价、拟交易量、拟交易产品规格、拟交付日期及拟交付地等,以及其他市场信息。

本办法所称内部控制流程是指为保证价格指数完整性和可靠性而制定的机制和程序,包括价格信息采集人员、指数计算人员和销售人员的隔离措施和监督机制,价格指数审核评估程序、授权发布程序,以及内部控制流程的定期审查和更新机制等。

第三章 价格指数的编制方案

第八条 价格指数行为主体应当制定价格指数编制方案,并归档。

第九条 价格指数编制方案应当包括以下内容:

(一)价格指数的名称;

(二)价格指数的编制背景和目的;

(三)价格指数所反映的市场基本情况;

(四)价格信息采集点、代表规格品、计算价格指数使用的数据形式及优先级、权重确定方式、价格指数计算公式等;

(五)价格指数发布方式和频率;

(六)相对价格指数的基期基点;

(七)保证价格指数完整性和可靠性的措施。

本办法所称数据形式包括已完成的交易价格、未成交的买卖报价和其他市场信息。

第十条 价格指数的命名应当符合价格指数所反映市场的状况。

冠以"中国""国家""全国""中华"等字样的价格指数,应当在价格指数编制方案中充分证明,信息采集点覆盖的相应商品或服务市场交易规模在全国市场中的占比,以及该覆盖面能够准确有效地反映全国市场价格情况;冠以区域性名称的,应当在价格指数编制方案中充分证明,信息采集点覆盖的相应商品或服务市场交易规模在该区域市场中的占比,以及该覆盖面能够准确有效地反映该区域市场价格情况。

禁止使用国家明文规定限制使用的词汇。

不得与政府部门编制的价格指数中英文名称重复。

第十一条 价格指数编制方案中保证价格指数完整性和可靠性措施包括:

(一)价格信息采集点的选择标准;

（二）满足价格指数编制需要的价格信息的选择标准；

（三）保证价格信息真实性的措施；

（四）处理离群值或可疑交易的标准；

（五）在价格指数编制过程中使用主观判断的条件及优先级；

（六）少数价格信息采集点在价格信息来源中占较大比例情况时的处理措施；

（七）编制方案的调整条件，以及编制方案调整情况对价格指数使用方的通知和反馈应对方式；

（八）鼓励价格信息采集点提交所有满足价格指数编制方案要求的价格信息的措施。

编制价格指数时，应当尽量使用已完成的交易价格，市场交易活跃度低或无实际成交情况下，可以使用合理的询盘、报盘和其他实际市场信息。

本办法所称价格信息真实性是指采集点提交的必须为已经被执行或者将要被执行的价格信息，并且产生价格信息的交易来自于非关联方之间。

本办法所称主观判断是指价格指数行为主体在计算价格指数时使用的自由裁量，包括从先前的或者相关交易中推断价格，根据可能影响数据质量的因素来调整价格，或者给予买卖报价高于已完成交易价格的权重等。

第四章　价格指数的发布

第十二条　价格指数行为主体可以自主决定价格指数的发布渠道。

价格指数对外发布前应当试运行不少于6个月。

第十三条　价格指数行为主体应当在指数发布渠道显著位置披露价格指数的相关信息，包括以下内容：

（一）价格指数行为主体的基本情况及变动情况，接受委托开展价格指数编制、发布、运行维护的，还应包括委托方基本情况及变动情况；

（二）价格指数编制方案及调整情况；

（三）价格指数最新值的简要计算基础和过程，包括提交价格信息采集点的数量、样本量，成交量、价格的范围和平均值，在计算价格指数时使用的每种数据形式的百分比，以及主观判断的使用情况等；

（四）利益相关方的投诉受理渠道和处理机制；

（五）利益相关方的投诉及价格指数行为主体的调查和反馈；

（六）价格指数自我评估结果；

（七）价格主管部门规定的其他信息。

上述第一、第二项中的变动调整情况和第三项内容应当在发布价格指数的同时在同一渠道披露。

第五章　价格指数的运行维护

第十四条　价格指数行为主体应当与价格信息采集点建立规范的信息提交制度,包括提交价格信息的人员、提交标准、提交时间和提交方式。提交方式应当满足价格信息可追溯查询需要。

第十五条　价格指数行为主体应当对所有采集的价格信息进行核实。

第十六条　运行维护过程中出现错误,价格指数行为主体应当第一时间纠正并在指数发布渠道显著位置予以披露。

第十七条　价格指数运行维护过程中涉及到的价格信息、工作人员信息、主观判断依据和结果、离群值或可疑交易排除等所有信息都应当归档,并保存不少于3年。

第十八条　价格指数行为主体应当设立内部控制部门,建立本办法第七条规定的内部控制流程,对价格指数行为进行合规性审查。

第十九条　价格指数行为主体在运行维护过程中应当保持客观中立,不得有以下行为:

(一)参与价格指数所反映的商品和服务市场的交易;

(二)与相关市场主体进行不当利益交换;

(三)操纵价格指数;

(四)其他可能影响价格指数独立性的行为。

第六章　价格指数的评估

第二十条　价格指数行为主体应当于每年第一季度对上年度价格指数开展自我评估,并在指数发布渠道显著位置对外公布评估结果。

第二十一条　价格指数行为主体对价格指数的自我评估应当包括以下内容:

(一)价格指数行为主体应当具备条件的满足情况;

(二)价格指数编制方案调整和执行情况;

(三)价格指数发布方式和信息披露情况;

(四)价格指数运行维护的规范性和独立性情况;

(五)信息归档情况;

（六）其他需要评估的内容。

第二十二条 价格指数行为主体可以委托专业机构对价格指数开展第三方评估。

专业机构开展第三方评估时，应当按照本办法的相关规定进行。

第二十三条 价格主管部门可以根据工作需要，会同相关部门或委托独立专业机构对价格指数行为开展评估和合规性审查。价格指数行为主体应当积极配合并接受指导。

评估和合规性审查中发现不合规行为的，价格指数行为主体应当按照价格主管部门的意见进行整改，并提交整改报告。

第七章 价格指数的转让和终止

第二十四条 价格指数转让时，转让方应当与受让方签订价格指数转让协议，并移交所有归档信息档案。

价格指数在整改期间不得转让。

受让方应当满足本办法第六条、第七条规定。

第二十五条 价格指数行为主体可以视情况终止价格指数，但应当履行以下责任：

（一）至少提前30个工作日在指数发布渠道显著位置对外发布终止公告；

（二）在终止之日前继续运行维护和发布价格指数；

（三）归档信息保存至本办法规定期限；

（四）价格主管部门规定的其他事项。

第八章 法律责任

第二十六条 价格指数行为主体或有关责任人有以下行为之一的，价格主管部门可以视情况予以约谈、公开曝光、限期整改、列入失信企业（自然人）名单并纳入全国信用信息共享平台；构成违法的，由相关部门依法追究法律责任：

（一）损害国家利益或社会公共利益的；

（二）编造发布虚假价格指数的；

（三）操纵价格指数的；

（四）利用价格指数组织相关经营者达成价格垄断协议的；

（五）未按照本办法规定进行信息披露的；

（六）未按照本办法规定归档的；

（七）伪造、编造归档文件、评估报告的；

（八）不配合价格主管部门评估和合规性审查的；

（九）违反本办法规定的其他行为。

第二十七条　价格主管部门工作人员在对价格指数开展评估和合规性审查中，存在违法违规行为的，责令限期改正，并依法追究责任。

第九章　附　　则

第二十八条　本办法由国务院价格主管部门负责解释。

第二十九条　本办法自2021年8月1日起施行，有效期3年。

证券市场禁入规定

（2021年6月15日中国证券监督管理委员会令第185号公布　自2021年7月19日起施行　国司备字［2021004361］）

第一条　为了维护证券市场秩序，保护投资者合法权益和社会公众利益，促进证券市场健康稳定发展，根据《中华人民共和国证券法》《中华人民共和国证券投资基金法》《中华人民共和国行政处罚法》等法律、行政法规，制定本规定。

第二条　中国证券监督管理委员会（以下简称中国证监会）及其派出机构（以下统称执法单位）对违反法律、行政法规或者中国证监会有关规定的有关责任人员采取证券市场禁入措施，以事实为依据，遵循公开、公平、公正的原则。

第三条　下列人员违反法律、行政法规或者中国证监会有关规定，情节严重的，执法单位可以根据情节严重的程度，采取证券市场禁入措施：

（一）证券发行人的董事、监事、高级管理人员，其他信息披露义务人或者其他信息披露义务人的董事、监事、高级管理人员，证券发行人、其他信息披露义务人持股百分之五以上的股东、实际控制人，证券发行人、其他信息披露义务人持股百分之五以上的股东、实际控制人的董事、监事、高级管理人员，或者执法单位认定的其他对欺诈发行或信息披露违法行为直接负责的主管人员或其他直接责任人员；

（二）证券公司及其依法设立的子公司的董事、监事、高级管理人员及工作人员，证券公司的股东、实际控制人或者股东、实际控制人的董事、监事、高级管理人员；

（三）证券服务机构、债券受托管理人的董事、监事、高级管理人员、合伙人、负责人及工作人员，证券服务机构、债券受托管理人的股东、实际控制人或者股东、实际控制人的董事、监事、高级管理人员；

（四）公开募集证券投资基金（以下简称基金）管理公司及其依法设立的子公司、其他公募基金管理人、基金托管人及其设立的基金托管部门、基金服务机构的董事、监事、高级管理人员及工作人员，基金管理公司、其他公募基金管理人和基金服务机构的股东、实际控制人或者股东、实际控制人的董事、监事、高级管理人员；

（五）私募投资基金管理人、私募投资基金托管人、私募投资基金销售机构及其他私募服务机构的董事、监事、高级管理人员、工作人员，私募投资基金管理人的股东、实际控制人、合伙人、负责人；

（六）直接或者间接在证券交易所、国务院批准的其他全国性证券交易场所（以下统称证券交易场所）进行投资的自然人或者机构投资者的交易决策人；

（七）编造、传播虚假信息或者误导性信息的有关责任人员；

（八）执法单位及相关自律组织的工作人员；

（九）执法单位认定的其他违反法律、行政法规或者中国证监会有关规定的有关责任人员。

第四条　执法单位可以采取的市场禁入种类包括：

（一）不得从事证券业务、证券服务业务，不得担任证券发行人的董事、监事、高级管理人员；

（二）不得在证券交易场所交易证券。

执法单位可以根据有关责任人员的身份职责、违法行为类型、违法行为的社会危害性和违法情节严重的程度，单独或者合并适用前款规定的不同种类市场禁入措施。

第五条　被采取本规定第四条第一款第一项证券市场禁入措施的人员，在禁入期间内，除不得继续在原机构从事证券业务、证券服务业务或者担任原证券发行人的董事、监事、高级管理人员职务外，也不得在其他任何机构中从事证券业务、证券服务业务或者担任其他证券发行人的董事、监事、高级管理人员职务。

被采取本规定第四条第一款第一项证券市场禁入措施的人员，应当在收到证券市场禁入决定后立即停止从事证券业务、证券服务业务或者停止履行证券发行人董事、监事、高级管理人员职务，并由其所在机构按规定的程序解除其被禁止担任的职务。

第六条 被采取本规定第四条第一款第二项证券市场禁入措施的人员，在禁入期间内，不得直接或者以化名、借他人名义在证券交易场所交易上市或者挂牌的所有证券。但在禁入期间存在以下情形的除外：

（一）有关责任人员被依据《中华人民共和国证券法》和中国证监会有关规定责令回购或者买回证券；

（二）有关责任人员被责令依法处理非法持有的证券；

（三）有关责任人员持有的证券被依法强制扣划、卖出或转让；

（四）根据相关法律、行政法规、中国证监会规定或者依法制定的证券交易场所相关业务规则，为防范和化解信用类业务风险需要继续交易证券；

（五）为履行在被禁入前已经报送或者已经公开披露的材料中约定的义务需要继续交易证券；

（六）卖出被禁入前已经持有的证券；

（七）法律、行政法规、中国证监会或者依法制定的证券交易场所业务规则规定，或者中国证监会认定的其他情形。

被采取本规定第四条第一款第二项证券市场禁入措施的人员，应当在收到证券市场禁入决定后立即停止证券交易活动。

证券交易场所应当做好相配套的限制证券账户交易权限工作，证券登记结算机构和证券公司应当予以配合。

第七条 违反法律、行政法规或者中国证监会有关规定，情节严重的，可以对有关责任人员采取3年以上5年以下本规定第四条第一款第一项规定的证券市场禁入措施；行为恶劣、严重扰乱证券市场秩序、严重损害投资者利益或者在重大违法活动中起主要作用等情节较为严重的，可以对有关责任人员采取6年以上10年以下本规定第四条第一款第一项规定的证券市场禁入措施；有下列情形之一的，可以对有关责任人员终身采取本规定第四条第一款第一项规定的证券市场禁入措施：

（一）严重违反法律、行政法规或者中国证监会有关规定，被人民法院生效司法裁判认定构成犯罪的；

（二）从业人员等负有法定职责的人员，故意不履行法律、行政法规或者中国证监会规定的义务，并造成特别恶劣社会影响，或者致使投资者利益受到特别严重损害，或者导致其他特别严重后果的；

（三）在报送或者公开披露的材料中，隐瞒、编造或者篡改重要事实、重要财务数据或者其他重要信息，或者组织、指使从事前述行为或者隐瞒相关事项导致发生上述情形，严重扰乱证券市场秩序，或者造成特别恶劣社会影响，或者致使投资者利益受到特别严重损害的；

（四）违反法律、行政法规或者中国证监会有关规定，从事欺诈发行、内幕交易、操纵证券市场等违法行为，严重扰乱证券市场秩序并造成特别恶劣社会影响，或者获取违法所得等不当利益数额特别巨大，或者致使投资者利益受到特别严重损害的；

（五）违反法律、行政法规或者中国证监会有关规定，情节严重，应当采取证券市场禁入措施，且存在故意出具虚假重要证据，隐瞒、毁损重要证据等阻碍、抗拒执法单位及其工作人员依法行使监督检查、调查职权行为的；

（六）因违反法律、行政法规或者中国证监会有关规定，5 年内曾经被执法单位给予行政处罚 2 次以上，或者 5 年内曾经被采取本规定第四条第一款第一项规定的证券市场禁入措施的；

（七）组织、策划、领导或者实施重大违反法律、行政法规或者中国证监会有关规定的活动的；

（八）其他违反法律、行政法规或者中国证监会有关规定，情节特别严重的。

违反法律、行政法规或者中国证监会有关规定，影响证券交易秩序或者交易公平，情节严重的，可以对有关责任人员采取本规定第四条第一款第二项规定的证券市场禁入措施，禁止交易的持续时间不超过 5 年。

第八条　违反法律、行政法规或者中国证监会有关规定，情节严重的，可以单独对有关责任人员采取证券市场禁入措施，或者一并依法进行行政处罚；涉嫌犯罪的，依法移送有关部门，并可同时采取证券市场禁入措施。

第九条　有下列情形之一的，应当对有关责任人员从轻、减轻采取证券市场禁入措施：

（一）主动消除或者减轻违法行为危害后果的；

（二）配合查处违法行为有立功表现的；

（三）受他人胁迫或者诱骗实施违法行为的；

（四）在执法单位依法作出行政处罚决定或者证券市场禁入决定前主动交代违法行为的；

（五）其他依法应当从轻、减轻采取证券市场禁入措施的。

违法情节轻微并及时纠正，没有造成危害后果的，免予采取证券市场禁入措施。初次违法并且危害后果轻微并及时纠正的，可以免予采取证券市场禁入措施。

第十条　共同违反法律、行政法规或者中国证监会有关规定，需要采取证券市场禁入措施的，对负次要责任的人员，可以比照应负主要责任的人员，适当从轻、减轻或者免予采取证券市场禁入措施。

第十一条 执法单位采取证券市场禁入措施前，应当告知当事人采取证券市场禁入措施的事实、理由及依据，并告知当事人有陈述、申辩和要求举行听证的权利。具体程序按照《中国证券监督管理委员会行政处罚听证规则》等规定执行。

第十二条 被采取证券市场禁入措施的人员因同一违法行为同时被人民法院生效司法裁判认定构成犯罪或者进行行政处罚的，如果对其所作人民法院生效刑事司法裁判或行政处罚决定被依法撤销或者变更，并因此影响证券市场禁入措施的事实基础或者合法性、适当性的，依法撤销或者变更证券市场禁入措施。

第十三条 被执法单位采取证券市场禁入措施的人员，执法单位将通过中国证监会或者相关派出机构网站，或者指定媒体向社会公布，并记入证券市场诚信档案。

第十四条 有关责任人员违反执法单位依法作出的证券市场禁入决定或者所在机构及相关工作人员不配合履行证券市场禁入决定的，执法单位可依据相关法律法规进行处罚，相关法律法规没有规定的，给予警告并处国务院规定限额以下的罚款；涉嫌犯罪的，依法移送有关部门追究刑事责任。

第十五条 执法单位依法宣布个人或者单位的直接责任人员为期货市场禁止进入者的，可以参照本规定执行。

第十六条 本规定下列用语具有如下含义：

（一）证券发行人：包括上市公司、非上市公众公司、公司债券发行人和法律、行政法规以及中国证监会规定的其他证券发行人；

（二）信用类业务：包括融资融券、股票质押、债券质押式回购以及其他由法律、行政法规、中国证监会或者证券交易场所业务规则规定的，由投资者提供担保品进行资金或证券融通的交易活动；

（三）从业人员：包括本规定第三条第二项、第三项、第四项、第五项和第八项规定的人员，或者执法单位认定的其他人员；

（四）立即：本规定第五条第二款所称“立即”是指证券市场禁入决定送达之日的次一工作日，本规定第六条第二款所称“立即”是指证券市场禁入决定送达之日的次一交易日，法律、行政法规或者中国证监会另有规定的除外；

（五）本规定所称以上、以下、不超过，均包括本数。

第十七条 本规定自2021年7月19日起施行。2006年7月10日中国证监会发布施行的《证券市场禁入规定》（2006年3月7日中国证券监督管理委员会第173次主席办公会议审议通过,根据2015年5月18日中国证券监督管理委员会《关于修改〈证券市场禁入规定〉的决定》修订,以下简称原规定)同时废止。

对于本规定实施前发生的应予证券市场禁入的违法行为,依照原规定办理,但适用本规定对有关责任人员有利的,适用本规定。

对发生于本规定实施以前,继续或者连续到本规定实施以后的行为,依照本规定办理。

中央预算内投资资本金注入项目管理办法

(2021年6月19日国家发展和改革委员会令第44号发布　自2021年8月1日起施行　国司备字[2021004321])

第一章　总　　则

第一条　为加强和规范中央预算内投资资本金注入项目管理,更好发挥中央预算内投资的引导和撬动作用,提高投资效益,激发全社会投资活力,根据《政府投资条例》等有关法律法规,制定本办法。

第二条　中央预算内投资资本金注入项目的决策、建设实施和监督管理等活动,适用本办法。

本办法所称中央预算内投资资本金注入项目,是指安排中央预算内投资作为项目资本金的经营性固定资产投资项目。

前款规定的经营性固定资产投资项目,应由企业作为项目法人,实行独立核算、自负盈亏。

第三条　采取资本金注入方式安排的中央预算内投资,应按照集中力量办大事、难事、急事的原则要求,主要投向《政府投资条例》第三条第一款规定领域的经营性项目,并积极引导和带动社会投资。

第四条　对符合本办法第三条规定范围的政府和社会资本合作项目,可以采取资本金注入方式安排中央预算内投资。

第五条　国家发展改革委根据国民经济和社会发展规划、国家宏观调控政策、国家级重点专项规划、国家级区域规划及实施方案,坚持科学决策、规范管理、注重绩效、公开透明的原则,平等对待各类投资主体,统筹安排中央预算内投资资本金注入项目,并依法履行有关监督管理职责。

第六条　采取资本金注入安排中央预算内投资的专项,应当在工作方案或管理办法中明确资本金注入项目条件、资金安排标准、监督管理等主要内容,作为各专项资本金注入项目管理的具体依据。

第七条 中央预算内投资所形成的资本金属于国家资本金,由政府出资人代表行使所有者权益。政府出资人代表原则上应为国有资产管理部门、事业单位,国有或国有控股企业。

第八条 政府出资人代表对项目建成后中央预算内投资形成的国有产权,根据《中华人民共和国公司法》、国有资产有关法律法规及项目法人章程规定,行使有关权利并履行相应义务。

第九条 国家建立健全政策措施,鼓励政府出资人代表对中央预算内投资资本金注入项目所持有的权益不分取或少分取红利,以引导社会资本投资。

第十条 中央预算内投资资本金注入项目审批结果等信息,按照《政府信息公开条例》有关规定公开。

第二章 项目决策

第十一条 中央预算内投资资本金注入项目(以下简称资本金注入项目)原则上审批项目建议书、可行性研究报告和初步设计,并核定投资概算。

国家对简化投资项目审批另有规定的,从其规定。

第十二条 国家发展改革委负责审批以下资本金注入项目:

(一)国家发展改革委直接安排投资的中央单位项目;

(二)需要跨地区、跨部门、跨领域统筹的项目;

(三)党中央、国务院要求或法律、行政法规规定由国家发展改革委审批的项目;

(四)国家有关规定中明确由国家发展改革委审批的其他项目。

对于特别重大的项目,由国家发展改革委根据有关规定核报国务院批准。

对于地方按照国家有关规定采取资本金注入方式安排中央预算内投资的项目,由地方人民政府发展改革部门或其他有关部门根据本地区规定权限负责审批。

第十三条 申请以资本金注入方式安排中央预算内投资的单位(以下简称项目单位),应当按照本办法第十二条规定的审批权限,报国家发展改革委、县级以上地方人民政府发展改革部门或其他有关部门(以下简称审批部门)审批。

第十四条 除涉及国家秘密的项目外,审批部门应当通过全国投资项目在线审批监管平台(以下简称在线平台)生成的项目代码,办理资本金注入项目审批手续。

审批部门应当通过在线平台列明有关规划、产业政策等，公开项目审批的办理流程、办理时限和批准情况等，为项目单位提供相关咨询服务。

第十五条 中央管理企业申请投资建设应当由国家发展改革委审批的资本金注入项目，在报送项目建议书、可行性研究报告时，应联合项目所在地省级政府或省级发展改革部门申报，或附具省级发展改革部门的意见。

国家有关部门申请投资建设应当由国家发展改革委审批的资本金注入项目，由该部门负责申报。

地方申请应当由国家发展改革委审批的资本金注入项目，由项目所在地省级发展改革部门初审后报送国家发展改革委审批。

第十六条 资本金注入项目的项目建议书、可行性研究报告可以委托具备相应能力的工程咨询单位编制。初步设计应当按照国家有关规定委托具备相应能力的工程设计单位编制。

第十七条 项目建议书内容和深度应当达到规定要求，并阐述申请以资本金注入方式使用中央预算内投资的理由和依据，提出政府出资人代表和项目法人的初步建议。拟新组建项目法人的，应当提出项目法人的初步组建方案。

第十八条 审批部门对符合有关规定、确有必要建设的资本金注入项目，批准项目建议书。

第十九条 项目单位应当依据项目建议书批复文件或国家有关规定，组织编制资本金注入项目的可行性研究报告。可行性研究报告内容和深度应当达到规定要求，并应当包含以下内容：

（一）既有项目法人情况或新项目法人的组建方案；

（二）项目资本金比例，出资方及其出资数额、出资比例、出资方式，以及拟申请以资本金注入方式使用中央预算内投资的额度；

（三）政府出资人代表及其权利、义务；

（四）政府出资人代表同意接受中央预算内投资转为其拟持有国有股份的意见；

（五）项目建议书批复中要求说明的其他问题。

第二十条 项目单位在可行性研究报告中申请中央预算内投资资本金的比例，依托现有项目法人建设的，应当根据资产评估情况及有关规定，测算国家资本金所占比例；由新组建的项目法人负责建设的，按国家资本金在项目资本金总量中所占份额，计算出资比例。国家资本金折算股份的价格，不得低于项目其他股东出资的折算价格。

第二十一条 政府和社会资本合作(PPP)项目拟申请以资本金注入方式安排中央预算内投资的,应当根据国家有关规定开展可行性论证,并将论证情况纳入可行性研究报告。

第二十二条 审批部门对符合国家有关规定、具备建设条件并确需以资本金注入方式予以支持的项目,批准可行性研究报告。

可行性研究报告批复文件应当明确项目法人、以资本金注入方式安排中央预算内投资的数额及出资比例、出资人代表或确定出资人代表的方式等。对于在批复可行性研究报告时明确予以中央预算内投资支持,但因特殊情况确实难以确定投资数额、出资比例的,按照年度中央预算内投资计划统筹予以明确。

第二十三条 经批准的可行性研究报告是确定建设项目的依据。

可行性研究报告批准后,由项目法人负责资本金注入项目的具体建设实施工作。

第二十四条 初步设计及其提出的概算应当符合可行性研究报告批复文件,以及国家或有关行业标准和规范的要求。

第二十五条 审批部门对符合可行性研究报告,以及国家或有关行业标准和规范要求的初步设计及其提出的投资概算予以批准。经核定的投资概算是控制资本金注入项目总投资的依据。

根据政府投资项目审批权限有关规定,由国家发展改革委负责审批初步设计的项目,国家发展改革委可以委托有关单位审批初步设计、核定投资概算,或委托有关单位审批初步设计,由国家发展改革委核定投资概算。

第二十六条 审批资本金注入项目时,原则上应委托工程咨询单位对项目建议书、可行性研究报告进行评估。审批初步设计、核定投资概算时,原则上应当按照《政府投资条例》及有关规定经过专业评审。

第二十七条 已完成审批、核准或备案的项目,又申请以资本金注入方式使用中央预算内投资的,应当按照本办法规定重新履行审批程序。其中,对完成审批手续的项目,审批部门应当对可行性研究报告批复文件的项目法人、资金来源及筹措方式等进行相应调整;对完成核准手续的项目,建设地点未变更且建设规模、建设内容等未有较大变更的,审批部门可以参照核准批复文件简化审查内容;对完成备案手续的项目,应当按政府投资项目重新进行审批。

第二十八条 资本金注入项目完成可行性研究报告审批后,又拟采取政府和社会资本合作方式投资建设的,按以下情况分别处理:

(一)仍安排中央预算内投资作为项目资本金的,应当重新编制、报批可行性研究报告。

（二）中央预算内投资全部退出项目资本金的，按照项目性质，办理相应的审批、核准或备案手续。其中，建设地点未变更且建设规模、建设内容等未有较大变更的，审批或核准机关应当参照已批复的可行性研究报告简化审查内容。

第二十九条 资本金注入项目拟采取政府和社会资本合作方式投资建设的，原则上应当采用公开招标方式选择社会资本方。社会资本方遴选方案应当在可行性研究报告中作出说明。

第三章 项目实施

第三十条 政府出资人代表和项目法人为不同单位的，项目法人应当及时与政府出资人代表签订股权确认协议，在中央预算内投资到位后为政府出资人代表办理股权登记等手续。

政府出资人代表和项目法人为同一单位的，在资金到位后，按照国家有关规定办理国有资产登记手续。

审批初步设计核定投资概算时，中央预算内投资在项目资本金总量中所占比例发生变化的，应结合可行性研究报告批复中的内容，重新确定国家资本金的出资比例。

第三十一条 发展改革部门根据政府投资管理有关规定，并结合资本金注入项目进展情况，一次或分次向政府出资人代表下达中央预算内投资计划。

第三十二条 资本金注入项目中国家资本金的会计处理，按照国家有关规定办理。

第三十三条 任何单位和个人不得截留、挪用中央预算内投资，不得无故拖延拨付中央预算内投资，不得改变中央预算内投资的使用方式。

第三十四条 项目法人应当根据项目实际情况，依法办理资本金注入项目的规划许可、建设用地、环境影响评价、施工许可等手续，依法履行招标采购程序。

第三十五条 资本金注入项目经批准的政府出资人代表发生变化的，应当报原政府出资人代表确定部门批准，并告知项目审批部门。

资本金注入项目建设投资原则上不得超过经核定的投资概算。因国家政策调整、价格上涨、地质条件发生重大变化等原因确需增加投资概算的，项目法人提出调整方案及资金来源，按照规定的程序报原初步设计审批部门或者投资概算核定部门核定。其中，因增加投资概算拟变更运营补贴、政府付费、使用者付费等其他支持事项、合作条件的，应当征得相关主管部门同意。

第三十六条 资本金注入项目建成并在国家规定的单项验收合格后,应当按照国家有关规定进行竣工验收,并在竣工验收合格后及时办理竣工财务决算。

第四章 监督管理

第三十七条 资本金注入项目的项目法人应当通过在线平台(国家重大建设项目库)如实报送项目的开工建设、建设进度、竣工等基本信息。涉密项目应当按照审批部门的要求报送项目建设情况。

项目开工前,项目法人应当登录在线平台(国家重大建设项目库)报备资本金注入项目开工基本信息。项目开工后,项目法人应当及时在线报备项目建设动态进度基本信息。项目竣工后,项目法人应当及时在线报备项目竣工基本信息。

第三十八条 审批部门应当采取在线监测、现场核查、后评价等方式,加强对资本金注入项目实施情况的监督检查。其他有关部门按照规定职责分工,负责对资本金注入项目监督管理。

第三十九条 县级以上地方人民政府有关监管部门对资本金注入项目监督检查中发现的违法违规行为,应当依法及时处理,通过在线平台登记、共享相关违法违规信息、监管结果信息,并将有关信息记入相关市场主体信用记录,纳入全国信用信息共享平台并向社会公开公示。

第四十条 项目法人应当按照国家有关规定加强资本金注入项目的档案管理,将项目审批和实施过程中的有关文件、资料存档备查。

第五章 法律责任

第四十一条 资本金注入项目的审批部门有下列情形之一的,由上级行政机关责令改正,对负有责任的领导人员和直接责任人员依法给予处分:

(一)超越权限审批项目;

(二)对不符合规定的项目予以批准;

(三)未按规定核定或者调整项目的投资概算;

(四)不依法履行监管职责,造成严重后果;

(五)其他玩忽职守、滥用职权、徇私舞弊的情形。

第四十二条 资本金注入项目的其他管理部门有下列情形之一的,依照预算管理等有关法律、行政法规和国家有关规定追究法律责任:

（一）未按照投资计划和有关规定及时、足额办理中央预算内投资拨付；

（二）转移、侵占、挪用中央预算内投资；

（三）其他违反法律、行政法规的行为。

第四十三条 资本金注入项目的项目单位有下列情形之一的，由审批部门责令改正，根据具体情况，暂停、停止拨付资金或者收回已拨付的资金，暂停或者停止建设活动，对负有责任的领导人员和直接责任人员依法给予处分：

（一）项目未经批准或者不符合规定的建设条件而擅自开工建设；

（二）拒绝协助政府出资人代表办理股权变更登记手续，或者阻碍、拒绝政府出资人代表行使法定权利；

（三）擅自改变中央预算内投资使用方式；

（四）擅自将资本金注入项目变更为政府和社会资本合作项目；

（五）其他违反法律、行政法规的行为。

第四十四条 工程咨询单位在项目建议书、可行性研究报告编制和评估，设计单位在初步设计编制，评审机构在初步设计及概算评审中，咨询、评估、评审等存在严重质量问题的，依照有关法律法规和国家有关规定进行处罚，并按照规定降低或者取消该单位资质或评价等级。

第四十五条 资本金注入项目的政府出资人代表、其他有关单位或个人有下列情形之一的，由审批部门责令限期整改，或取消政府出资人代表资格、责令缴回中央预算内投资、另行确定政府出资人代表，由有关机关对负有责任的领导人员和直接责任人员依法给予处分：

（一）截留、挪用中央预算内投资或擅自改变中央预算内投资使用方式；

（二）无故拖延拨付中央预算内投资、侵犯项目法人合法权益，影响项目建设进度；

（三）其他违反法律、行政法规的行为。

第四十六条 违反本办法规定，构成犯罪的，依法追究刑事责任。

第六章 附　　则

第四十七条 省级发展改革部门可以参照本办法的规定，制定本地区资本金注入项目管理办法。

对本办法规定的资本金注入项目，法律、行政法规和国家有专门规定的，按照有关规定执行。

第四十八条 本办法由国家发展改革委负责解释。

第四十九条 本办法自2021年8月1日起施行。

中国银保监会关于清理规章规范性文件的决定

（2021年6月21日中国银行保险监督管理委员会令2021年第7号公布　自公布之日起施行　国司备字［2021004382］）

根据全面深化改革、全面依法治国和经济社会发展需要，以及贯彻实施民法典，做好部门规章、规范性文件与民法典的有效衔接，维护国家法制统一、尊严和权威，银保监会对现行部门规章和规范性文件进行了清理。经过清理，银保监会决定：

一、对3部规章、115件规范性文件予以废止。（附件1）

二、对14件规范性文件宣布失效。（附件2）

三、对4部规章、7件规范性文件与民法典不一致的条款予以修订。（附件3）

附件：1. 银保监会决定废止的规章、规范性文件

2. 银保监会宣布失效的规范性文件

3. 银保监会决定修订的规章、规范性文件

附件 1

银保监会决定废止的规章、规范性文件		
1	保险业重大突发事件应急处理规定	保监会令 2003 年第 3 号
2	中国保险监督管理委员会政府信息公开办法	保监会令 2008 年第 3 号
3	中国保险监督管理委员会派出机构监管职责规定	保监会令 2016 年第 1 号
4	关于财产保险投标业务有关问题的通知	保监发〔2003〕83 号
5	关于印发《中国保监会派出机构内设处室及主要职责》的通知	保监发〔2004〕25 号
6	关于就商业保险合同监管主体问题做好有关协调工作的通知	保监发〔2004〕32 号
7	关于印发中国保险统计信息系统网络连接方案的通知	保监发〔2004〕67 号
8	关于印发《保险统计指标》的通知	保监发〔2004〕85 号
9	关于印发《保险统计指标校验关系》的通知	保监发〔2004〕86 号
10	关于印发《中国保监会保险统计现场检查工作规程》的通知	保监发〔2005〕101 号
11	关于印发《人身保险保单标准化工作指引(试行)》的通知	保监发〔2005〕108 号
12	关于印发《寿险公司非现场监管规程(试行)》的通知	保监发〔2006〕5 号
13	关于印发《关于促进人身保险产品创新工作的指导意见》的通知	保监发〔2006〕110 号
14	关于印发修订后的保险统计制度的通知	保监发〔2006〕127 号
15	关于进一步加强机动车辆保险监管有关问题的通知	保监发〔2006〕19 号
16	中国保险监督管理委员会 中央社会治安综合治理委员会办公室关于保险业参与平安建设的意见	保监发〔2006〕44 号
17	中国保险监督管理委员会 国家旅游局关于进一步做好旅游保险工作的意见	保监发〔2006〕69 号
18	关于印发《寿险公司内部控制评价办法(试行)》的通知	保监发〔2006〕6 号

续表

19	关于在地市及以下地区建立保险业与地方治理商业贿赂领导机构沟通协调机制的通知	保监发〔2006〕84 号
20	关于《健康保险管理办法》实施中有关问题的通知	保监发〔2006〕95 号
21	关于发布《保险基础数据元目录》行业标准的通知	保监发〔2007〕130 号
22	关于发布《保险业务代码集》行业标准的通知	保监发〔2007〕131 号
23	关于印发《保险资产管理重大突发事件应急管理指引》的通知	保监发〔2007〕42 号
24	关于进一步加强大型商业保险及各类投标业务管理的通知	保监发〔2007〕43 号
25	关于《保险许可证管理办法》实施有关事宜的通知	保监发〔2007〕70 号
26	关于调整非税收入执收单位和管理办法的通知	保监发〔2007〕88 号
27	关于报送保险公司分类监管信息的通知	保监发〔2008〕113 号
28	关于遏制保险中介机构挪用侵占保费违法违规行为的通知	保监发〔2008〕117 号
29	关于调整保险经纪、保险公估法人许可证换发和高级管理人员任职资格核准工作流程有关事宜的通知	保监发〔2008〕119 号
30	关于实施农村保险营销员资格分类管理有关事宜的通知	保监发〔2008〕17 号
31	关于做好机动车商业三责险费率调整工作有关要求的紧急通知	保监发〔2008〕3 号
32	关于向保监会派出机构报送保险公司分支机构内部审计报告有关事项的通知	保监发〔2008〕56 号
33	中国保险监督管理委员会 中国人民银行关于发布《银行保险业务财产保险数据交换规范》行业标准的通知	保监发〔2008〕5 号
34	关于印发《中国保监会资格考试报名费收缴管理办法》的通知	保监发〔2008〕69 号
35	关于加快业务结构调整进一步发挥保险保障功能的指导意见	保监发〔2009〕11 号

续表

36	关于贯彻落实《保险专业代理机构监管规定》、《保险经纪机构监管规定》、《保险公估机构监管规定》有关事宜的通知	保监发〔2009〕130号
37	关于严厉打击制售假保单等违法行为的通知	保监发〔2009〕19号
38	关于发布《2009版保险术语》行业标准的通知	保监发〔2009〕29号
39	关于发布《保险基础数据模型》行业标准的通知	保监发〔2009〕31号
40	关于建立月度经营情况简要分析报告制度的通知	保监发〔2009〕47号
41	关于印发《保险公司分支机构分类监管暂行办法》的通知	保监发〔2010〕45号
42	中国保监会关于规范阻止保险领域案件责任人员出境工作的通知	保监发〔2010〕88号
43	中国保监会关于印发《人身保险公司全面风险管理实施指引》的通知	保监发〔2010〕89号
44	中国保险监督管理委员会关于改进服务质量落实服务承诺有关问题的通知	保监发〔2011〕16号
45	中国保险监督管理委员会关于进一步加大保险公司中介业务违法行为查处力度清理整顿保险代理市场的通知	保监发〔2011〕1号
46	中国保监会关于保险业参与加强和创新社会管理的指导意见	保监发〔2011〕69号
47	中国保险监督管理委员会关于加强机动车辆商业保险条款费率管理的通知	保监发〔2012〕16号
48	中国保险监督管理委员会关于做好保险消费者权益保护工作的通知	保监发〔2012〕9号
49	中国保监会关于加强农业保险业务经营资格管理的通知	保监发〔2013〕26号
50	中国保监会关于印发《关于加强保险行业文化建设的意见》的通知	保监发〔2013〕32号
51	中国保监会关于印发《关于加强保险监管文化建设的意见》的通知	保监发〔2013〕33号

续表

52	中国保监会关于印发《商业车险改革统计制度(试行)》的通知	保监发〔2015〕54 号
53	中国保监会关于提高保险资金投资蓝筹股票监管比例有关事项的通知	保监发〔2015〕64 号
54	中国保监会关于调整保险业监管费和保险罚没收入缴款方式等有关事项的通知	保监发〔2016〕103 号
55	中国保监会关于印发《信用保证保险统计制度(试行)》的通知	保监发〔2016〕46 号
56	中国保监会关于印发《广西辖区保险公司分支机构市场退出管理指引》的通知	保监发〔2016〕53 号
57	中国保监会关于延长老年人住房反向抵押养老保险试点期间并扩大试点范围的通知	保监发〔2016〕55 号
58	中国保监会关于进一步加强保险监管 维护保险业稳定健康发展的通知	保监发〔2017〕34 号
59	中国保监会关于强化保险监管 打击违法违规行为 整治市场乱象的通知	保监发〔2017〕40 号
60	中国保监会关于印发《保险信访工作责任制实施办法》的通知	保监发〔2017〕5 号
61	中国银保监会关于修订《保险公司偿付能力监管规则——问题解答第 1 号:偿付能力监管等效框架协议过渡期内的香港地区再保险交易对手违约风险因子》的通知(2019)	银保监发〔2019〕30 号
62	关于规范大型商业风险经营行为的通知	保监厅发〔2006〕14 号
63	关于印发《中国保监会 国家旅游局关于进一步做好旅游保险工作的意见》的通知	保监厅发〔2006〕59 号
64	关于开展保险业信息系统安全等级保护定级工作的通知	保监厅发〔2007〕45 号
65	关于开展保险业(第二批)信息系统安全等级保护定级工作的通知	保监厅发〔2007〕80 号
66	关于中国保监会分类监管信息系统用户和权限设置有关事项的通知	保监厅发〔2009〕52 号

续表

67	关于新保险法实施后行政处罚案件中法律适用有关问题的通知	保监厅发〔2009〕66 号
68	关于开展保险业境外机构定期统计调查工作的通知	保监厅发〔2010〕47 号
69	关于推广使用保险中介监管信息系统三个子系统的通知	保监厅发〔2010〕64 号
70	中国保险监督管理委员会办公厅关于积极做好服务保险消费者有关工作的通知	保监厅发〔2011〕11 号
71	中国保险监督管理委员会办公厅关于加强主席（局长）信箱来信办理工作有关事项的通知	保监厅发〔2011〕12 号
72	中国保险监督管理委员会办公厅关于做好保险业应对暴雨和台风等极端天气事件有关事项的通知	保监厅发〔2012〕46 号
73	关于做好保险消费者教育微博推广及后援工作的通知	保监厅发〔2012〕64 号
74	中国保监会办公厅关于保险中介从业人员资格考试有关事项的通知	保监厅发〔2013〕14 号
75	中国保监会办公厅关于部分保险公司纳入分类监管实施范围的通知	保监厅发〔2013〕29 号
76	中国保监会办公厅关于保险销售、保险经纪、保险公估从业人员资格证书和执业证书有关事项的通知	保监厅发〔2013〕30 号
77	中国保监会办公厅关于保险销售、保险经纪和保险公估从业人员资格考试有关事项的通知	保监厅发〔2013〕38 号
78	中国保监会办公厅关于启动《中国保险通志》编纂工作的通知	保监厅发〔2015〕45 号
79	中国保监会办公厅关于进一步加强应急管理工作的通知	保监厅发〔2015〕54 号
80	中国保监会办公厅关于进一步做好保险业安全生产工作的通知	保监厅发〔2015〕58 号
81	中国保监会办公厅关于进一步加强保险业信访工作的指导意见	保监厅发〔2016〕24 号
82	中国保监会办公厅关于做好灾害事故应对处置工作的通知	保监厅发〔2016〕57 号

续表

83	中国保监会办公厅关于印发《中国保险监督管理委员会公职律师工作方案》的通知	保监厅发〔2017〕43 号
84	关于启动中国产险业执业资格考试有关事项的批复	保监办〔2005〕192 号
85	关于建立治理商业贿赂专项工作联系点的通知	保监办〔2006〕362 号
86	关于变更保险业务监管费缴费账户的通知	保监厅函〔2006〕261 号
87	关于调整保险中介监管报表部分报送事项的通知	保监厅函〔2010〕422 号
88	关于定期报送保险消费者投诉处理情况的通知	保监厅函〔2011〕470 号
89	关于定期报送客户投诉和保险合同诉讼（仲裁）情况的通知	保监厅函〔2011〕471 号
90	中国保险监督管理委员会办公厅关于产险公司经营再保险业务有关问题的复函	保监厅函〔2012〕153 号
91	中国保险监督管理委员会办公厅对《关于再保险业务安全性有关问题的通知》适用范围的复函	保监厅函〔2012〕4 号
92	中国保监会办公厅关于贯彻落实《保险销售从业人员监管办法》《保险经纪从业人员、保险公估从业人员监管办法》有关问题的复函	保监厅函〔2013〕352 号
93	关于进一步做好保险消费投诉类进京非正常上访处理工作的通知	办公厅便函〔2017〕778 号
94	关于印发《关于推进保险合同纠纷快速处理机制试点工作的指导意见》的通知	保监法规〔2007〕427 号
95	关于明确保险公司法人机构直接经营保险业务行为监管有关问题的通知	保监机构〔2008〕384 号
96	关于开展案件责任追究清理工作的通知	保监稽查〔2010〕192 号
97	中国保险监督管理委员会关于印发《保监局案件风险监管考核办法（试行）》的通知	保监稽查〔2013〕643 号
98	中国保监会关于组织开展人身保险治理销售乱象打击非法经营专项行动的通知	保监人身险〔2017〕283 号
99	关于实施《保险公司分支机构分类监管暂行办法》有关事项的通知	保监财会〔2010〕585 号
100	中国保险监督管理委员会关于清理规范保险公司投资性房地产评估增值有关事项的通知	保监财会〔2014〕81 号

续表

101	关于做好保险业应对全球变暖引发极端天气气候事件有关事项的通知	保监产险〔2007〕402 号
102	关于实施分类监管信息报送有关事宜的通知	保监产险〔2008〕1567 号
103	关于开展财产保险公司再保险合同信息统计分析工作的通知	保监产险〔2011〕1293 号
104	中国保监会关于加强互联网平台保证保险业务管理的通知	保监产险〔2016〕6 号
105	关于开展新会计准则下保险统计制度转换和对接系统切换工作的通知	保监统信〔2006〕1334 号
106	中国保监会关于印发《保险扶贫统计制度（试行）》的通知	保监统信〔2017〕274 号
107	中国保监会关于尽快遏制电销扰民有关事项的通知	保监消保〔2012〕1436 号
108	关于印发《保监局局长接待日工作办法》的通知	保监消保〔2012〕316 号
109	关于建立保险消费者权益保护工作社会监督员制度的通知	保监消保〔2012〕317 号
110	关于开展保险公司投诉处理考评工作的通知	保监消保〔2013〕162 号
111	中国保监会关于禁止强制销售保险的紧急通知	保监消保〔2013〕634 号
112	中国保险监督管理委员会关于贯彻实施《保险消费投诉处理管理办法》的通知	保监消保〔2013〕686 号
113	关于进一步规范保监局保险消费投诉处理有关事项的通知	保监消保〔2015〕98 号
114	中国保险监督管理委员会关于河北保监局推动车险销售服务专业化有关问题的批复	保监中介〔2011〕1446 号
115	关于《关于开展财产保险公司再保险合同信息统计分析工作的通知》的补充通知	产险部函〔2011〕204 号
116	关于印发《人身保险公司年度全面风险管理报告框架》及风险监测指标的通知	保监寿险〔2012〕193 号
117	关于定期报送保险消费者权益保护工作情况的通知	消保局〔2015〕492 号
118	关于调整保险专业代理、保险经纪机构高管人员任职资格工作流程的通知	中介部函〔2015〕308 号

附件 2

银保监会宣布失效的规范性文件		
1	关于印发《中国保险业发展“十一五”规划信息化重点专项规划》的通知	保监发〔2006〕125 号
2	关于印发《中国保险业发展“十一五”规划纲要》的通知	保监发〔2006〕97 号
3	中国保险监督管理委员会关于做好抗旱工作促进粮食和农业生产稳定发展有关要求的通知	保监发〔2011〕7 号
4	关于贯彻落实《“十二五期间”深化医药卫生体制改革规划暨实施方案》的通知	保监发〔2012〕50 号
5	中国保险监督管理委员会关于印发《保险业服务新型城镇化发展的指导意见》的通知	保监发〔2014〕25 号
6	中国保险监督管理委员会关于印发《保险公司所属非保险子公司管理暂行办法》的通知	保监发〔2014〕78 号
7	中国保监会关于印发《农业保险承保理赔管理暂行办法》的通知	保监发〔2015〕31 号
8	中国保监会关于调整保险业监管费收费标准等有关事项的通知(2016)	保监发〔2016〕9 号
9	中国保险监督管理委员会办公厅 商务部办公厅关于申报中小商贸企业国内贸易信用险补助项目承办单位的通知	保监厅发〔2010〕66 号
10	中国保险监督管理委员会办公厅关于进一步做好保险业治理“小金库”工作的通知	保监厅发〔2011〕61 号
11	中国保监会办公厅关于做好人身保险业综合治理销售误导评价工作的通知	保监厅发〔2012〕71 号
12	中国保监会关于在偿二代过渡期内开展保险公司偿付能力风险管理能力试评估有关事项的通知	保监财会〔2015〕125 号
13	中国保监会关于中国风险导向偿付能力体系实施过渡期有关事项的通知	保监财会〔2015〕15 号
14	中国保监会关于印发《保险业监管费相关政策解答》的通知	保监财会〔2016〕19 号

附件 3

银保监会决定修订的规章、规范性文件

一、将《个人定期存单质押贷款办法》(中国银行业监督管理委员会令2007 年第 4 号)第一条中的“《中华人民共和国担保法》”修改为“《中华人民共和国民法典》”。

二、将《单位定期存单质押贷款管理规定》(中国银行业监督管理委员会令2007 年第 9 号)第一条中的“《中华人民共和国物权法》”修改为“《中华人民共和国民法典》”。

三、将《保险资金间接投资基础设施项目管理办法》(中国保险监督管理委员会令 2016 年第 2 号)第一条中的“《中华人民共和国合同法》”修改为“《中华人民共和国民法典》”。

四、将《商业银行互联网贷款管理暂行办法》(中国银行保险监督管理委员会令 2020 年第 9 号)第二十三条中的“《中华人民共和国合同法》”修改为“《中华人民共和国民法典》”。

五、将《中国保监会关于印发〈保险资金委托投资管理暂行办法〉的通知》(保监发〔2012〕60 号)第一条中的“《中华人民共和国合同法》”修改为“《中华人民共和国民法典》”。

六、将《中国银保监会 发展改革委 工业和信息化部 财政部 农业农村部 人民银行 市场监管总局关于印发〈融资担保公司监督管理条例〉四项配套制度的通知》(银保监发〔2018〕1 号)中《银行业金融机构与融资担保公司业务合作指引》第一条中的“《中华人民共和国合同法》《中华人民共和国物权法》《中华人民共和国担保法》”修改为“《中华人民共和国民法典》”。

七、将《中国保监会 财政部关于加强保险资金运用管理 支持防范化解地方政府债务风险的指导意见》(保监发〔2018〕6 号)第一条中的“《中华人民共和国担保法》”修改为“《中华人民共和国民法典》”。

八、将《中国银保监会 发展改革委 工业和信息化部 财政部 住房和城乡建设部 农业农村部 商务部 人民银行 市场监管总局关于印发融资担保公司监督管理补充规定的通知》(银保监发〔2019〕37 号)第一条中的“《中华人民共和国担保法》《中华人民共和国合同法》”修改为“《中华人民共和国民法典》”。

九、将《中国银保监会办公厅 司法部办公厅关于简化查询已故存款人存款相关事项的通知》(银保监办发〔2019〕107 号)中的“《中华人民共和国继承法》”修改为“《中华人民共和国民法典》”。

十、将《中国银保监会办公厅关于加强商业保理企业监督管理的通知》(银

保监办发〔2019〕205号)第一条中的"《合同法》"修改为"《中华人民共和国民法典》"。

十一、将《中国银保监会办公厅关于印发信用保险和保证保险业务监管办法的通知》(银保监办发〔2020〕39号)中的"《中华人民共和国合同法》"修改为"《中华人民共和国民法典》"。

交通运输部关于修改《交通运输行政执法程序规定》的决定

(2021年6月30日交通运输部令2021年第6号公布　自2021年7月15日起施行　国司备字[2021004372])

交通运输部决定对《交通运输行政执法程序规定》(交通运输部令2019年第9号)作如下修改:

一、将第二条第一款修改为:"交通运输行政执法部门(以下简称执法部门)及其执法人员实施交通运输行政执法行为,适用本规定。"

二、增加一条,作为第五条:"执法部门应当建立健全执法监督制度。上级交通运输执法部门应当定期组织开展行政执法评议、考核,加强对行政执法的监督检查,规范行政执法。

执法部门应当主动接受社会监督。公民、法人或者其他组织对执法部门实施行政执法的行为,有权申诉或者检举;执法部门应当认真审查,发现有错误的,应当主动改正。"

三、将第五条改为第六条,修改为:"行政处罚由违法行为发生地的执法部门管辖。行政检查由执法部门在法定职权范围内实施。法律、行政法规、部门规章另有规定的,从其规定。"

四、将第七条改为第八条,修改为:"两个以上执法部门因管辖权发生争议的,应当协商解决,协商不一致的,报请共同的上一级部门指定管辖;也可以直接由共同的上一级部门指定管辖。"

五、将第八条改为第九条,修改为:"执法部门发现所查处的案件不属于本部门管辖的,应当移送有管辖权的其他部门。执法部门发现违法行为涉嫌犯罪的,应当及时依照《行政执法机关移送涉嫌犯罪案件的规定》将案件移送司法机关。"

六、将第十七条改为第十八条,第三项修改为:"经受送达人同意,可以采用传真、电子邮件、移动通信等能够确认其即时收悉的特定系统作为送达媒介电子送达执法文书。受送达人同意采用电子方式送达的，应当在送达地址确认书中予以确认。采取电子送达方式送达的，以执法部门对应系统显示发送成功的日期为送达日期，但受送达人证明到达其确认的特定系统的日期与执法部门对应系统显示发送成功的日期不一致的，以受送达人证明到达其特定系统的日期为准；”

七、将第三十一条改为第三十二条，修改为：“证据必须查证属实，方可作为认定案件事实的根据。”

八、将第三十七条改为第三十八条，增加一项，作为第五项：“依照法律、行政法规规定利用电子技术监控设备收集、固定违法事实的，应当经过法制和技术审核，确保电子技术监控设备符合标准、设置合理、标志明显，设置地点应当向社会公布。电子技术监控设备记录违法事实应当真实、清晰、完整、准确。执法部门应当审核记录内容是否符合要求；未经审核或者经审核不符合要求的，不得作为行政处罚的证据。执法部门应当及时告知当事人违法事实，并采取信息化手段或者其他措施，为当事人查询、陈述和申辩提供便利。不得限制或者变相限制当事人享有的陈述权、申辩权。”

九、将第四十三条改为第四十四条，第二款修改为：“先行登记保存期间，当事人或者有关人员不得销毁或者转移证据。”

十、删去第四十四条第一款第四项。

十一、将第五十九条改为第六十条，修改为：“违法事实确凿并有法定依据，对公民处二百元以下、对法人或者其他组织处三千元以下罚款或者警告的行政处罚的，可以适用简易程序，当场作出行政处罚决定。法律另有规定的，从其规定。”

十二、将第六十条改为第六十一条，第六项修改为：“填写预定格式、编有号码的《当场行政处罚决定书》并当场交付当事人，《当场行政处罚决定书》应当载明当事人的违法行为，行政处罚的种类和依据、罚款数额、时间、地点，申请行政复议、提起行政诉讼的途径和期限以及执法部门名称，并由执法人员签名或者盖章；”

十三、将第六十条改为第六十一条，第七项修改为：“当事人在《当场行政处罚决定书》上签名或盖章，当事人拒绝签收的，应当在行政处罚决定书上注明；”

十四、将“第六章第二节 一般程序”改为：“第六章第二节 普通程序”。

十五、将第六十六条改为第六十七条，修改为：“执法人员在初步调查结束后，认为案件事实清楚，主要证据齐全的，应当制作案件调查报告，提出处理意见,报办案机构审核。”

十六、删去第六十七条、第六十八条。

十七、将第七十一条改为第七十条,第二项修改为:“执法部门应当充分听取当事人的意见,对当事人提出的事实、理由、证据认真进行复核;当事人提出的事实、理由或者证据成立的,应当予以采纳。不得因当事人陈述、申辩而加重处罚。”

十八、增加一条,作为第七十一条:“有下列情形之一,在执法部门负责人作出行政处罚的决定之前,应当由从事行政处罚决定法制审核的人员进行法制审核:

(一)涉及重大公共利益的;

(二)直接关系当事人或者第三人重大权益,经过听证程序的;

(三)案件情况疑难复杂、涉及多个法律关系的;

(四)法律、法规规定应当进行法制审核的其他情形。

初次从事行政处罚决定法制审核的人员,应当通过国家统一法律职业资格考试取得法律职业资格。”

十九、增加一条,作为第七十二条:“从事行政处罚决定法制审核的人员主要从下列方面进行合法性审核,并提出书面审核意见:

(一)行政执法主体是否合法,行政执法人员是否具备执法资格;

(二)行政执法程序是否合法;

(三)案件事实是否清楚,证据是否合法充分;

(四)适用法律、法规、规章是否准确,裁量基准运用是否适当;

(五)执法是否超越执法部门的法定权限;

(六)行政执法文书是否完备、规范;

(七)违法行为是否涉嫌犯罪、需要移送司法机关。”

二十、第七十二条改为第七十三条,第三项修改为:“违法事实不能成立的,不予行政处罚”;第四项修改为:“违法行为涉嫌犯罪的,移送司法机关。”

二十一、增加一条,作为第七十四条:“有下列情形之一的,依法不予行政处罚:

(一)违法行为轻微并及时改正,没有造成危害后果的,不予行政处罚;

(二)除法律、行政法规另有规定的情形外,当事人有证据足以证明没有主观过错的,不予行政处罚;

(三)精神病人、智力残疾人在不能辨认或者不能控制自己行为时有违法行为的,不予行政处罚,但应当责令其监护人严加看管和治疗;

(四)不满十四周岁的未成年人有违法行为的,不予行政处罚,但应责令监护人加以管教；

（五）其他依法不予行政处罚的情形。

初次违法且危害后果轻微并及时改正的，可以不予行政处罚。

违法行为在二年内未被处罚的，不再给予行政处罚；涉及公民生命健康安全、金融安全且有危害后果的，上述期限延长至五年。法律另有规定的除外。

对当事人的违法行为依法不予行政处罚的，执法部门应当对当事人进行教育。”

二十二、增加一条，作为第七十五条：“作出行政处罚决定应当适用违法行为发生时的法律、法规、规章的规定。但是，作出行政处罚决定时，法律、法规、规章已被修改或者废止，且新的规定处罚较轻或者不认为是违法的，适用新的规定。”

二十三、将第七十三条改为第七十六条，第一项修改为：“拟作出降低资质等级、吊销许可证件、责令停产停业、责令关闭、限制从业、较大数额罚款、没收较大数额违法所得、没收较大价值非法财物的；”

二十四、增加一条，作为第七十八条：“执法部门应当自行政处罚案件立案之日起九十日内作出行政处罚决定。案情复杂、期限届满不能终结的案件，可以经执法部门负责人批准延长三十日。”

二十五、将第七十五条改为第七十九条，修改为：“执法部门应当依法公开行政处罚决定信息，但法律、行政法规另有规定的除外。

公开的行政处罚决定被依法变更、撤销、确认违法或者确认无效的，执法部门应当在三日内撤回行政处罚决定信息并公开说明理由。”

二十六、将第七十六条改为第八十条，修改为：“执法部门在作出下列行政处罚决定前，应当在送达《违法行为通知书》时告知当事人有要求举行听证的权利：

（一）责令停产停业、责令关闭、限制从业；

（二）降低资质等级、吊销许可证件；

（三）较大数额罚款；

（四）没收较大数额违法所得、没收较大价值非法财物；

（五）其他较重的行政处罚；

（六）法律、法规、规章规定的其他情形。

前款第（三）、（四）项规定的较大数额，地方执法部门按照省级人大常委会或者人民政府规定或者其授权部门规定的标准执行。海事执法部门按照对自然人处1万元以上、对法人或者其他组织10万元以上的标准执行。”

二十七、将第七十八条改为第八十二条，修改为：“当事人要求听证的，应当自收到《违法行为通知书》之日起五日内以书面或者口头形式提出。当事人以口头形式提出的，执法部门应当将情况记入笔录，并由当事人在笔录上签名或者盖章。”

二十八、将七十九条改为第八十三条，修改为：“执法部门应当在举行听证的七日前向当事人及有关人员送达《听证通知书》，将听证的时间、地点通知当事人和其他听证参加人。”

二十九、将八十一条改为第八十五条，第四项修改为：“就案件的事实、理由、证据、程序、处罚依据和行政处罚建议等相关内容组织质证和辩论；”

三十、将第八十七条改为第九十一条，第一款修改为：“听证应当公开举行，涉及国家秘密、商业秘密或者个人隐私依法予以保密的除外。”

三十一、将第九十三条改为第九十七条，第一款修改为：“记录员应当将举行听证的全部活动记入《听证笔录》，经听证参加人审核无误或者补正后，由听证参加人当场签名或者盖章。当事人或其代理人、证人拒绝签名或盖章的，由听证主持人在《听证笔录》中注明情况。”

三十二、将九十四条改为第九十八条，修改为：“听证结束后，执法部门应当根据听证笔录，依照本规定第七十三条的规定，作出决定。”

三十三、将第九十五条改为第九十九条，修改为：“执法部门对当事人作出罚款处罚的，当事人应当自收到处罚决定书之日起十五日内，到指定的银行缴纳罚款；具备条件的，也可以通过电子支付系统缴纳罚款。具有下列情形之一的，执法人员可以当场收缴罚款：

（一）依法当场作出行政处罚决定，处一百元以下的罚款或者不当场收缴事后难以执行的；

（二）在边远、水上、交通不便地区，当事人到指定的银行或者通过电子支付系统缴纳罚款确有困难，经当事人提出的。

当场收缴罚款的，应当向当事人出具国务院财政部门或者省、自治区、直辖市人民政府财政部门统一制发的专用票据。”

三十四、将第一百一十四条改为第一百一十八条，增加一款作为第二款：“执法部门批准延期、分期缴纳罚款的，申请人民法院强制执行的期限，自暂缓或者分期缴纳罚款期限结束之日起计算。”

条文序号和个别文字作相应调整。

本决定自 2021 年 7 月 15 日起施行。

《交通运输行政执法程序规定》及其附件《交通运输行政执法文书式样》根据本决定作相应修改，重新公布。

交通运输行政执法程序规定

（2019年4月12日交通运输部令2019年第9号发布　根据2021年6月30日《交通运输部关于修改〈交通运输行政执法程序规定〉的决定》修订）

第一章　总　　则

第一条　为规范交通运输行政执法行为，促进严格规范公正文明执法，保护公民、法人和其他组织的合法权益，根据《中华人民共和国行政处罚法》《中华人民共和国行政强制法》等法律、行政法规，制定本规定。

第二条　交通运输行政执法部门（以下简称执法部门）及其执法人员实施交通运输行政执法行为，适用本规定。

前款所称交通运输行政执法，包括公路、水路执法部门及其执法人员依法实施的行政检查、行政强制、行政处罚等执法行为。

第三条　执法部门应当全面推行行政执法公示制度、执法全过程记录制度、重大执法决定法制审核制度，加强执法信息化建设，推进执法信息共享，提高执法效率和规范化水平。

第四条　实施交通运输行政执法应当遵循以下原则：

（一）事实认定清楚，证据确凿；

（二）适用法律、法规、规章正确；

（三）严格执行法定程序；

（四）正确行使自由裁量权；

（五）依法公平公正履行职责；

（六）依法维护当事人合法权益；

（七）处罚与教育相结合。

第五条　执法部门应当建立健全执法监督制度。上级交通运输执法部门应当定期组织开展行政执法评议、考核，加强对行政执法的监督检查，规范行政执法。

执法部门应当主动接受社会监督。公民、法人或者其他组织对执法部门实施行政执法的行为，有权申诉或者检举；执法部门应当认真审查，发现有错误的，应当主动改正。

第二章　一般规定

第一节　管　　辖

第六条　行政处罚由违法行为发生地的执法部门管辖。行政检查由执法部门在法定职权范围内实施。法律、行政法规、部门规章另有规定的，从其规定。

第七条　对当事人的同一违法行为，两个以上执法部门都有管辖权的，由最先立案的执法部门管辖。

第八条　两个以上执法部门因管辖权发生争议的，应当协商解决，协商不成的，报请共同的上一级部门指定管辖；也可以直接由共同的上一级部门指定管辖。

第九条　执法部门发现所查处的案件不属于本部门管辖的，应当移送有管辖权的其他部门。执法部门发现违法行为涉嫌犯罪的，应当及时依照《行政执法机关移送涉嫌犯罪案件的规定》将案件移送司法机关。

第十条　下级执法部门认为其管辖的案件属重大、疑难案件，或者由于特殊原因难以办理的，可以报请上一级部门指定管辖。

第十一条　跨行政区域的案件，相关执法部门应当相互配合。相关行政区域执法部门共同的上一级部门应当做好协调工作。

第二节　回　　避

第十二条　执法人员有下列情形之一的，应当自行申请回避，当事人及其代理人有权用口头或者书面方式申请其回避：

（一）是本案当事人或者当事人、代理人近亲属的；

（二）本人或者其近亲属与本案有利害关系的；

（三）与本案当事人或者代理人有其他利害关系，可能影响案件公正处理的。

第十三条　申请回避，应当说明理由。执法部门应当对回避申请及时作出决定并通知申请人。

执法人员的回避，由其所属的执法部门负责人决定。

第十四条　执法部门作出回避决定前，执法人员不得停止对案件的调查；作出回避决定后，应当回避的执法人员不得再参与该案件的调查、决定、实施等工作。

第十五条 检测、检验及技术鉴定人员、翻译人员需要回避的，适用本节规定。

检测、检验及技术鉴定人员、翻译人员的回避，由指派或者聘请上述人员的执法部门负责人决定。

第十六条 被决定回避的执法人员、鉴定人员和翻译人员，在回避决定作出前进行的与执法有关的活动是否有效，由作出回避决定的执法部门根据其活动是否对执法公正性造成影响的实际情况决定。

第三节 期间与送达

第十七条 期间以时、日、月、年计算，期间开始当日或者当时不计算在内。期间届满的最后一日为节假日的，以节假日后的第一日为期间届满的日期。

第十八条 执法部门应当按照下列规定送达执法文书：

（一）直接送交受送达人，由受送达人记明收到日期，签名或者盖章，受送达人的签收日期为送达日期。受送达人是公民的，本人不在交其同住的成年家属签收；受送达人是法人或者其他组织的，应当由法人的法定代表人、该组织的主要负责人或者办公室、收发室、值班室等负责收件的人签收或者盖章；当事人指定代收人的，交代收人签收。受送达人的同住成年家属，法人或者其他组织的负责收件的人或者代收人在《送达回证》上签收的日期为送达日期；

（二）受送达人或者他的同住成年家属拒绝接收的，可以邀请受送达人住所地的居民委员会、村民委员会的工作人员或者受送达人所在单位的工作人员作见证人，说明情况，在《送达回证》上记明拒收事由和日期，由执法人员、见证人签名或者盖章，将执法文书留在受送达人的住所；也可以把执法文书留在受送达人的住所，并采取拍照、录像等方式记录送达过程，即视为送达；

（三）经受送达人同意，可以采用传真、电子邮件、移动通信等能够确认其即时收悉的特定系统作为送达媒介电子送达执法文书。受送达人同意采用电子方式送达的，应当在送达地址确认书中予以确认。采取电子送达方式送达的，以执法部门对应系统显示发送成功的日期为送达日期，但受送达人证明到达其确认的特定系统的日期与执法部门对应系统显示发送成功的日期不一致的，以受送达人证明到达其特定系统的日期为准；

（四）直接送达有困难的，可以邮寄送达或者委托其他执法部门代为送达。委托送达的，受委托的执法部门按照直接送达或者留置送达方式送达执法文书，并及时将《送达回证》交回委托的执法部门。邮寄送达的，以回执上注明的收件日期为送达日期。执法文书在期满前交邮的，不算过期；

（五）受送达人下落不明或者用上述方式无法送达的，采取公告方式送达，说明公告送达的原因，并在案卷中记明原因和经过。公告送达可以在执法部门的公告栏和受送达人住所地张贴公告，也可以在报纸、信息网络等媒体上刊登公告，发出公告日期以最后张贴或者刊登的日期为准，经过六十日，即视为送达。在受送达人住所地张贴公告的，应当采取拍照、录像等方式记录张贴过程。

第三章　行政检查

第十九条　执法部门在路面、水面、生产经营等场所实施现场检查，对行政相对人实施书面调查，通过技术系统、设备实施电子监控，应当符合法定职权，依照法律、法规、规章规定实施。

第二十条　执法部门应当建立随机抽取被检查对象、随机选派检查人员的抽查机制，健全随机抽查对象和执法检查人员名录库，合理确定抽查比例和抽查频次。随机抽查情况及查处结果除涉及国家秘密、商业秘密、个人隐私的，应当及时向社会公布。

海事执法部门根据履行国际公约要求的有关规定开展行政检查的，从其规定。

第二十一条　执法部门应当按照有关装备标准配备交通工具、通讯工具、交通管理器材、个人防护装备、办公设备等装备，加大科技装备的资金投入。

第二十二条　实施行政检查时，执法人员应当依据相关规定着制式服装，根据需要穿着多功能反光腰带、反光背心、救生衣，携带执法记录仪、对讲机、摄像机、照相机，配备发光指挥棒、反光锥筒、停车示意牌、警戒带等执法装备。

第二十三条　实施行政检查，执法人员不得少于两人，应当出示交通运输行政执法证件，表明执法身份，并说明检查事由。

第二十四条　实施行政检查，不得超越检查范围和权限，不得检查与执法活动无关的物品，避免对被检查的场所、设施和物品造成损坏。

第二十五条　实施路（水）面巡查时，应当保持执法车（船）清洁完好、标志清晰醒目、车（船）技术状况良好，遵守相关法律法规，安全驾驶。

第二十六条　实施路面巡查，应当遵守下列规定：

（一）根据道路条件和交通状况，选择不妨碍通行的地点进行，在来车方向设置分流或者避让标志，避免引发交通堵塞；

（二）依照有关规定，在距离检查现场安全距离范围摆放发光或者反光的示警灯、减速提示标牌、反光锥筒等警示标志；

（三）驾驶执法车辆巡查时，发现涉嫌违法车辆，待其行驶至视线良好、路面开阔地段时，发出停车检查信号，实施检查；

（四）对拒绝接受检查、恶意闯关冲卡逃逸、暴力抗法的涉嫌违法车辆，及时固定、保存、记录现场证据或线索，或者记下车号依法交由相关部门予以处理。

第二十七条 实施水面巡航，应当遵守下列规定：

（一）一般在船舶停泊或者作业期间实施行政检查；

（二）除在航船舶涉嫌有明显违法行为且如果不对其立即制止可能造成严重后果的情况外，不得随意截停在航船舶登临检查；

（三）不得危及船舶、人员和货物的安全，避免对环境造成污染。除法律法规规定情形外，不得操纵或者调试船上仪器设备。

第二十八条 检查生产经营场所，应当遵守下列规定：

（一）有被检查人或者见证人在场；

（二）对涉及被检查人的商业秘密、个人隐私，应当为其保密；

（三）不得影响被检查人的正常生产经营活动；

（四）遵守被检查人有关安全生产的制度规定。

第二十九条 实施行政检查，应当制作检查记录，如实记录检查情况。对于行政检查过程中涉及到的证据材料，应当依法及时采集和保存。

第四章 调查取证

第一节 一般规定

第三十条 执法部门办理执法案件的证据包括：

（一）书证；

（二）物证；

（三）视听资料；

（四）电子数据；

（五）证人证言；

（六）当事人的陈述；

（七）鉴定意见；

（八）勘验笔录、现场笔录。

第三十一条 证据应当具有合法性、真实性、关联性。

第三十二条 证据必须查证属实，方可作为认定案件事实的根据。

第二节 证据收集

第三十三条 执法人员应当合法、及时、客观、全面地收集证据材料，依法履行保密义务，不得收集与案件无关的材料，不得将证据用于法定职责以外的其他用途。

第三十四条 执法部门可以通过下列方式收集证据：

（一）询问当事人、利害关系人、其他有关单位或者个人，听取当事人或者有关人员的陈述、申辩；

（二）向有关单位和个人调取证据；

（三）通过技术系统、设备收集、固定证据；

（四）委托有资质的机构对与违法行为有关的问题进行鉴定；

（五）对案件相关的现场或者涉及的物品进行勘验、检查；

（六）依法收集证据的其他方式。

第三十五条 收集、调取书证应当遵守下列规定：

（一）收集书证原件。收集原件确有困难的，可以收集与原件核对无误的复制件、影印件或者节录本；

（二）收集书证复制件、影印件或者节录本的，标明"经核对与原件一致"，注明出具日期、证据来源，并由被调查对象或者证据提供人签名或者盖章；

（三）收集图纸、专业技术资料等书证的，应当附说明材料，明确证明对象；

（四）收集评估报告的，应当附有评估机构和评估人员的有效证件或者资质证明的复印件；

（五）取得书证原件的节录本的，应当保持文件内容的完整性，注明出处和节录地点、日期，并有节录人的签名；

（六）公安、税务、市场监督管理等有关部门出具的证明材料作为证据的，证明材料上应当加盖出具部门的印章并注明日期；

（七）被调查对象或者证据提供者拒绝在证据复制件、各式笔录及其他需要其确认的证据材料上签名或者盖章的，可以邀请有关基层组织、被调查对象所在单位、公证机构、法律服务机构或者公安机关代表到场见证，说明情况，在相关证据材料上记明拒绝确认事由和日期，由执法人员、见证人签名或者盖章。

第三十六条 收集、调取物证应当遵守下列规定：

（一）收集原物。收集原物确有困难的，可以收集与原物核对无误的复制件或者证明该物证的照片、录像等其他证据；

（二）原物为数量较多的种类物的，收集其中的一部分，也可以采用拍照、取样、摘要汇编等方式收集。拍照取证的，应当对物证的现场方位、全貌以及重点部位特征等进行拍照或者录像；抽样取证的，应当通知当事人到场，当事人拒不到场或者暂时难以确定当事人的，可以由在场的无利害关系人见证；

（三）收集物证，应当载明获取该物证的时间、原物存放地点、发现地点、发现过程以及该物证的主要特征，并对现场尽可能以照片、视频等方式予以同步记录；

（四）物证不能入卷的，应当采取妥善保管措施，并拍摄该物证的照片或者录像存入案卷。

第三十七条 收集视听资料应当遵守下列规定：

（一）收集有关资料的原始载体，并由证据提供人在原始载体或者说明文件上签名或者盖章确认；

（二）收集原始载体确有困难的，可以收集复制件。收集复制件的，应当由证据提供人出具由其签名或者盖章的说明文件，注明复制件与原始载体内容一致；

（三）原件、复制件均应当注明制作方法、制作时间、制作地点、制作人和证明对象等；

（四）复制视听资料的形式包括采用存储磁盘、存储光盘进行复制保存、对屏幕显示内容进行打印固定、对所载内容进行书面摘录与描述等。条件允许时，应当优先以书面形式对视听资料内容进行固定，由证据提供人注明“经核对与原件一致”，并签名或者盖章确认；

（五）视听资料的存储介质无法入卷的，可以转录入存储光盘存入案卷，并标明光盘序号、证据原始制作方法、制作时间、制作地点、制作人，及转录的制作人、制作时间、制作地点等。证据存储介质需要退还证据提供人的，应当要求证据提供人对转录的复制件进行确认。

第三十八条 收集电子数据应当遵守下列规定：

（一）收集电子数据的原始存储介质。收集电子数据原始存储介质确有困难的，可以收集电子数据复制件，但应当附有不能或者难以提取原始存储介质的原因、复制过程以及原始存储介质存放地点或者电子数据网络地址的说明，并由复制件制作人和原始存储介质持有人签名或者盖章，或者以公证等其他有效形式证明电子数据与原始存储介质的一致性和完整性；

（二）收集电子数据应当记载取证的参与人员、技术方法、步骤和过程，记录收集对象的事项名称、内容、规格、类别以及时间、地点等，或者将收集电子数据的过程拍照或者录像；

（三）收集的电子数据应当使用光盘或者其他数字存储介质备份；

（四）收集通过技术手段恢复或者破解的与案件有关的光盘或者其他数字存储介质，电子设备中被删除、隐藏或者加密的电子数据，应当附有恢复或者破解对象、过程、方法和结果的专业说明；

（五）依照法律、行政法规规定利用电子技术监控设备收集、固定违法事实的，应当经过法制和技术审核，确保电子技术监控设备符合标准、设置合理、标志明显，设置地点应当向社会公布。电子技术监控设备记录违法事实应当真实、清晰、完整、准确。执法部门应当审核记录内容是否符合要求；未经审核或者经审核不符合要求的，不得作为行政处罚的证据。执法部门应当及时告知当事人违法事实，并采取信息化手段或者其他措施，为当事人查询、陈述和申辩提供便利。不得限制或者变相限制当事人享有的陈述权、申辩权。

第三十九条 收集当事人陈述、证人证言应当遵守下列规定：

（一）询问当事人、证人，制作《询问笔录》或者由当事人、证人自行书写材料证明案件事实；

（二）询问应当个别进行，询问时可以全程录音、录像，并保持录音、录像资料的完整性；

（三）《询问笔录》应当客观、如实地记录询问过程和询问内容，对询问人提出的问题被询问人不回答或者拒绝回答的，应当注明；

（四）《询问笔录》应当交被询问人核对，对阅读有困难的，应当向其宣读。记录有误或者遗漏的，应当允许被询问人更正或者补充，并要求其在修改处签名或者盖章；

（五）被询问人确认执法人员制作的笔录无误的，应当在《询问笔录》上逐页签名或者盖章。被询问人确认自行书写的笔录无误的，应当在结尾处签名或者盖章。拒绝签名或者盖章的，执法人员应当在《询问笔录》中注明。

第四十条 对与案件事实有关的物品或者场所实施勘验的，应当遵守下列规定：

（一）制作《勘验笔录》；

（二）实施勘验，应当有当事人或者第三人在场。如当事人不在场且没有第三人的，执法人员应当在《勘验笔录》中注明；

（三）勘验应当限于与案件事实相关的物品和场所；

（四）根据实际情况进行音像记录。

第四十一条 执法人员抽样取证时，应当制作《抽样取证凭证》，对样品加贴封条，开具物品清单，由执法人员和当事人在封条和相关记录上签名或者盖章。

法律、法规、规章或者国家有关规定对抽样机构或者方式有规定的，执法部门应当委托相关机构或者按规定方式抽取样品。

第四十二条 为查明案情,需要对案件中专门事项进行鉴定的,执法部门应当委托具有法定鉴定资格的鉴定机构进行鉴定。没有法定鉴定机构的,可以委托其他具备鉴定条件的机构进行鉴定。

第三节 证据先行登记保存

第四十三条 在证据可能灭失或者以后难以取得的情况下,经执法部门负责人批准,可以对与涉嫌违法行为有关的证据采取先行登记保存措施。

第四十四条 先行登记保存有关证据,应当当场清点,制作《证据登记保存清单》,由当事人和执法人员签名或者盖章,当场交当事人一份。

先行登记保存期间,当事人或者有关人员不得销毁或者转移证据。

第四十五条 对先行登记保存的证据,执法部门应当于先行登记保存之日起七日内采取以下措施:

(一)及时采取记录、复制、拍照、录像等证据保全措施,不再需要采取登记保存措施的,及时解除登记保存措施,并作出《解除证据登记保存决定书》;

(二)需要鉴定的,及时送交有关部门鉴定;

(三)违法事实成立,应当依法予以没收的,作出行政处罚决定,没收违法物品;

执法部门逾期未作出处理决定的,先行登记保存措施自动解除。

第四节 证据审查与认定

第四十六条 执法部门应当对收集到的证据逐一审查,进行全面、客观和公正地分析判断,审查证据的合法性、真实性、关联性,判断证据有无证明力以及证明力的大小。

第四十七条 审查证据的合法性,应当审查下列事项:

(一)调查取证的执法人员是否具有相应的执法资格;

(二)证据的取得方式是否符合法律、法规和规章的规定;

(三)证据是否符合法定形式;

(四)是否有影响证据效力的其他违法情形。

第四十八条 审查证据的真实性,应当审查下列事项:

(一)证据形成的原因;

(二)发现证据时的客观环境;

(三)证据是否为原件、原物,复制件、复制品与原件、原物是否相符;

(四)提供证据的人或者证人与当事人是否具有利害关系;

（五）影响证据真实性的其他因素。

单个证据的部分内容不真实的，不真实部分不得采信。

第四十九条 审查证据的关联性，应当审查下列事项：

（一）证据的证明对象是否与案件事实有内在联系，以及关联程度；

（二）证据证明的事实对案件主要情节和案件性质的影响程度；

（三）证据之间是否互相印证，形成证据链。

第五十条 当事人对违法事实无异议，视听资料、电子数据足以认定案件事实的，视听资料、电子数据可以替代询问笔录、现场笔录，必要时，对视听资料、电子数据的关键内容和相应时间段等作文字说明。

第五十一条 下列证据材料不能作为定案依据：

（一）以非法手段取得的证据；

（二）被进行技术处理而无法辨明真伪的证据材料；

（三）不能正确表达意志的证人提供的证言；

（四）不具备合法性和真实性的其他证据材料。

第五章 行政强制措施

第五十二条 为制止违法行为、防止证据损毁、避免危害发生、控制危险扩大等情形，执法部门履行行政执法职能，可以依照法律、法规的规定，实施行政强制措施。

违法行为情节显著轻微或者没有明显社会危害的，可以不采取行政强制措施。

第五十三条 行政强制措施由执法部门在法定职权范围内实施。行政强制措施权不得委托。

第五十四条 执法部门实施行政强制措施应当遵守下列规定：

（一）实施前向执法部门负责人报告并经批准；

（二）由不少于两名执法人员实施，并出示行政执法证件；

（三）通知当事人到场；

（四）当场告知当事人采取行政强制措施的理由、依据以及当事人依法享有的权利、救济途径；

（五）听取当事人的陈述和申辩；

（六）制作《现场笔录》，由当事人和执法人员签名或者盖章，当事人拒绝的，在笔录中予以注明；当事人不到场的，邀请见证人到场，由见证人和执法人员在现场笔录上签名或者盖章；

（七）制作并当场交付《行政强制措施决定书》；

（八）法律、法规规定的其他程序。

对查封、扣押的现场执法活动和执法办案场所，应当进行全程音像记录。

第五十五条 发生紧急情况，需要当场实施行政强制措施的，执法人员应当在二十四小时内向执法部门负责人报告，补办批准手续。执法部门负责人认为不应当采取行政强制措施的，应当立即解除。

第五十六条 实施查封、扣押的期限不得超过三十日；情况复杂需延长查封、扣押期限的，应当经执法部门负责人批准，可以延长，但是延长期限不得超过三十日。法律、行政法规另有规定的除外。

需要延长查封、扣押期限的，执法人员应当制作《延长行政强制措施期限通知书》，将延长查封、扣押的决定及时书面通知当事人，并说明理由。

对物品需要进行检测、检验或者技术鉴定的，应当明确检测、检验或者技术鉴定的期间，并书面告知当事人。查封、扣押的期间不包括检测、检验或者技术鉴定的期间。检测、检验或者技术鉴定的费用由执法部门承担。

第五十七条 执法部门采取查封、扣押措施后，应当及时查清事实，在本规定第五十六条规定的期限内作出处理决定。对违法事实清楚，依法应当没收的非法财物予以没收；法律、行政法规规定应当销毁的，依法销毁；应当解除查封、扣押的，作出解除的决定。

第五十八条 对查封、扣押的财物，执法部门应当妥善保管，不得使用或者损毁；造成损失的，应当承担赔偿责任。

第五十九条 有下列情形之一的，应当及时作出解除查封、扣押决定，制作《解除行政强制措施决定书》，并及时送达当事人，退还扣押财物：

（一）当事人没有违法行为；

（二）查封、扣押的场所、设施、财物与违法行为无关；

（三）对违法行为已经作出处理决定，不再需要查封、扣押；

（四）查封、扣押期限已经届满；

（五）其他不再需要采取查封、扣押措施的情形。

第六章 行政处罚

第一节 简易程序

第六十条 违法事实确凿并有法定依据，对公民处二百元以下、对法人或者其他组织处三千元以下罚款或者警告的行政处罚的，可以适用简易程序，当场作出行政处罚决定。法律另有规定的,从其规定。

第六十一条 执法人员适用简易程序当场作出行政处罚的,应当按照下列步骤实施:

(一)向当事人出示交通运输行政执法证件并查明对方身份;

(二)调查并收集必要的证据;

(三)口头告知当事人违法事实、处罚理由和依据;

(四)口头告知当事人享有的权利与义务;

(五)听取当事人的陈述和申辩并进行复核;当事人提出的事实、理由或者证据成立的,应当采纳;

(六)填写预定格式、编有号码的《当场行政处罚决定书》并当场交付当事人,《当场行政处罚决定书》应当载明当事人的违法行为,行政处罚的种类和依据、罚款数额、时间、地点,申请行政复议、提起行政诉讼的途径和期限以及执法部门名称,并由执法人员签名或者盖章;

(七)当事人在《当场行政处罚决定书》上签名或盖章,当事人拒绝签收的,应当在行政处罚决定书上注明;

(八)作出当场处罚决定之日起五日内,将《当场行政处罚决定书》副本提交所属执法部门备案。

第二节 普 通 程 序

第六十二条 除依法可以当场作出的行政处罚外,执法部门实施行政检查或者通过举报、其他机关移送、上级机关交办等途径,发现公民、法人或者其他组织有依法应当给予行政处罚的交通运输违法行为的,应当及时决定是否立案。

第六十三条 立案应当填写《立案登记表》,同时附上与案件相关的材料,由执法部门负责人批准。

第六十四条 执法部门应当按照本规定第四章的规定全面、客观、公正地调查,收集相关证据。

第六十五条 委托其他单位协助调查、取证的,应当制作并出具协助调查函。

第六十六条 执法部门作出行政处罚决定的,应当责令当事人改正或者限期改正违法行为;构成违法行为、但依法不予行政处罚的,执法部门应当制作《责令改正违法行为通知书》,责令当事人改正或者限期改正违法行为。

第六十七条 执法人员在初步调查结束后,认为案件事实清楚,主要证据齐全的,应当制作案件调查报告,提出处理意见,报办案机构审核。

第六十八条　案件调查报告经办案机构负责人审查后，执法人员应当将案件调查报告、案卷报执法部门负责人审查批准。

第六十九条　执法部门负责人批准案件调查报告后，拟对当事人予以行政处罚的，执法人员应当制作《违法行为通知书》，告知当事人拟作出行政处罚的事实、理由、依据、处罚内容，并告知当事人依法享有陈述权、申辩权或者要求举行听证的权利。

第七十条　当事人要求陈述、申辩的，应当如实记录当事人的陈述、申辩意见。符合听证条件，当事人要求组织听证的，应当按照本章第三节的规定组织听证。

执法部门应当充分听取当事人的意见，对当事人提出的事实、理由、证据认真进行复核；当事人提出的事实、理由或者证据成立的，应当予以采纳。不得因当事人陈述、申辩而加重处罚。

第七十一条　有下列情形之一，在执法部门负责人作出行政处罚的决定之前，应当由从事行政处罚决定法制审核的人员进行法制审核：

（一）涉及重大公共利益的；

（二）直接关系当事人或者第三人重大权益，经过听证程序的；

（三）案件情况疑难复杂、涉及多个法律关系的；

（四）法律、法规规定应当进行法制审核的其他情形。

初次从事行政处罚决定法制审核的人员，应当通过国家统一法律职业资格考试取得法律职业资格。

第七十二条　从事行政处罚决定法制审核的人员主要从下列方面进行合法性审核，并提出书面审核意见：

（一）行政执法主体是否合法，行政执法人员是否具备执法资格；

（二）行政执法程序是否合法；

（三）案件事实是否清楚，证据是否合法充分；

（四）适用法律、法规、规章是否准确，裁量基准运用是否适当；

（五）执法是否超越执法部门的法定权限；

（六）行政执法文书是否完备、规范；

（七）违法行为是否涉嫌犯罪、需要移送司法机关。

第七十三条　执法部门负责人经审查，根据不同情况分别作出如下决定：

（一）确有应受行政处罚的违法行为的，根据情节轻重及具体情况，作出行政处罚决定；

（二）违法行为轻微，依法可以不予行政处罚的，不予行政处罚；

（三）违法事实不能成立的，不予行政处罚；

（四）违法行为涉嫌犯罪的，移送司法机关。

第七十四条 有下列情形之一的，依法不予行政处罚：

（一）违法行为轻微并及时改正，没有造成危害后果的，不予行政处罚；

（二）除法律、行政法规另有规定的情形外，当事人有证据足以证明没有主观过错的，不予行政处罚；

（三）精神病人、智力残疾人在不能辨认或者不能控制自己行为时有违法行为的，不予行政处罚，但应当责令其监护人严加看管和治疗；

（四）不满十四周岁的未成年人有违法行为的，不予行政处罚，但应责令监护人加以管教；

（五）其他依法不予行政处罚的情形。

初次违法且危害后果轻微并及时改正的，可以不予行政处罚。

违法行为在二年内未被处罚的，不再给予行政处罚；涉及公民生命健康安全、金融安全且有危害后果的，上述期限延长至五年。法律另有规定的除外。

对当事人的违法行为依法不予行政处罚的，执法部门应当对当事人进行教育。

第七十五条 作出行政处罚决定应当适用违法行为发生时的法律、法规、规章的规定。但是，作出行政处罚决定时，法律、法规、规章已被修改或者废止，且新的规定处罚较轻或者不认为是违法的，适用新的规定。

第七十六条 行政处罚案件有下列情形之一的，应当提交执法部门重大案件集体讨论会议决定：

（一）拟作出降低资质等级、吊销许可证件、责令停产停业、责令关闭、限制从业、较大数额罚款、没收较大数额违法所得、没收较大价值非法财物的；

（二）认定事实和证据争议较大的，适用的法律、法规和规章有较大异议的，违法行为较恶劣或者危害较大的，或者复杂、疑难案件的执法管辖区域不明确或有争议的；

（三）对情节复杂或者重大违法行为给予较重的行政处罚的其他情形。

第七十七条 执法部门作出行政处罚决定，应当制作《行政处罚决定书》。行政处罚决定书的内容包括：

（一）当事人的姓名或者名称、地址等基本情况；

（二）违反法律、法规或者规章的事实和证据；

（三）行政处罚的种类和依据；

（四）行政处罚的履行方式和期限；

（五）不服行政处罚决定，申请行政复议或者提起行政诉讼的途径和期限；

（六）作出行政处罚决定的执法部门名称和作出决定的日期。

行政处罚决定书应当盖有作出行政处罚决定的执法部门的印章。

第七十八条 执法部门应当自行政处罚案件立案之日起九十日内作出行政处罚决定。案情复杂、期限届满不能终结的案件,可以经执法部门负责人批准延长三十日。

第七十九条 执法部门应当依法公开行政处罚决定信息,但法律、行政法规另有规定的除外。

公开的行政处罚决定被依法变更、撤销、确认违法或者确认无效的,执法部门应当在三日内撤回行政处罚决定信息并公开说明理由。

第三节 听证程序

第八十条 执法部门在作出下列行政处罚决定前,应当在送达《违法行为通知书》时告知当事人有要求举行听证的权利:

(一)责令停产停业、责令关闭、限制从业;

(二)降低资质等级、吊销许可证件;

(三)较大数额罚款;

(四)没收较大数额违法所得、没收较大价值非法财物;

(五)其他较重的行政处罚;

(六)法律、法规、规章规定的其他情形。

前款第(三)、(四)项规定的较大数额,地方执法部门按照省级人大常委会或者人民政府规定或者其授权部门规定的标准执行。海事执法部门按照对自然人处1万元以上、对法人或者其他组织10万元以上的标准执行。

第八十一条 执法部门不得因当事人要求听证而加重处罚。

第八十二条 当事人要求听证的,应当自收到《违法行为通知书》之日起五日内以书面或者口头形式提出。当事人以口头形式提出的,执法部门应当将情况记入笔录,并由当事人在笔录上签名或者盖章。

第八十三条 执法部门应当在举行听证的七日前向当事人及有关人员送达《听证通知书》,将听证的时间、地点通知当事人和其他听证参加人。

第八十四条 听证设听证主持人一名,负责组织听证;记录员一名,具体承担听证准备和制作听证笔录工作。

听证主持人由执法部门负责人指定;记录员由听证主持人指定。

本案调查人员不得担任听证主持人或者记录员。

第八十五条 听证主持人在听证活动中履行下列职责:

(一)决定举行听证的时间、地点;

(二)决定听证是否公开举行;

（三）要求听证参加人到场参加听证、提供或者补充证据；

（四）就案件的事实、理由、证据、程序、处罚依据和行政处罚建议等相关内容组织质证和辩论；

（五）决定听证的延期、中止或者终止，宣布结束听证；

（六）维持听证秩序。对违反听证会场纪律的，应当警告制止；对不听制止，干扰听证正常进行的旁听人员，责令其退场；

（七）其他有关职责。

第八十六条 听证参加人包括：

（一）当事人及其代理人；

（二）本案执法人员；

（三）证人、检测、检验及技术鉴定人；

（四）翻译人员；

（五）其他有关人员。

第八十七条 要求举行听证的公民、法人或者其他组织是听证当事人。当事人在听证活动中享有下列权利：

（一）申请回避；

（二）参加听证，或者委托一至二人代理参加听证；

（三）进行陈述、申辩和质证；

（四）核对、补正听证笔录；

（五）依法享有的其他权利。

第八十八条 与听证案件处理结果有利害关系的其他公民、法人或者其他组织，作为第三人申请参加听证的，应当允许。为查明案情，必要时，听证主持人也可以通知其参加听证。

第八十九条 委托他人代为参加听证的，应当向执法部门提交由委托人签名或者盖章的授权委托书以及委托代理人的身份证明文件。

授权委托书应当载明委托事项及权限。委托代理人代为放弃行使陈述权、申辩权和质证权的，必须有委托人的明确授权。

第九十条 听证主持人有权决定与听证案件有关的证人、检测、检验及技术鉴定人等听证参加人到场参加听证。

第九十一条 听证应当公开举行，涉及国家秘密、商业秘密或者个人隐私依法予以保密的除外。

公开举行听证的，应当公告当事人姓名或者名称、案由以及举行听证的时间、地点等。

第九十二条 听证按下列程序进行：

（一）宣布案由和听证纪律；

（二）核对当事人或其代理人、执法人员、证人及其他有关人员是否到场，并核实听证参加人的身份；

（三）宣布听证员、记录员和翻译人员名单，告知当事人有申请主持人回避、申辩和质证的权利；对不公开听证的，宣布不公开听证的理由；

（四）宣布听证开始；

（五）执法人员陈述当事人违法的事实、证据，拟作出行政处罚的建议和法律依据；执法人员提出证据时，应当向听证会出示。证人证言、检测、检验及技术鉴定意见和其他作为证据的文书，应当当场宣读；

（六）当事人或其代理人对案件的事实、证据、适用法律、行政处罚意见等进行陈述、申辩和质证，并可以提供新的证据；第三人可以陈述事实，提供证据；

（七）听证主持人可以就案件的有关问题向当事人或其代理人、执法人员、证人询问；

（八）经听证主持人允许，当事人、执法人员就案件的有关问题可以向到场的证人发问。当事人有权申请通知新的证人到会作证，调取新的证据。当事人提出申请的，听证主持人应当当场作出是否同意的决定；申请重新检测、检验及技术鉴定的，按照有关规定办理；

（九）当事人、第三人和执法人员可以围绕案件所涉及的事实、证据、程序、适用法律、处罚种类和幅度等问题进行辩论；

（十）辩论结束后，听证主持人应当听取当事人或其代理人、第三人和执法人员的最后陈述意见；

（十一）中止听证的，听证主持人应当宣布再次听证的有关事宜；

（十二）听证主持人宣布听证结束，听证笔录交当事人或其代理人核对。当事人或其代理人认为听证笔录有错误的，有权要求补充或改正。当事人或其代理人核对无误后签名或者盖章；当事人或其代理人拒绝的，在听证笔录上写明情况。

第九十三条　有下列情形之一的，听证主持人可以决定延期举行听证：

（一）当事人因不可抗拒的事由无法到场的；

（二）当事人临时申请回避的；

（三）其他应当延期的情形。

延期听证，应当在听证笔录中写明情况，由听证主持人签名。

第九十四条　听证过程中，有下列情形之一的，应当中止听证：

（一）需要通知新的证人到会、调取新的证据或者证据需要重新检测、检验及技术鉴定的；

（二）当事人提出新的事实、理由和证据，需要由本案调查人员调查核实的；

（三）当事人死亡或者终止，尚未确定权利、义务承受人的；

（四）当事人因不可抗拒的事由，不能继续参加听证的；

（五）因回避致使听证不能继续进行的；

（六）其他应当中止听证的情形。

中止听证，应当在听证笔录中写明情况，由听证主持人签名。

第九十五条 延期、中止听证的情形消失后，听证主持人应当及时恢复听证，并将听证的时间、地点通知听证参加人。

第九十六条 听证过程中，有下列情形之一的，应当终止听证：

（一）当事人撤回听证申请的；

（二）当事人或其代理人无正当理由不参加听证或者未经听证主持人允许，中途退出听证的；

（三）当事人死亡或者终止，没有权利、义务承受人的；

（四）听证过程中，当事人或其代理人扰乱听证秩序，不听劝阻，致使听证无法正常进行的；

（五）其他应当终止听证的情形。

听证终止，应当在听证笔录中写明情况，由听证主持人签名。

第九十七条 记录员应当将举行听证的全部活动记入《听证笔录》，经听证参加人审核无误或者补正后，由听证参加人当场签名或者盖章。当事人或其代理人、证人拒绝签名或盖章的，由听证主持人在《听证笔录》中注明情况。

《听证笔录》经听证主持人审阅后，由听证主持人和记录员签名。

第九十八条 听证结束后，执法部门应当根据听证笔录，依照本规定第七十三条的规定，作出决定。

第七章 执 行

第一节 罚款的执行

第九十九条 执法部门对当事人作出罚款处罚的，当事人应当自收到处罚决定书之日起十五日内，到指定的银行缴纳罚款；具备条件的，也可以通过电子支付系统缴纳罚款。具有下列情形之一的，执法人员可以当场收缴罚款：

（一）依法当场作出行政处罚决定，处一百元以下的罚款或者不当场收缴事后难以执行的；

（二）在边远、水上、交通不便地区，当事人到指定的银行或者通过电子支付系统缴纳罚款确有困难，经当事人提出的。

当场收缴罚款的，应当向当事人出具国务院财政部门或者省、自治区、直辖市人民政府财政部门统一制发的专用票据。

第一百条 执法人员当场收缴的罚款，应当自收缴罚款之日起二日内，交至其所属执法部门。在水上当场收缴的罚款，应当自抵岸之日起二日内交至其所属执法部门。执法部门应当在二日内将罚款缴付指定的银行。

第一百零一条 当事人确有经济困难，经当事人申请和作出处罚决定的执法部门批准，可以暂缓或者分期缴纳罚款。执法人员应当制作并向当事人送达《分期（延期）缴纳罚款通知书》。

第一百零二条 罚款必须全部上缴国库，不得以任何形式截留、私分或者变相私分。

第一百零三条 当事人未在规定期限内缴纳罚款的，作出行政处罚决定的执法部门可以依法加处罚款。加处罚款的标准应当告知当事人。

加处罚款的数额不得超出原罚款的数额。

第一百零四条 执法部门实施加处罚款超过三十日，经催告当事人仍不履行的，作出行政处罚决定的执法部门应当依法向所在地有管辖权的人民法院申请强制执行。但是，当事人在法定期限内不申请行政复议或者提起行政诉讼，经催告仍不履行行政处罚决定、加处罚款决定的，在实施行政执法过程中已经采取扣押措施的执法部门，可以将扣押的财物依法拍卖抵缴罚款。

第一百零五条 依法拍卖财物，由执法部门委托拍卖机构依照《中华人民共和国拍卖法》的规定办理。

拍卖所得的款项应当上缴国库或者划入财政专户。任何单位或者个人不得以任何形式截留、私分或者变相私分。

第二节　行政强制执行

第一百零六条 执法部门依法作出行政决定后，当事人在执法部门决定的期限内不履行义务的，执法部门可以依法强制执行。

第一百零七条 法律规定具有行政强制执行权的执法部门依法作出强制执行决定前，应当制作《催告书》，事先以书面形式催告当事人履行义务。

第一百零八条 当事人收到催告书后有权进行陈述和申辩。执法部门应当充分听取并记录、复核。当事人提出的事实、理由或者证据成立的，执法部门应当采纳。

第一百零九条 经催告，当事人逾期仍不履行行政决定，且无正当理由的，执法部门可以依法作出强制执行决定，制作《行政强制执行决定书》，并送达当事人。

第一百一十条 有下列情形之一的，执法部门应当中止执行，制作《中止行政强制执行通知书》：

（一）当事人履行行政决定确有困难或者暂无履行能力的；

（二）第三人对执行标的主张权利，确有理由的；

（三）执行可能造成难以弥补的损失，且中止执行不损害公共利益的；

（四）执法部门认为需要中止执行的其他情形。

中止执行的情形消失后，执法部门应当恢复执行，制作《恢复行政强制执行通知书》。对没有明显社会危害，当事人确无能力履行，中止执行满三年未恢复执行的，执法部门不再执行。

第一百一十一条 有下列情形之一的，执法部门应当终结执行，制作《终结行政强制执行通知书》，并送达当事人：

（一）公民死亡，无遗产可供执行，又无义务承受人的；

（二）法人或者其他组织终止，无财产可供执行，又无义务承受人的；

（三）执行标的灭失的；

（四）据以执行的行政决定被撤销的；

（五）执法部门认为需要终结执行的其他情形。

第一百一十二条 在执行中或者执行完毕后，据以执行的行政决定被撤销、变更，或者执行错误的，应当恢复原状或者退还财物；不能恢复原状或者退还财物的，依法给予赔偿。

第一百一十三条 实施行政强制执行过程中，执法部门可以在不损害公共利益和他人合法权益的情况下，与当事人达成执行协议。执行协议可以约定分阶段履行；当事人采取补救措施的，可以减免加处的罚款或者滞纳金。

执行协议应当履行。当事人不履行执行协议的，执法部门应当恢复强制执行。

第一百一十四条 对违法的建筑物、构筑物、设施等需要强制拆除的，应当由执法部门发布《执行公告》，限期当事人自行拆除。当事人在法定期限内不申请行政复议或者提起行政诉讼，又不拆除的，执法部门可以依法强制拆除。

第一百一十五条 执法部门依法作出要求当事人履行排除妨碍、恢复原状等义务的行政决定，当事人逾期不履行，经催告仍不履行，其后果已经或者即将危害交通安全、造成环境污染或者破坏自然资源的，执法部门可以代履行，或者委托没有利害关系的第三人代履行。

第一百一十六条 代履行应当遵守下列规定：

（一）代履行前送达《代履行决定书》；

（二）代履行三日前催告当事人履行；当事人履行的，停止代履行；

（三）委托无利害关系的第三人代履行时，作出决定的执法部门应当派员到场监督；

（四）代履行完毕，执法部门到场监督的工作人员、代履行人、当事人或者见证人应当在执行文书上签名或者盖章。

代履行的费用按照成本合理确定，由当事人承担。但是，法律另有规定的除外。

第一百一十七条 需要立即清理道路、航道等的遗洒物、障碍物、污染物，当事人不能清除的，执法部门可以决定立即实施代履行；当事人不在场的，执法部门应当在事后立即通知当事人，并依法作出处理。

第三节 申请人民法院强制执行

第一百一十八条 当事人在法定期限内不申请行政复议或者提起行政诉讼，又不履行行政决定的，没有行政强制执行权的执法部门可以自期限届满之日起三个月内，依法向有管辖权的人民法院申请强制执行。

执法部门批准延期、分期缴纳罚款的，申请人民法院强制执行的期限，自暂缓或者分期缴纳罚款期限结束之日起计算。

强制执行的费用由被执行人承担。

第一百一十九条 申请人民法院强制执行前，执法部门应当制作《催告书》，催告当事人履行义务。催告书送达十日后当事人仍未履行义务的，执法部门可以向人民法院申请强制执行。

第一百二十条 执法部门向人民法院申请强制执行，应当提供下列材料：

（一）强制执行申请书；

（二）行政决定书及作出决定的事实、理由和依据；

（三）当事人的意见及执法部门催告情况；

（四）申请强制执行标的情况；

（五）法律、行政法规规定的其他材料。

强制执行申请书应当由作出处理决定的执法部门负责人签名，加盖执法部门印章，并注明日期。

第一百二十一条 执法部门对人民法院不予受理强制执行申请、不予强制执行的裁定有异议的，可以在十五日内向上一级人民法院申请复议。

第八章 案件终结

第一百二十二条 有下列情形之一的，执法人员应当制作《结案报告》，经执法部门负责人批准，予以结案：

（一）决定撤销立案的；

（二）作出不予行政处罚决定的；

（三）作出行政处罚等行政处理决定，且已执行完毕的；

（四）案件移送有管辖权的行政机关或者司法机关的；

（五）作出行政处理决定后，因执行标的灭失、被执行人死亡等客观原因导致无法执行或者无需执行的；

（六）其他应予结案的情形。

申请人民法院强制执行，人民法院受理的，按照结案处理。人民法院强制执行完毕后，执法部门应当及时将相关案卷材料归档。

第一百二十三条 经过调查，有下列情形之一的，经执法部门负责人批准，终止调查：

（一）没有违法事实的；

（二）违法行为已过追究时效的；

（三）其他需要终止调查的情形。

终止调查时，当事人的财物已被采取行政强制措施的，应当立即解除。

第九章 涉案财物的管理

第一百二十四条 对于依法查封、扣押、抽样取证的财物以及由执法部门负责保管的先行证据登记保存的财物，执法部门应当妥善保管，不得使用、挪用、调换或者损毁。造成损失的，应当承担赔偿责任。

涉案财物的保管费用由作出决定的执法部门承担。

第一百二十五条 执法部门可以建立专门的涉案财物保管场所、账户，并指定内设机构或专门人员负责对办案机构的涉案财物集中统一管理。

第一百二十六条 执法部门应当建立台账，对涉案财物逐一编号登记，载明案由、来源、保管状态、场所和去向。

第一百二十七条 执法人员应当在依法提取涉案财物后的二十四小时内将财物移交涉案财物管理人员，并办理移交手续。对查封、扣押、先行证据登记保存的涉案财物，应当在采取措施后的二十四小时内，将执法文书复印件及涉案财物的情况送交涉案财物管理人员予以登记。

在异地或者偏远、交通不便地区提取涉案财物的，执法人员应当在返回单位后的二十四小时内移交。

对情况紧急，需要在提取涉案财物后的二十四小时内进行鉴定的，经办案机构负责人批准，可以在完成鉴定后的二十四小时内移交。

第一百二十八条 容易腐烂变质及其他不易保管的物品，经执法部门负责人批准，在拍照或者录像后依法变卖或者拍卖，变卖或者拍卖的价款暂予保存，待结案后按有关规定处理。

易燃、易爆、毒害性、放射性等危险物品应当存放在符合危险物品存放条件的专门场所。

第一百二十九条 当事人下落不明或者无法确定涉案物品所有人的，执法部门按照本规定第十八条第五项规定的公告送达方式告知领取。公告期满仍无人领取的，经执法部门负责人批准，将涉案物品上缴国库或者依法拍卖后将所得款项上缴国库。

第十章 附 则

第一百三十条 本规定所称以上、以下、以内，包括本数或者本级。

第一百三十一条 执法部门应当使用交通运输部统一制定的执法文书式样。交通运输部没有制定式样，执法工作中需要的其他执法文书，或者对已有执法文书式样需要调整细化的，省级交通运输主管部门可以制定式样。

直属海事执法部门的执法文书式样，由交通运输部海事局统一制定。

第一百三十二条 本规定自 2019 年 6 月 1 日起施行。交通部于 1996 年 9 月 25 日发布的《交通行政处罚程序规定》(交通部令 1996 年第 7 号)和交通运输部于 2008 年 12 月 30 日发布的《关于印发交通行政执法风纪等 5 个规范的通知》(交体法发〔2008〕562 号)中的《交通行政执法风纪》《交通行政执法用语规范》《交通行政执法检查行为规范》《交通行政处罚行为规范》《交通行政执法文书制作规范》同时废止。

附件

交通运输行政执法文书式样

目录

(1)立案登记表
(2)询问笔录
(3)勘验笔录
(4)现场笔录
(5)抽样取证凭证
(6)证据登记保存清单
(7)解除证据登记保存决定书
(8)行政强制措施决定书
(9)延长行政强制措施期限通知书
(10)解除行政强制措施决定书
(11)违法行为通知书
(12)听证通知书
(13)听证笔录
(14)当场行政处罚决定书
(15)行政处罚决定书
(16)责令改正违法行为通知书
(17)分期(延期)缴纳罚款通知书
(18)执行公告
(19)催告书
(20)行政强制执行决定书
(21)代履行决定书
(22)中止(终结、恢复)行政强制执行通知书
(23)送达回证
(24)结案报告

交通运输行政执法文书式样之一

立案登记表

案号：

<table>
<tr><td>案件来源</td><td colspan="7">□1. 在行政检查中发现的；
□2. 个人、法人及其他组织举报经核实的；
□3. 上级机关________________交办的；
□4. 下级机关________________报请查处的；
□5. 有关部门________________移送的；
□6. 其他途径发现的：________________</td></tr>
<tr><td>案由</td><td colspan="7"></td></tr>
<tr><td>受案时间</td><td colspan="7"></td></tr>
<tr><td rowspan="5">当事人基本情况</td><td rowspan="2">个人</td><td>姓 名</td><td></td><td>性 别</td><td></td><td>年 龄</td><td></td></tr>
<tr><td>住 址</td><td></td><td>身份证件号</td><td></td><td>联系电话</td><td></td></tr>
<tr><td rowspan="3">单位</td><td>名 称</td><td colspan="3"></td><td>法定代表人</td><td></td></tr>
<tr><td>地 址</td><td colspan="3"></td><td>联系电话</td><td></td></tr>
<tr><td colspan="2">统一社会信用代码</td><td colspan="4"></td></tr>
<tr><td>案件基本情况</td><td colspan="7"></td></tr>
<tr><td>立案依据</td><td colspan="3"></td><td>经办机构负责人意见</td><td colspan="3">签名：
年 月 日</td></tr>
<tr><td>负责人审批意见</td><td colspan="7">签名：
年 月 日</td></tr>
<tr><td>备注</td><td colspan="7"></td></tr>
</table>

询问笔录

案号：

时间：____年____月____日____时____分至____时____分

第________________次询问

地点：________________________________

询问人：____________________记录人：____________________

被询问人：__________________与案件关系：__________________

性别：____________________年龄：____________________

身份证件号：______________联系电话：__________________

工作单位及职务：________________________________

联系地址：________________________________

我们是________________的执法人员________、________，这是我们的执法证件，执法证号分别是________、________，请你确认。现依法向你询问，请如实回答所问问题。执法人员与你有直接利害关系的，你可以申请回避。

问：你是否申请回避？

答：________________________________

问：________________________________

____

答：________________________________

____

被询问人签名：　　　　　　　　　　　　询问人签名：

______________　　　　　　　　　　　　______________

勘验笔录

案号：

案由：____________________

勘验时间：____年____月____日____时____分至____日____时____分

勘验场所：____________天气情况：____________

勘验人：________单位及职务：________执法证号：________

勘验人：________单位及职务：________执法证号：________

当事人（当事人代理人）姓名：______性别：______年龄：______

身份证件号：____________单位及职务：____________

住址：____________联系电话：____________

被邀请人：____________单位及职务：____________

记录人：____________单位及职务：____________

勘验情况及结果：____________________

____

当事人或其代理人签名：____________勘验人签名：____________

被邀请人签名：____________________

记录人签名：____________

交通运输行政执法文书式样之四

现 场 笔 录

案号：

<table>
<tr><td>执法
地点</td><td colspan="2"></td><td>执法
时间</td><td colspan="3">年　月　日
时　分至　时　分</td></tr>
<tr><td rowspan="2">执法
人员</td><td></td><td rowspan="2">执法证号</td><td></td><td rowspan="2">记录人</td><td rowspan="2" colspan="2"></td></tr>
<tr><td></td><td></td></tr>
<tr><td rowspan="5">现场
人员
基本
情况</td><td>姓　名</td><td></td><td>性　别</td><td colspan="3"></td></tr>
<tr><td>身份证件号</td><td></td><td>与案件关系</td><td colspan="3"></td></tr>
<tr><td>单位及职务</td><td></td><td>联系电话</td><td colspan="3"></td></tr>
<tr><td>联系地址</td><td colspan="5"></td></tr>
<tr><td>车(船)号</td><td></td><td>车(船)型</td><td colspan="3"></td></tr>
<tr><td rowspan="4">主
要
内
容</td><td colspan="6">现场情况：（如实施行政强制措施的，包括当场告知当事人采取行政强制措施的理由、依据以及当事人依法享有的权利、救济途径，听取当事人陈述、申辩情况。）</td></tr>
<tr><td colspan="6">□上述笔录我已看过 □或已向我宣读过，情况属实无误。
现场人员签名：
时间：</td></tr>
<tr><td colspan="6">备注：</td></tr>
<tr><td colspan="6">执法人员签名：　　　　时间：</td></tr>
</table>

交通运输行政执法文书式样之五

抽样取证凭证

案号:

<table>
<tr><td rowspan="7">当事人</td><td rowspan="2">个人</td><td>姓　　名</td><td></td><td>身份证件号</td><td></td></tr>
<tr><td>住　　址</td><td></td><td>联系电话</td><td></td></tr>
<tr><td rowspan="5">单位</td><td>名　　称</td><td colspan="3"></td></tr>
<tr><td>地　　址</td><td colspan="3"></td></tr>
<tr><td>联系电话</td><td></td><td>法定代表人</td><td></td></tr>
<tr><td>统一社会信用代码</td><td colspan="3"></td></tr>
</table>

抽样取证时间:___年___月___日___时___分至___月___日___时___分

抽样地点:________________________________

抽样取证机关:________________联系电话:____________

依据《中华人民共和国行政处罚法》第五十六条规定,对你(单位)的下列物品进行抽样取证。

序号	被抽样物品名称	规格及批号	数量	被抽样物品地点

当事人或其代理人签名:　　　　　　执法人员签名:

__________________　　　　__________________

交通运输执法部门(印章)

年　　月　　日

备注:

(本文书一式两份:一份存根,一份交被抽样取证人或其代理人。)

交通运输行政执法文书式样之六

证据登记保存清单

案号：

<table>
<tr><td rowspan="7">当事人</td><td rowspan="2">个人</td><td>姓　　名</td><td></td><td>身份证件号</td><td></td></tr>
<tr><td>住　　址</td><td></td><td>联系电话</td><td></td></tr>
<tr><td rowspan="5">单位</td><td>名　　称</td><td colspan="3"></td></tr>
<tr><td>地　　址</td><td colspan="3"></td></tr>
<tr><td>联系电话</td><td></td><td>法定代表人</td><td></td></tr>
<tr><td colspan="2">统一社会信用代码</td><td colspan="2"></td></tr>
</table>

因调查____________________________一案，根据《中华人民共和国行政处罚法》第五十六条的规定，对你（单位）下列物品予以先行登记保存____日（自____年____月____日至____年____月____日）。在此期间，当事人或有关人员不得销毁或转移证据。

序号	证据名称	规格	数量	登记保存地点

当事人或其代理人签名：____________________　　执法人员签名：____________________

交通运输执法部门（印章）

年　　月　　日

（本文书一式两份：一份存根，一份交当事人或其代理人。）

交通运输行政执法文书式样之七

解除证据登记保存决定书

案号:

当事人(个人姓名或单位名称)____________________:

本机关依法于____年____月____日对你(单位)采取了证据登记保存,《证据登记保存清单》案号为:________________。依照《中华人民共和国行政处罚法》第五十六条的规定,本机关决定自____年____月____日起解除该证据登记保存。

交通运输执法部门(印章)

年　　月　　日

(本文书一式两份:一份存根,一份交当事人或其代理人。)

行政强制措施决定书

案号：

<table>
<tr><td rowspan="6">当事人</td><td rowspan="2">个人</td><td>姓　名</td><td></td><td>身份证件号</td><td></td></tr>
<tr><td>住　址</td><td></td><td>联系电话</td><td></td></tr>
<tr><td rowspan="4">单位</td><td>名　称</td><td colspan="3"></td></tr>
<tr><td>地　址</td><td colspan="3"></td></tr>
<tr><td>联系电话</td><td></td><td>法定代表人</td><td></td></tr>
<tr><td colspan="2">统一社会信用代码</td><td colspan="2"></td></tr>
</table>

___年___月___日，你(单位)____。依据____的规定，本机关决定对你(单位)的____________________________________(财物、设施或场所的名称及数量)实施____________________________________的行政强制措施，期限为____年____月____日至____年____月____日。

如果不服本决定，可以依法在六十日内向____申请行政复议，或者在六个月内依法向____人民法院提起行政诉讼，但本决定不停止执行，法律另有规定的除外。

交通运输执法部门(印章)

年　　月　　日

查封、扣押场所、设施、财物清单如下：

序号	查封、扣押场所、设施、财物名称	规格	数量	备注

其他说明：____

(本文书一式两份：一份存根，一份交当事人或其代理人。)

交通运输行政执法文书式样之九

延长行政强制措施期限通知书

案号：

当事人(个人姓名或单位名称)________________________：

因你(单位)____，本机关依法于______年____月____日对你(单位)采取了______________________的行政强制措施，行政强制措施决定书案号：______________________。

现因____，依据《中华人民共和国行政强制法》第二十五条的规定，决定延长行政强制措施期限至____年____月____日。

交通运输执法部门(印章)

年　　月　　日

(本文书一式两份：一份存根，一份交当事人或其代理人。)

交通运输行政执法文书式样之十

解除行政强制措施决定书

案号：

当事人(个人姓名或单位名称)________________：

因你(单位)________________________________，本机关依法于____年____月____日对你(单位)采取了____________的行政强制措施，行政强制措施决定书案号：____________。

依照《中华人民共和国行政强制法》第二十八条第一款第____项的规定，本机关决定自____年____月____日起解除该行政强制措施。

交通运输执法部门(印章)

年　　月　　日

退还财物清单如下：

序号	退还财物名称	规格	数量	备注

经当事人(代理人)查验，退还的财物与查封、扣押时一致，查封、扣押期间没有使用、丢失和损坏现象。

(本文书一式两份：一份存根，一份交当事人或其代理人。)

交通运输行政执法文书式样之十一

违法行为通知书

案号：

当事人（个人姓名或单位名称）________________________：

经调查，本机关认为你（单位）____________________行为，违反了________________的规定，依据____________________的规定，本机关拟作出处罚决定。

□根据《中华人民共和国行政处罚法》第四十四条、第四十五条的规定，你（单位）如对该处罚意见有异议，可向本机关提出陈述申辩，本机关将依法予以核实。

□根据《中华人民共和国行政处罚法》第六十三条、第六十四条的规定，你（单位）有权在收到本通知书之日起五日内向本机关要求举行听证；逾期不要求举行听证的，视为你（单位）放弃听证的权利。

（注：在序号前□内打"√"的为当事人享有该权利。）

联系地址：____________________邮编：____________________

联系人：____________________联系电话：____________________

交通运输执法部门（印章）

年　　月　　日

（本文书一式两份：一份存根，一份交当事人或其代理人。）

交通运输行政执法文书式样之十二

听证通知书

案号：

当事人(个人姓名或单位名称)____________________：

根据你(单位)申请，关于____________________一案，现定于____年____月____日____时在____________________(公开、不公开)举行听证会议，请准时出席。

听证主持人姓名：__________ 职务：__________

听证员姓名：__________ 职务：__________

记录员姓名：__________ 职务：__________

根据《中华人民共和国行政处罚法》第六十四条规定，你(单位)可以申请听证主持人、听证员、记录员回避。

注意事项如下：

1. 请事先准备相关证据，通知证人和委托代理人准时参加。

2. 委托代理人参加听证的，应当在听证会前向本机关提交授权委托书等有关证明。

3. 申请延期举行的，应当在举行听证会前向本行政机关提出，由本机关决定是否延期。

4. 当事人及其代理人无正当理由拒不出席听证或者未经许可中途退出听证的，视为放弃听证权利。

特此通知。

联系地址：__________ 邮编：__________

联系人：__________ 联系电话：__________

交通运输执法部门(印章)

年　　月　　日

(本文书一式两份：一份存根，一份交当事人或其代理人。)

交通运输行政执法文书式样之十三

听证笔录

案号：

案件名称：____

主持听证机关：______________________________________

听证地点：____

听证时间：______年____月____日____时____分至______年____月____日____时____分

主持人：__________________听证员：__________________

记录员：____

执法人员：________________执法证号：________________

________________执法证号：________________

执法证号：____

当事人：______法定代表人：______联系电话：__________

委托代理人：______性别：___年龄：___工作单位及职务：__________

第三人：________性别：___年龄：___工作单位及职务：__________

其他参与人员：____性别：___年龄：___工作单位及职务：__________

听证记录：____

____

当事人或其代理人签名：　　　　主持人及听证员签名：____________

____________________　　　　记录员签名：________________

其他听证参加人签名：

____

交通运输行政执法文书式样之十四

当场行政处罚决定书

案号：

<table>
<tr><td rowspan="6">当事人</td><td rowspan="2">个人</td><td>姓　　名</td><td></td><td>身份证件号</td><td></td></tr>
<tr><td>住　　址</td><td></td><td>联系电话</td><td></td></tr>
<tr><td rowspan="4">单位</td><td>名　　称</td><td colspan="3"></td></tr>
<tr><td>地　　址</td><td colspan="3"></td></tr>
<tr><td>联系电话</td><td></td><td>法定代表人</td><td></td></tr>
<tr><td>统一社会信用代码</td><td colspan="3"></td></tr>
</table>

违法事实及证据：____

____

你（单位）的行为违反了________________________________的规定，依据______________________的规定，决定给予____________________的行政处罚。

罚款的履行方式和期限（见打√处）：

□当场缴纳。

□自收到本决定书之日起十五日内缴至__________________，账号__________，到期不缴纳罚款的，本机关可以每日按罚款数额的百分之三加处罚款，加处罚款的数额不超过罚款本数。

如果不服本处罚决定，可以在六十日内依法向__________申请行政复议，或者在六个月内依法向______________人民法院提起行政诉讼，但本决定不停止执行，法律另有规定的除外。逾期不申请行政复议、不提起行政诉讼又不履行的，本机关将依法申请人民法院强制执行。

处罚前已口头告知当事人拟作出处罚的事实、理由和依据，并告知当事人依法享有的陈述权和申辩权。

当场行政处罚地点：________________________________

当事人或其代理人签名：　　　　　　执法人员签名：

____________________　　　　　　____________、____________

交通运输执法部门（印章）

年　　月　　日

（本文书一式两份：一份存根，一份交当事人或其代理人。）

交通运输行政执法文书式样之十五

行政处罚决定书

案号：

<table>
<tr><td rowspan="6">当事人</td><td rowspan="2">个人</td><td>姓　　名</td><td></td><td>身份证件号</td><td></td></tr>
<tr><td>住　　址</td><td></td><td>联系电话</td><td></td></tr>
<tr><td rowspan="4">单位</td><td>名　　称</td><td colspan="3"></td></tr>
<tr><td>地　　址</td><td colspan="3"></td></tr>
<tr><td>联系电话</td><td></td><td>法定代表人</td><td></td></tr>
<tr><td colspan="2">统一社会信用代码</td><td colspan="2"></td></tr>
</table>

违法事实及证据：______________________________
____
____
____
____

你(单位)的行为违反了______________________________
__________的规定，依据____________________的规定，决定给予__________的行政处罚。

处以罚款的，自收到本决定书之日起十五日内缴至__________，账号__________，到期不缴纳罚款的，本机关可以每日按罚款数额的百分之三加处罚款，加处罚款的数额不超过罚款本数。

其他执行方式和期限：______________________________
____。

如果不服本处罚决定，可以在六十日内依法向__________申请行政复议，或者在六个月内依法向__________人民法院提起行政诉讼，但本决定不停止执行，法律另有规定的除外。逾期不申请行政复议、不提起行政诉讼又不履行的，本机关将依法申请人民法院强制执行。

交通运输执法部门(印章)

年　　月　　日

(本文书一式两份：一份存根，一份交当事人或其代理人。)

交通运输行政执法文书式样之十六

责令改正违法行为通知书

案号:

当事人(个人姓名或单位名称)________________________:

经调查,你(单位)存在下列违法事实:________________________________

____。

根据________________________的规定,现责令你(单位)

□立即予以改正。

□在　　年　　月　　日前改正或者整改完毕。

如果不服本决定,可以在六十日内依法向__________申请行政复议,或者在六个月内依法向__________人民法院提起行政诉讼。

当事人或其代理人签名:　　　　　　执法人员签名:

______________________　　　　　　______________________

交通运输执法部门(印章)

年　　月　　日

(本文书一式两份:一份存根,一份交当事人或其代理人。)

交通运输行政执法文书式样之十七

分期(延期)缴纳罚款通知书

案号:

当事人(个人姓名或单位名称)________________________:

____年__月__日,本机关对你(单位)送达了____________(案号)《行政处罚决定书》,作出了对你(单位)罚款____________(大写)的行政处罚决定,根据你(单位)的申请,本机关依据《中华人民共和国行政处罚法》第六十六条的规定,现决定:

□同意你(单位)延期缴纳罚款。延长至____年____月____日。

□同意你(单位)分期缴纳罚款。第____期至____年____月____日前,缴纳罚款____元(大写)(每期均应当单独开具本文书)。此外,尚有未缴纳的罚款____________元(大写)。

□由于____,因此,本机关认为你的申请不符合《中华人民共和国行政处罚法》第六十六条的规定,不同意你(单位)分期(延期)缴纳罚款。

代收机构以本通知书为据,办理收款手续。

交通运输执法部门(印章)

年　　月　　日

(本文书一式两份:一份存根,一份交当事人或其代理人。)

交通运输行政执法文书式样之十八

执行公告

案号:

____________________一案,本机关于____年____月____日依法作出了__________________的决定,决定书案号为________________。

依据《中华人民共和国行政强制法》第四十四条的规定,现责令当事人____立即停止违法行为并于____年____月____日____时前自行拆除违法的建筑物、构筑物、设施等。当事人在法定期限内不申请行政复议或者提起行政诉讼,又不拆除的,本机关将依法强制拆除。

特此公告。

交通运输执法部门(印章)

年　　月　　日

交通运输行政执法文书式样之十九

催 告 书

案号：

当事人(个人姓名或单位名称)________________：

因你(单位)________________，本机关于____年____月____日作出了________________的决定，决定书案号为________。你(单位)逾期未履行义务，根据《中华人民共和国行政强制法》第三十五条和第五十四条的规定，现就有关事项催告如下，请你(单位)按要求履行：

1. 履行标的：________________

2. 履行期限：________________

3. 履行方式：________________

4. 履行要求：________________

5. 其他事项：________________

你(单位)逾期仍不履行的，本机关将依法采取以下措施：

□1. 到期不缴纳罚款的，每日按罚款数额的百分之三加处罚款。

□2. 根据法律规定，将查封、扣押的财物拍卖抵缴罚款。

□3. 申请人民法院强制执行。

□4. 依法代履行或者委托第三人：________代履行。

□5. 其他强制执行方式：________________。

你(单位)可向本机关进行陈述或申辩，本机关将依法核实。

交通运输执法部门(印章)

年　月　日

(本文书一式两份：一份存根，一份交当事人或其代理人。)

交通运输行政执法文书式样之二十

行政强制执行决定书

案号：

当事人	个人	姓　名		身份证件号	
		住　址		联系电话	
	单位	名　称			
		地　址			
		联系电话		法定代表人	
		统一社会信用代码			

因你（单位）逾期未履行本机关于____年____月____日作出的________________决定，决定书案号为________________。经本机关催告后，你（单位）在规定期限内仍未履行行政决定。依据________________________________的规定，本机关将立即于____年____月____日强制执行：____（强制执行方式）。

如不服本决定，可以在收到本决定书之日起六十日内向________________________申请行政复议或者在六个月内依法向____________人民法院提起行政诉讼。

交通运输执法部门（印章）

年　　月　　日

（文书一式两份：一份存根，一份交当事人或其代理人。）

交通运输行政执法文书式样之二十一

代履行决定书

案号：

<table>
<tr><td rowspan="6">当事人</td><td rowspan="2">个人</td><td>姓　　名</td><td></td><td>身份证件号</td><td></td></tr>
<tr><td>住　　址</td><td></td><td>联系电话</td><td></td></tr>
<tr><td rowspan="4">单位</td><td>名　　称</td><td colspan="3"></td></tr>
<tr><td>地　　址</td><td colspan="3"></td></tr>
<tr><td>联系电话</td><td></td><td>法定代表人</td><td></td></tr>
<tr><td colspan="2">统一社会信用代码</td><td colspan="2"></td></tr>
</table>

因你(单位)____，

□1.本机关于____年____月____日作出了_______________________决定，决定书案号为__________________。经本机关催告后仍不履行，因其后果已经或者将危害交通安全、造成环境污染或者破坏自然资源。依据《中华人民共和国行政强制法》第五十条以及______________________________________的规定，

□2.需要立即清除道路、河道、航道或者公共场所的遗洒物、障碍物或者污染物，因你(单位)不能清除，依据《中华人民共和国行政强制法》第五十二条以及____________________________的规定，

本机关依法作出代履行决定如下：

1.代履行人：□本机关　　□第三人：__________________________________

2.代履行标的：____

3.代履行时间和方式：____

4.代履行费用(预算)：____

请你(单位)在收到本决定书后__________日内预付代履行预算费用(开户行：________________账号：_________________)。代履行费用据实决算后，多退少补。

如不服本决定，可以在收到本决定书之日起六十日内向____________________申请行政复议或者在六个月内依法向________________人民法院提起行政诉讼。

交通运输执法部门(印章)

年　　月　　日

(本文书一式两份：一份存根，一份交当事人或其代理人。)

中止(终结、恢复)行政强制执行通知书

案号:

当事人(个人姓名或单位名称)＿＿＿＿＿＿＿＿＿＿＿＿＿:

＿＿＿＿＿＿＿＿＿＿＿＿＿＿＿＿＿＿＿＿＿＿＿＿＿一案,本机关于＿＿年＿＿月＿＿日依法作出了行政强制执行决定,并向你(单位)送达了《行政强制执行决定书》(案号:＿＿＿＿＿＿＿)。

□1. 现因＿＿＿＿＿＿＿＿＿＿＿＿＿＿＿＿＿＿＿＿＿＿,根据《中华人民共和国行政强制法》第三十九条第一款的规定,本机关决定自＿＿年＿＿月＿＿日起中止该行政强制执行。中止执行的情形消失后,本机关将恢复执行。

□2. 现因＿＿＿＿＿＿＿＿＿＿＿＿＿＿＿＿＿＿＿＿＿＿,根据《中华人民共和国行政强制法》第四十条的规定,本机关决定终结执行。

□3. 你(单位)＿＿＿＿＿＿＿＿＿＿＿＿＿＿＿＿＿＿＿＿一案,本机关于＿＿年＿＿月＿＿日决定中止执行,现中止执行的情形已消失,根据《中华人民共和国行政强制法》第三十九第二款的规定,决定从即日恢复强制执行。

□4. 本机关于＿＿年＿＿月＿＿日与你(单位)达成执行协议,因你(单位)不履行执行协议,根据《中华人民共和国行政强制法》第四十二条第二款的规定,决定从即日恢复强制执行。

特此通知。

交通运输执法部门(印章)

年　月　日

(本文书一式两份:一份存根,一份交当事人或其代理人。)

交通运输行政执法文书式样之二十三

送 达 回 证

案号：

案由：____________

<table>
<tr><td>送达单位</td><td colspan="5"></td></tr>
<tr><td>受送达人</td><td colspan="5"></td></tr>
<tr><td>代收人</td><td colspan="5"></td></tr>
<tr><td>送达文书名称、文号</td><td>收件人签名
（盖章）</td><td>送达地点</td><td>送达日期</td><td>送达方式</td><td>送达人</td></tr>
<tr><td></td><td></td><td></td><td></td><td></td><td></td></tr>
<tr><td></td><td></td><td></td><td></td><td></td><td></td></tr>
<tr><td></td><td></td><td></td><td></td><td></td><td></td></tr>
<tr><td></td><td></td><td></td><td></td><td></td><td></td></tr>
<tr><td></td><td></td><td></td><td></td><td></td><td></td></tr>
<tr><td></td><td></td><td></td><td></td><td></td><td></td></tr>
<tr><td></td><td></td><td></td><td></td><td></td><td></td></tr>
<tr><td colspan="6">交通运输执法部门（印章）
年　　月　　日</td></tr>
<tr><td colspan="6">备注：</td></tr>
</table>

交通运输行政执法文书式样之二十四

结案报告

案号：

案由：________

<table>
<tr><td rowspan="5">当事人基本情况</td><td>个人</td><td></td><td>年龄</td><td></td><td>性别</td><td></td></tr>
<tr><td>所在单位</td><td></td><td>联系地址</td><td colspan="3"></td></tr>
<tr><td>联系电话</td><td></td><td>邮编</td><td colspan="3"></td></tr>
<tr><td>单　位</td><td></td><td>地址</td><td colspan="3"></td></tr>
<tr><td>法定代表人</td><td></td><td>职务</td><td colspan="3"></td></tr>
<tr><td>处理结果</td><td colspan="6"></td></tr>
<tr><td>执行情况</td><td colspan="6"></td></tr>
<tr><td>经办机构负责人意见</td><td colspan="6">签名：
年　月　日</td></tr>
<tr><td>负责人审批意见</td><td colspan="6">签名：
年　月　日</td></tr>
</table>

民用航空通信导航监视设备飞行校验管理规则

（2021 年 7 月 5 日交通运输部令 2021 年第 7 号公布　自 2021 年 10 月 1 日起施行　国司备字[2021004380]）

第一章　总　　则

第一条　为了规范民用航空通信导航监视设备飞行校验工作，根据《中华人民共和国民用航空法》《中华人民共和国飞行基本规则》等法律、行政法规，制定本规则。

第二条　本规则适用于对地面通信导航监视设备的飞行校验。

新技术应用中涉及通信导航监视设备的飞行验证和飞行测试工作参照本规则实施。

第三条　本规则所称飞行校验，是指为了保证飞行安全，使用装有专门校验设备的飞行校验航空器，按照飞行校验的有关标准、规范，检查、校准和分析通信、导航、监视设备（以下统称校验对象）的空间信号质量、容限及系统功能，并根据检查、校准和分析结果出具飞行校验报告的活动。

本规则所称通信设备，是指甚高频地空通信系统。

本规则所称导航设备，包括航向信标、下滑信标、全向信标、测距仪、无方向信标、指点信标、卫星导航增强系统地面设备。导航设备分为运输航空导航设备和通用航空导航设备。通用航空导航设备分为 N1、N2、N3、N4 四级。

本规则所称监视设备，包括一次监视雷达、二次监视雷达、多点相关定位系统、自动相关监视系统地面站、空中交通管制自动化系统。

第四条　飞行校验应当以充分验证校验对象性能指标为基本原则。

第五条　中国民用航空局（以下简称民航局）负责飞行校验工作的统一监督管理。

中国民用航空地区管理局（以下简称民航地区管理局）负责本辖区飞行校验工作的监督管理。

飞行校验工作由飞行校验机构（以下简称校验机构）和校验对象的运行管理单位具体实施。

第二章　飞行校验的基本要求

第一节　飞行校验的种类和优先次序

第六条　飞行校验分为投产校验、监视性校验、定期校验、特殊校验四类。

本规则所称投产校验，是指校验对象新建、迁建或者更新后，为了获取校验对象全部技术参数和信息而进行的飞行校验。

本规则所称监视性校验，是指投产校验后的符合性飞行校验。

本规则所称定期校验，是指为了确定校验对象是否符合技术标准和满足持续运行要求，按照规定的校验周期对运行中的校验对象所进行的飞行校验。

本规则所称特殊校验，是指校验对象出现本规则第八条规定的特殊情形时，对其受影响部分进行的有针对性校验。

第七条　通信设备和监视设备在投产使用前应当按照规定实施投产校验，投产使用后不进行监视性校验和定期校验，必要时进行特殊校验，本规则第六章另有规定的除外。

导航设备在投产使用前应当按照规定实施投产校验，投产使用后应当进行监视性校验和定期校验，必要时进行特殊校验，本规则第六章另有规定的除外。

第八条　出现下列特殊情形之一的，应当对校验对象受影响部分进行有针对性的特殊校验：

（一）飞行事故调查需要确认设备是否持续满足运行安全要求的；

（二）设备大修、重大调整或者重大功能升级，包括设备的工作频率、天线系统、场地保护区域、电磁环境等因素发生改变，或者设备主要参数发生变化、导航完好性监视信号基准发生改变以及其他可能导致系统运行风险增大并无法通过地面测试调整进行有效控制的；

（三）导航设备停机超过 3 个日历月后重新投入使用的；

（四）设备维护人员、管制人员、飞行人员等发现设备或者信号有不正常现象，不能提供正常服务的；

（五）民航局或者民航地区管理局因安全原因要求对校验对象进行特殊校验的；

（六）校验对象的运行管理单位认为有必要进行特殊校验的；

（七）其他需要特殊校验的情形。

第九条　飞行校验应当按照飞行校验种类的优先次序安排。飞行校验种类的优先次序由高至低依次为特殊校验、定期校验、监视性校验、投产校验。

第二节 飞行校验项目和校验时间

第十条 对于本规则第八条第一项、第二项、第四项至第七项所列的情形,校验机构和校验对象的运行管理单位应当根据具体情况制定相应的特殊校验方案,确定校验项目,以确保校验对象的安全运行。

对于本规则第八条第三项所列的情形,非设备、非场地原因造成设备停机少于 6 个日历月的,应当执行等同于定期校验的项目;超过 6 个日历月(含)的,应当执行等同于投产校验的项目。其他原因造成设备停机的,应当执行等同于投产校验的项目。

投产校验、监视性校验、定期校验的校验项目另行规定。

第十一条 定期校验时间由校验周期、校验周期起始日和时间窗口确定。

校验周期起始日一般是指导航设备投产校验的完成日期。

第十二条 除本规则第六章或者民航局另有规定外,导航设备的校验周期如下:

(一)仪表着陆系统(包括航向信标、下滑信标)定期校验周期为 6 个日历月;投产校验后 3 个日历月内执行一次监视性校验。

(二)全向信标、无方向信标、单独安装的测距仪和航向信标,在承担进近导航功能时,定期校验周期为 18 个日历月;投产校验后 9 个日历月内执行一次监视性校验。

(三)全向信标、无方向信标、单独安装的测距仪,在承担航路航线导航功能时,定期校验周期为 36 个日历月;投产校验后 18 个日历月内执行一次监视性校验。

(四)测距仪、指点信标与其他导航设备配合使用时,与该导航设备同周期校验。

(五)导航设备同时承担航路航线和进近功能时,其校验周期应当按照功能分别计算。

(六)在特殊校验中,执行等同于定期或者投产校验项目的导航设备,当次校验完成日期为新的校验周期起始日;未执行等同于定期或者投产校验项目的导航设备,当次特殊校验不影响原有的校验周期起始日。

(七)监视性校验不影响校验周期和校验周期起始日。

(八)在本条第二款规定的时间窗口内完成飞行校验的导航设备,其校验周期起始日不变;导航设备定期校验超出时间窗口执行飞行校验的,以实际完成飞行校验日期为新的校验周期起始日。

为了便于合理安排飞行校验计划和保障设备正常运行,在导航设备校验周期届满前后设置各15天的时间窗口。在遇到重大活动保障、恶劣天气、空域限制等情况，可以使用时间窗口。时间窗口期内的导航设备可以正常使用。

卫星导航增强系统地面设备的校验周期参照国际民航组织相关规定，或者根据应用情况由民航局另行规定。

第十三条 为了确保突发紧急状况下或者特殊环境条件下校验对象持续安全稳定运行，或者为了支持鼓励新技术、新设备和新工艺等推广应用，民航局可以根据国际民航组织有关要求、所采用的设备情况以及我国飞行校验的实际情况等，结合机场整体运行情况和需求，对特定的校验对象、校验周期和校验项目做出必要调整。

第三章 飞行校验的实施机构

第一节 校验机构

第十四条 校验机构应当按照相关规定执行飞行校验任务，确保飞行校验顺利实施，并对出具的飞行校验数据和飞行校验结论负责。

第十五条 校验机构应当配备满足飞行校验任务要求的飞行校验人员和校验航空器。校验航空器应当配备适合执行飞行校验任务的飞行校验设备。

校验机构应当加强对飞行校验所使用的飞行校验系统、测试仪器、仪表及其备件的管理，确保其符合使用要求。

第十六条 校验机构应当按照相关规定，组织飞行校验人员培训和考核，确保满足飞行校验工作需要。

第十七条 校验机构应当制定完备的校验实施程序，并建立相关的校验技术档案。

第十八条 校验机构应当每年定期向民航局报告本年度飞行校验的执行情况和下一年度的飞行校验计划。

第二节 校验对象的运行管理单位

第十九条 校验对象的运行管理单位负责飞行校验任务的组织、保障和协调，调试地面设备，联系并配合相关单位协调飞行校验所需的空域，以确保校验对象具备校验条件。

第二十条 校验对象的运行管理单位应当安排人员积极配合校验机构共同完成飞行校验任务。

第二十一条 校验对象的运行管理单位应当针对飞行校验任务，协调各有关单位，明确协调程序和相关要求，共同保障飞行校验任务的顺利完成。

第二十二条 校验对象的运行管理单位应当向校验机构提供飞行校验所需的航空情报、设备、勘测、气象等资料，并确保其准确、有效。

第二十三条 校验对象的运行管理单位应当保持地面与飞行校验人员间的地空通信畅通，并且不得影响相关管制单位的正常通信。

第四章 飞行校验的实施

第二十四条 校验机构应当与校验对象的运行管理单位建立协调机制，共同采取必要的措施，保障航空运行效率，安全、高效完成飞行校验任务。

在需要实施夜间飞行校验的大型繁忙机场，校验机构应当会同校验对象的运行管理单位，针对夜间飞行校验制定安全保障措施。

第二十五条 校验对象进行投产校验前，应当已经具备相应的投产校验条件。

第二十六条 校验对象的运行管理单位应当在执行投产校验前至少 10 个工作日向校验机构提出校验需求，校验机构应当及时予以答复并合理安排投产校验。

第二十七条 校验机构应当按照校验周期和要求安排定期校验和监视性校验。

第二十八条 校验对象需进行特殊校验时，校验对象的运行管理单位应当及时向校验机构提出校验需求，校验机构应当及时予以答复。

第二十九条 校验机构应当在执行飞行校验前至少 5 个工作日将飞行计划和校验方案通知校验对象的运行管理单位。

第三十条 校验对象的运行管理单位应当在飞行校验实施前确保设备和场地满足飞行校验的要求，并组织召开由校验机构、相关管制单位和其他有关单位参加的协调会议，确定飞行校验实施细节，指定专人负责协调飞行校验的实施并及时通知校验机构。

第三十一条 校验对象在实施飞行校验期间不得提供使用，其运行管理单位应当及时通知相关运行单位采取相应措施，并通知所在地的航空情报服务机构发布航行通告。

第三十二条 飞行校验期间，空中和地面人员应当加强配合，提高效率。飞行校验人员应当及时通报飞行校验情况，校验对象的运行管理单位应当及时调整设备，使飞行校验数据达到最佳值。

第三十三条 校验机构应当依据有关民用航空通信导航监视设备飞行校

验要求执行飞行校验,并确保飞行校验数据准确。

第三十四条 飞行校验期间,出现下列情形之一的,可以中断飞行校验:

(一)校验对象出现不正常情况且48小时内不能排除的;

(二)因校验航空器或者飞行校验系统故障且48小时内不能排除的;

(三)因重大活动保障、恶劣天气、空域限制等情况,造成飞行校验无法在48小时内继续进行的。

第三十五条 由于本规则第三十四条第一项规定的原因导致飞行校验中断的,校验对象的运行管理单位应当出具情况说明;由于第二项规定的原因导致飞行校验中断的,校验机构应当出具情况说明并尽快安排校验航空器继续飞行校验;由于第三项规定的原因导致飞行校验中断的,校验机构应当出具情况说明。

由于本规则第三十四条规定的原因导致飞行校验中断的,再次实施飞行校验时,若与上次中断的飞行校验间隔不超过1个日历月,校验对象的运行管理单位和校验机构根据校验设备调试情况,确认飞行校验中断前飞行校验数据的可用性,对不可用部分应当重新进行飞行校验;若与上次中断的飞行校验间隔超过1个日历月,中断前的飞行校验数据不可用。

第三十六条 由于本规则第三十四条第一项规定的原因导致飞行校验中断的,校验对象应当立即停止提供使用,直至下次飞行校验完成。

由于本规则第三十四条第二项或者第三项规定的原因导致飞行校验中断的,在校验对象没有超出定期校验周期情况下,校验对象的运行管理单位应当与校验机构对校验对象状况和未校验项目进行研究,如果双方认定校验对象的调整部分已经恢复正常,已校验项目数据正常,未调整部分数据正常,且地面设备导航完好性监视信号基准和告警门限正确,该校验对象可以在定期校验周期内继续提供使用。若校验对象不满足上述要求,该校验对象应当停止提供使用,直至下次飞行校验完成。

第三十七条 校验机构发现校验对象存在安全隐患的,应当立即向校验对象的运行管理单位和民航地区管理局报告隐患情况与原因。

第三十八条 校验机构应当积极采用新的校验技术,优化校验项目和校验程序,改进校验方式,提升校验数据挖掘能力,提高校验效率。

第五章 飞行校验结果管理

第三十九条 飞行校验记录数据和飞行校验报告是每次飞行校验结果的基本证明文件。

第四十条 校验对象为导航设备的，校验机构应当根据其种类、项目实施飞行校验，准确、如实记录每个测量参数的检查结果。

校验机构应当根据各参数记录的最终结果，结合其所对应的运行标准，分析飞行校验数据，明确飞行校验结论，提出飞行校验建议，在飞行校验完成后24小时内出具飞行校验报告。

第四十一条 校验对象为通信设备或者监视设备的，校验机构和校验对象的运行管理单位应当结合设备运行需求确定校验项目并实施飞行校验，出具飞行校验数据。校验对象的运行管理单位汇总分析数据，明确飞行校验结论，提出飞行校验建议，出具飞行校验报告。

校验机构和校验对象的运行管理单位分别对其出具的飞行校验数据及飞行校验结论的真实性和有效性负责。

第四十二条 飞行校验结论分为合格、限用和不合格。

本条第一款所称合格，是指校验对象的所有技术参数均符合有关民用航空通信导航监视设备飞行校验规定的标准值和容差。

本条第一款所称限用，是指校验对象的技术参数不能在标准覆盖区域内全部符合有关民用航空通信导航监视设备飞行校验规定的标准值和容差，但在飞行程序或者空域所要求的范围内符合上述规定的标准值和容差。

本条第一款所称不合格，是指校验对象的主要技术参数不符合有关民用航空通信导航监视设备飞行校验规定的标准值和容差，不能提供安全可靠的服务或者存在安全隐患，信号质量不可靠。

第四十三条 飞行校验结束后，飞行校验结论为限用或者不合格的，校验对象的运行管理单位应当及时通知相关运行单位，并依据飞行校验报告向所在地的航空情报服务机构通报；属于监视性校验且限用情况发生恶化或者参数发生恶化的，应当同时报告所在地的民航地区管理局。

校验对象的飞行校验结论为不合格的，不得投入使用。

第四十四条 校验机构和校验对象的运行管理单位应当妥善保存飞行校验记录数据和飞行校验报告，直至校验对象退出使用或者被撤除。

第六章 通用航空设备飞行校验的特别规定

第四十五条 通用机场设置N1级通用航空导航设备的，应当按照要求执行投产校验、定期校验和特殊校验。

第四十六条 通用机场设置N2级通用航空导航设备中仪表着陆系统的，应当按照要求执行投产校验、定期校验和特殊校验。

通用机场设置 N2 级通用航空导航设备中的其他设备或者 N3 级通用航空导航设备的,应当按照要求执行投产校验和特殊校验。

第四十七条 通用机场设置 N4 级通用航空导航设备的,由通用机场自行决定是否进行飞行校验。

第四十八条 通用机场设置通信设备和监视设备的,若不提供监视条件下的管制服务,可以不进行飞行校验。

第七章 监督检查

第四十九条 民航局和民航地区管理局对校验机构、校验对象的运行管理单位飞行校验的执行情况进行监督检查。

第五十条 校验机构和校验对象的运行管理单位应当建立质量管理制度,分别对飞行校验过程和设备运行状况实施持续监控,对于发现的问题应当及时解决或者通报有关部门。

第五十一条 校验对象的运行管理单位有下列行为之一的,依法记入民航行业严重失信行为信用记录:

(一)隐瞒有关情况,提供虚假或者错误的飞行校验结果的;

(二)隐瞒有关情况,导致飞行校验结果出现错误的;

(三)将未经飞行校验的设备投入使用的;

(四)将飞行校验结论为不合格的设备投入使用的。

第五十二条 校验机构隐瞒有关情况,提供虚假或者错误的飞行校验结果的,依法记入民航行业严重失信行为信用记录。

第五十三条 任何单位和个人有权向民航局和民航地区管理局举报违反本规则的行为。

第八章 法律责任

第五十四条 校验对象的运行管理单位违反本规则第七条规定,将未经飞行校验的设备投入使用的,由民航地区管理局责令改正,处 1 万元以上 3 万元以下的罚款。

第五十五条 校验对象的运行管理单位违反本规则第八条规定,未按照要求进行特殊校验的,由民航地区管理局责令改正,处 1 万元以上 3 万元以下的罚款。

第五十六条 校验机构、校验对象的运行管理单位违反本规则第十条规定，未按照要求确定特殊校验项目的，由民航地区管理局责令改正，给予警告；情节严重的，处1万元以上3万元以下的罚款。

第五十七条 校验机构违反本规则第十五条，未配备满足飞行校验任务要求的飞行校验人员或者校验航空器，或者使用不符合要求的飞行校验系统、测试仪器、仪表的，由民航地区管理局责令改正，给予警告；情节严重的，处1万元以上3万元以下的罚款。

第五十八条 校验机构违反本规则第十六条，未组织飞行校验人员培训和考核的，由民航地区管理局责令改正，给予警告；情节严重的，处1万元以上3万元以下的罚款。

第五十九条 校验机构违反本规则第十七条、第十八条规定，未按照要求制定完备的校验实施程序并建立相关的校验技术档案，或者未按照要求向民航局报告飞行校验执行情况和飞行校验计划的，由民航地区管理局责令改正，给予警告；情节严重的，处1万元以上3万元以下的罚款。

第六十条 校验对象的运行管理单位违反本规则第二十条规定，未安排人员积极配合校验机构，导致飞行校验任务无法顺利实施的，由民航地区管理局责令改正，给予警告；情节严重的，处1万元以上3万元以下的罚款。

第六十一条 校验对象的运行管理单位违反本规则第二十一条规定，未协调各有关单位或者未明确协调程序和相关要求，导致飞行校验任务无法顺利实施的，由民航地区管理局责令改正，给予警告；情节严重的，处1万元以上3万元以下的罚款。

第六十二条 校验对象的运行管理单位违反本规则第二十二条规定，未向校验机构提供飞行校验所需的航空情报、设备、勘测、气象等资料，或者提供错误、无效资料的，由民航地区管理局责令改正，给予警告；情节严重的，处1万元以上3万元以下的罚款。

第六十三条 校验对象的运行管理单位违反本规则第二十三条规定，因自身原因未保持地面与飞行校验人员间的地空通信畅通，或者影响相关管制单位正常通信，导致飞行校验任务无法顺利实施的，由民航地区管理局责令改正，给予警告；情节严重的，处1万元以上3万元以下的罚款。

第六十四条 校验机构、校验对象的运行管理单位违反本规则第二十四条规定，未建立协调机制或者未采取必要的措施，或者未按照要求制定安全保障措施的，由民航地区管理局责令改正，给予警告；情节严重的，处1万元以上3万元以下的罚款。

第六十五条 校验机构违反本规则第二十七条规定，未按照校验周期和要求安排定期校验和监视性校验的，由民航地区管理局责令改正，给予警告；

情节严重的，处1万元以上3万元以下的罚款。

第六十六条 校验机构违反本规则第二十九条规定，未在执行飞行校验前至少5个工作日将飞行计划和校验方案通知校验对象的运行管理单位，导致飞行校验任务无法顺利实施的，由民航地区管理局责令改正，给予警告；情节严重的，处1万元以上3万元以下的罚款。

第六十七条 校验对象的运行管理单位违反本规则第三十条规定，未确保设备和场地满足飞行校验要求，或者未组织召开协调会议并确定飞行校验实施细节，或者未指定专人负责协调飞行校验的实施并及时通知校验机构，导致飞行校验任务无法顺利实施的，由民航地区管理局责令改正，给予警告；情节严重的，处1万元以上3万元以下的罚款。

第六十八条 校验对象的运行管理单位违反本规则第三十一条规定，使用正在进行飞行校验的校验对象提供服务的，由民航地区管理局责令改正，处2万元以上3万元以下的罚款。

校验对象的运行管理单位违反本规则第三十一条规定，未及时通知航空情报服务机构发布航行通告的，由民航地区管理局责令改正，给予警告；逾期未改正或者造成严重后果的，处1万元以上2万元以下的罚款。

第六十九条 校验机构违反本规则第三十三条规定，未依据有关民用航空通信导航监视设备飞行校验要求执行飞行校验，导致飞行校验数据不准确、飞行校验结论错误的，由民航地区管理局责令改正，给予警告；情节严重的，处1万元以上3万元以下的罚款。

第七十条 校验机构、校验对象的运行管理单位违反本规则第三十五条、第三十六条规定，未按照要求出具说明、判断飞行校验数据可用性，或者未按照要求停止使用校验对象的，由民航地区管理局责令改正，给予警告；情节严重的，处1万元以上3万元以下的罚款。

第七十一条 校验机构违反本规则第三十七条规定，发现校验对象存在安全隐患未及时报告的，由民航地区管理局责令改正，给予警告；情节严重的，处1万元以上3万元以下的罚款。

第七十二条 校验机构违反本规则第四十条规定，出具虚假的飞行校验数据或者错误的飞行校验结论，或者未及时出具飞行校验报告的，由民航地区管理局责令改正，处2万元以上3万元以下的罚款。

第七十三条 校验机构、校验对象的运行管理单位违反本规则第四十一条规定，出具虚假的飞行校验数据或者错误的飞行校验结论的，由民航地区管理局责令改正，处2万元以上3万元以下的罚款。

第七十四条 校验对象的运行管理单位违反本规则第四十三条规定，未及时通知、通报、报告有关情况的，由民航地区管理局责令改正，给予警告；逾期未改正或者造成严重后果的，处1万元以上2万元以下的罚款。

第七十五条 校验机构、校验对象的运行管理单位违反本规则第四十四条规定，未妥善保存飞行校验记录数据和飞行校验报告的，由民航地区管理局责令改正，给予警告；逾期未改正或者造成严重后果的，处1万元以上2万元以下的罚款。

第七十六条 校验机构、校验对象的运行管理单位违反本规则第四十五条、第四十六条规定，未按照要求进行飞行校验的，由民航地区管理局责令改正，处1万元以上3万元以下的罚款。

第九章 附 则

第七十七条 本规则自2021年10月1日起施行。交通运输部于2016年3月28日以交通运输部令2016年第25号公布的《民用航空通信导航监视设备飞行校验管理规则》同时废止。

司法解释

人民检察院民事诉讼监督规则

（2021年2月9日最高人民检察院第十三届检察委员会第六十二次会议通过　2021年6月26日最高人民检察院公告公布　自2021年8月1日起施行　高检发释字〔2021〕1号）

目　录

第一章　总　　则

第一条　为了保障和规范人民检察院依法履行民事检察职责，根据《中华人民共和国民事诉讼法》《中华人民共和国人民检察院组织法》和其他有关规定，结合人民检察院工作实际，制定本规则。

第二条　人民检察院依法独立行使检察权，通过办理民事诉讼监督案件，维护司法公正和司法权威，维护国家利益和社会公共利益，维护自然人、法人和非法人组织的合法权益，保障国家法律的统一正确实施。

第三条　人民检察院通过抗诉、检察建议等方式，对民事诉讼活动实行法律监督。

第四条　人民检察院办理民事诉讼监督案件，应当以事实为根据，以法律为准绳，坚持公开、公平、公正和诚实信用原则，尊重和保障当事人的诉讼权利，监督和支持人民法院依法行使审判权和执行权。

第五条　负责控告申诉检察、民事检察、案件管理的部门分别承担民事诉讼监督案件的受理、办理、管理工作，各部门互相配合，互相制约。

第六条　人民检察院办理民事诉讼监督案件，实行检察官办案责任制，由检察官、检察长、检察委员会在各自职权范围内对办案事项作出决定，并依照规定承担相应司法责任。

第七条　人民检察院办理民事诉讼监督案件，根据案件情况，可以由一名检察官独任办理，也可以由两名以上检察官组成办案组办理。由检察官办案组办理的，检察长应当指定一名检察官担任主办检察官，组织、指挥办案组办理案件。

检察官办理案件，可以根据需要配备检察官助理、书记员、司法警察、检察技术人员等检察辅助人员。检察辅助人员依照有关规定承担相应的检察辅助事务。

第八条　最高人民检察院领导地方各级人民检察院和专门人民检察院的民事诉讼监督工作，上级人民检察院领导下级人民检察院的民事诉讼监督工作。

上级人民检察院认为下级人民检察院的决定错误的，有权指令下级人民检察院纠正，或者依法撤销、变更。上级人民检察院的决定，应当以书面形式作出，下级人民检察院应当执行。下级人民检察院对上级人民检察院的决定有不同意见的，可以在执行的同时向上级人民检察院报告。

上级人民检察院可以依法统一调用辖区的检察人员办理民事诉讼监督案

件，调用的决定应当以书面形式作出。被调用的检察官可以代表办理案件的人民检察院履行相关检察职责。

第九条 人民检察院检察长或者检察长委托的副检察长在同级人民法院审判委员会讨论民事抗诉案件或者其他与民事诉讼监督工作有关的议题时，可以依照有关规定列席会议。

第十条 人民检察院办理民事诉讼监督案件，实行回避制度。

第十一条 检察人员办理民事诉讼监督案件，应当秉持客观公正的立场，自觉接受监督。

检察人员不得接受当事人及其诉讼代理人、特定关系人、中介组织请客送礼或者其他利益，不得违反规定会见当事人及其委托的人。

检察人员有收受贿赂、徇私枉法等行为的，应当追究纪律责任和法律责任。

检察人员对过问或者干预、插手民事诉讼监督案件办理等重大事项的行为，应当按照有关规定全面、如实、及时记录、报告。

第二章 回　　避

第十二条 检察人员有《中华人民共和国民事诉讼法》第四十四条规定情形之一的，应当自行回避，当事人有权申请他们回避。

前款规定，适用于书记员、翻译人员、鉴定人、勘验人等。

第十三条 检察人员自行回避的，可以口头或者书面方式提出，并说明理由。口头提出申请的，应当记录在卷。

第十四条 当事人申请回避，应当在人民检察院作出提出抗诉或者检察建议等决定前以口头或者书面方式提出，并说明理由。口头提出申请的，应当记录在卷。根据《中华人民共和国民事诉讼法》第四十四条第二款规定提出回避申请的，应当提供相关证据。

被申请回避的人员在人民检察院作出是否回避的决定前，应当暂停参与本案工作，但案件需要采取紧急措施的除外。

第十五条 检察人员有应当回避的情形，没有自行回避，当事人也没有申请其回避的，由检察长或者检察委员会决定其回避。

第十六条 检察长的回避，由检察委员会讨论决定；检察人员和其他人员的回避，由检察长决定。检察委员会讨论检察长回避问题时，由副检察长主持，检察长不得参加。

第十七条 人民检察院对当事人提出的回避申请，应当在三日内作出决定，并通知申请人。申请人对决定不服的，可以在接到决定时向原决定机关申请复议一次。人民检察院应当在三日内作出复议决定，并通知复议申请人。复议期间，被申请回避的人员不停止参与本案工作。

第三章　受　理

第十八条　民事诉讼监督案件的来源包括：

（一）当事人向人民检察院申请监督；

（二）当事人以外的自然人、法人和非法人组织向人民检察院控告；

（三）人民检察院在履行职责中发现。

第十九条　有下列情形之一的，当事人可以向人民检察院申请监督：

（一）已经发生法律效力的民事判决、裁定、调解书符合《中华人民共和国民事诉讼法》第二百零九条第一款规定的；

（二）认为民事审判程序中审判人员存在违法行为的；

（三）认为民事执行活动存在违法情形的。

第二十条　当事人依照本规则第十九条第一项规定向人民检察院申请监督，应当在人民法院作出驳回再审申请裁定或者再审判决、裁定发生法律效力之日起两年内提出。

本条规定的期间为不变期间，不适用中止、中断、延长的规定。

人民检察院依职权启动监督程序的案件，不受本条第一款规定期限的限制。

第二十一条　当事人向人民检察院申请监督，应当提交监督申请书、身份证明、相关法律文书及证据材料。提交证据材料的，应当附证据清单。

申请监督材料不齐备的，人民检察院应当要求申请人限期补齐，并一次性明确告知应补齐的全部材料。申请人逾期未补齐的，视为撤回监督申请。

第二十二条　本规则第二十一条规定的监督申请书应当记明下列事项：

（一）申请人的姓名、性别、年龄、民族、职业、工作单位、住所、有效联系方式，法人或者非法人组织的名称、住所和法定代表人或者主要负责人的姓名、职务、有效联系方式；

（二）其他当事人的姓名、性别、工作单位、住所、有效联系方式等信息，法人或者非法人组织的名称、住所、负责人、有效联系方式等信息；

（三）申请监督请求；

（四）申请监督的具体法定情形及事实、理由。

申请人应当按照其他当事人的人数提交监督申请书副本。

第二十三条 本规则第二十一条规定的身份证明包括：

（一）自然人的居民身份证、军官证、士兵证、护照等能够证明本人身份的有效证件；

（二）法人或者非法人组织的统一社会信用代码证书或者营业执照副本、组织机构代码证书和法定代表人或者主要负责人的身份证明等有效证照。

对当事人提交的身份证明，人民检察院经核对无误留存复印件。

第二十四条 本规则第二十一条规定的相关法律文书是指人民法院在该案件诉讼过程中作出的全部判决书、裁定书、决定书、调解书等法律文书。

第二十五条 当事人申请监督，可以依照《中华人民共和国民事诉讼法》的规定委托诉讼代理人。

第二十六条 当事人申请监督符合下列条件的，人民检察院应当受理：

（一）符合本规则第十九条的规定；

（二）申请人提供的材料符合本规则第二十一条至第二十四条的规定；

（三）属于本院受理案件范围；

（四）不具有本规则规定的不予受理情形。

第二十七条 当事人根据《中华人民共和国民事诉讼法》第二百零九条第一款的规定向人民检察院申请监督，有下列情形之一的，人民检察院不予受理：

（一）当事人未向人民法院申请再审的；

（二）当事人申请再审超过法律规定的期限的，但不可归责于其自身原因的除外；

（三）人民法院在法定期限内正在对民事再审申请进行审查的；

（四）人民法院已经裁定再审且尚未审结的；

（五）判决、调解解除婚姻关系的，但对财产分割部分不服的除外；

（六）人民检察院已经审查终结作出决定的；

（七）民事判决、裁定、调解书是人民法院根据人民检察院的抗诉或者再审检察建议再审后作出的；

（八）申请监督超过本规则第二十条规定的期限的；

（九）其他不应受理的情形。

第二十八条 当事人认为民事审判程序或者执行活动存在违法情形，向人民检察院申请监督，有下列情形之一的，人民检察院不予受理：

（一）法律规定可以提出异议、申请复议或者提起诉讼，当事人没有提出异议、申请复议或者提起诉讼的，但有正当理由的除外；

（二）当事人提出异议、申请复议或者提起诉讼后，人民法院已经受理并正在审查处理的，但超过法定期限未作出处理的除外；

（三）其他不应受理的情形。

当事人对审判、执行人员违法行为申请监督的，不受前款规定的限制。

第二十九条 当事人根据《中华人民共和国民事诉讼法》第二百零九条第一款的规定向人民检察院申请检察建议或者抗诉，由作出生效民事判决、裁定、调解书的人民法院所在地同级人民检察院负责控告申诉检察的部门受理。

人民法院裁定驳回再审申请或者逾期未对再审申请作出裁定，当事人向人民检察院申请监督的，由作出原生效民事判决、裁定、调解书的人民法院所在地同级人民检察院受理。

第三十条 当事人认为民事审判程序中审判人员存在违法行为或者民事执行活动存在违法情形，向人民检察院申请监督的，由审理、执行案件的人民法院所在地同级人民检察院负责控告申诉检察的部门受理。

当事人不服上级人民法院作出的复议裁定、决定等，提出监督申请的，由上级人民法院所在地同级人民检察院受理。人民检察院受理后，可以根据需要依照本规则有关规定将案件交由原审理、执行案件的人民法院所在地同级人民检察院办理。

第三十一条 当事人认为人民检察院不依法受理其监督申请的，可以向上一级人民检察院申请监督。上一级人民检察院认为当事人监督申请符合受理条件的，应当指令下一级人民检察院受理，必要时也可以直接受理。

第三十二条 人民检察院负责控告申诉检察的部门对监督申请，应当根据以下情形作出处理：

（一）符合受理条件的，应当依照本规则规定作出受理决定；

（二）不属于本院受理案件范围的，应当告知申请人向有关人民检察院申请监督；

（三）不属于人民检察院主管范围的，应当告知申请人向有关机关反映；

（四）不符合受理条件，且申请人不撤回监督申请的，可以决定不予受理。

第三十三条 负责控告申诉检察的部门应当在决定受理之日起三日内制作《受理通知书》，发送申请人，并告知其权利义务；同时将《受理通知书》和监督申请书副本发送其他当事人，并告知其权利义务。其他当事人可以在收到监督申请书副本之日起十五日内提出书面意见，不提出意见的不影响人民检察院对案件的审查。

第三十四条 负责控告申诉检察的部门应当在决定受理之日起三日内将案件材料移送本院负责民事检察的部门，同时将《受理通知书》抄送本院负责案件管理的部门。负责控告申诉检察的部门收到其他当事人提交的书面意见等材料，应当及时移送负责民事检察的部门。

第三十五条 当事人以外的自然人、法人和非法人组织认为人民法院民事审判程序中审判人员存在违法行为或者民事执行活动存在违法情形等，可以向同级人民检察院控告。控告由人民检察院负责控告申诉检察的部门受理。

负责控告申诉检察的部门对收到的控告，应当依据《人民检察院信访工作规定》等办理。

第三十六条 负责控告申诉检察的部门可以依据《人民检察院信访工作规定》，向下级人民检察院交办涉及民事诉讼监督的信访案件。

第三十七条 人民检察院在履行职责中发现民事案件有下列情形之一的，应当依职权启动监督程序：

（一）损害国家利益或者社会公共利益的；

（二）审判、执行人员有贪污受贿，徇私舞弊，枉法裁判等违法行为的；

（三）当事人存在虚假诉讼等妨害司法秩序行为的；

（四）人民法院作出的已经发生法律效力的民事公益诉讼判决、裁定、调解书确有错误，审判程序中审判人员存在违法行为，或者执行活动存在违法情形的；

（五）依照有关规定需要人民检察院跟进监督的；

（六）具有重大社会影响等确有必要进行监督的情形。

人民检察院对民事案件依职权启动监督程序，不受当事人是否申请再审的限制。

第三十八条 下级人民检察院提请抗诉、提请其他监督等案件，由上一级人民检察院负责案件管理的部门受理。

依职权启动监督程序的民事诉讼监督案件，负责民事检察的部门应当到负责案件管理的部门登记受理。

第三十九条 负责案件管理的部门接收案件材料后，应当在三日内登记并将案件材料和案件登记表移送负责民事检察的部门；案件材料不符合规定的，应当要求补齐。

负责案件管理的部门登记受理后，需要通知当事人的，负责民事检察的部门应当制作《受理通知书》，并在三日内发送当事人。

第四章 审 查

第一节 一般规定

第四十条 受理后的民事诉讼监督案件由负责民事检察的部门进行审查。

第四十一条 上级人民检察院认为确有必要的，可以办理下级人民检察院受理的民事诉讼监督案件。

下级人民检察院对受理的民事诉讼监督案件，认为需要由上级人民检察院办理的，可以报请上级人民检察院办理。

第四十二条 上级人民检察院可以将受理的民事诉讼监督案件交由下级人民检察院办理，并限定办理期限。交办的案件应当制作《交办通知书》，并将有关材料移送下级人民检察院。下级人民检察院应当依法办理，不得将案件再行交办。除本规则第一百零七条规定外，下级人民检察院应当在规定期限内提出处理意见并报送上级人民检察院，上级人民检察院应当在法定期限内作出决定。

交办案件需要通知当事人的，应当制作《通知书》，并发送当事人。

第四十三条 人民检察院审查民事诉讼监督案件，应当围绕申请人的申请监督请求、争议焦点以及本规则第三十七条规定的情形，对人民法院民事诉讼活动是否合法进行全面审查。其他当事人在人民检察院作出决定前也申请监督的，应当将其列为申请人，对其申请监督请求一并审查。

第四十四条 申请人或者其他当事人对提出的主张，应当提供证据材料。人民检察院收到当事人提交的证据材料，应当出具收据。

第四十五条 人民检察院应当告知当事人有申请回避的权利，并告知办理案件的检察人员、书记员等的姓名、法律职务。

第四十六条 人民检察院审查案件，应当通过适当方式听取当事人意见，必要时可以听证或者调查核实有关情况，也可以依照有关规定组织专家咨询论证。

第四十七条 人民检察院审查案件，可以依照有关规定调阅人民法院的诉讼卷宗。

通过拷贝电子卷、查阅、复制、摘录等方式能够满足办案需要的，可以不调阅诉讼卷宗。

人民检察院认为确有必要，可以依照有关规定调阅人民法院的诉讼卷宗副卷，并采取严格保密措施。

第四十八条 承办检察官审查终结后，应当制作审查终结报告。审查终结报告应当全面、客观、公正地叙述案件事实，依据法律提出处理建议或者意见。

承办检察官通过审查监督申请书等材料即可以认定案件事实的，可以直接制作审查终结报告，提出处理建议或者意见。

第四十九条 承办检察官办理案件过程中，可以提请部门负责人召集检察官联席会议讨论。检察长、部门负责人在审核或者决定案件时,也可以召集检察官联席会议讨论。

检察官联席会议讨论情况和意见应当如实记录,由参加会议的检察官签名后附卷保存。部门负责人或者承办检察官不同意检察官联席会议多数人意见的,部门负责人应当报请检察长决定。

检察长认为必要的,可以提请检察委员会讨论决定。检察长、检察委员会对案件作出的决定,承办检察官应当执行。

第五十条 人民检察院对审查终结的案件,应当区分情况作出下列决定:

(一)提出再审检察建议;

(二)提请抗诉或者提请其他监督;

(三)提出抗诉;

(四)提出检察建议;

(五)终结审查;

(六)不支持监督申请;

(七)复查维持。

负责控告申诉检察的部门受理的案件,负责民事检察的部门应当将案件办理结果告知负责控告申诉检察的部门。

第五十一条 人民检察院在办理民事诉讼监督案件过程中,当事人有和解意愿的,可以引导当事人自行和解。

第五十二条 人民检察院受理当事人申请对人民法院已经发生法律效力的民事判决、裁定、调解书监督的案件,应当在三个月内审查终结并作出决定,但调卷、鉴定、评估、审计、专家咨询等期间不计入审查期限。

对民事审判程序中审判人员违法行为监督案件和对民事执行活动监督案件的审查期限,参照前款规定执行。

第五十三条 人民检察院办理民事诉讼监督案件,可以依照有关规定指派司法警察协助承办检察官履行调查核实、听证等职责。

第二节 听 证

第五十四条 人民检察院审查民事诉讼监督案件,认为确有必要的,可以组织有关当事人听证。

人民检察院审查民事诉讼监督案件,可以邀请与案件没有利害关系的人大代表、政协委员、人民监督员、特约检察员、专家咨询委员、人民调解员或者当事人所在单位、居住地的居民委员会、村民委员会成员以及专家、学者等其他社会人士参加公开听证,但该民事案件涉及国家秘密、个人隐私或者法律另有规定不得公开的除外。

第五十五条 人民检察院组织听证，由承办检察官主持，书记员负责记录。

听证一般在人民检察院专门听证场所内进行。

第五十六条 人民检察院组织听证，应当在听证三日前告知听证会参加人案由、听证时间和地点。

第五十七条 参加听证的当事人和其他相关人员应当按时参加听证，当事人无正当理由缺席或者未经许可中途退席的，不影响听证程序的进行。

第五十八条 听证应当围绕民事诉讼监督案件中的事实认定和法律适用等问题进行。

对当事人提交的证据材料和人民检察院调查取得的证据，应当充分听取各方当事人的意见。

第五十九条 听证会一般按照下列步骤进行：

（一）承办案件的检察官介绍案件情况和需要听证的问题；

（二）当事人及其他参加人就需要听证的问题分别说明情况；

（三）听证员向当事人或者其他参加人提问；

（四）主持人宣布休会，听证员就听证事项进行讨论；

（五）主持人宣布复会，根据案件情况，可以由听证员或者听证员代表发表意见；

（六）当事人发表最后陈述意见；

（七）主持人对听证会进行总结。

第六十条 听证应当制作笔录，经当事人校阅后，由当事人签名或者盖章。拒绝签名盖章的，应当记明情况。

第六十一条 参加听证的人员应当服从听证主持人指挥。

对违反听证秩序的，人民检察院可以予以批评教育，责令退出听证场所；对哄闹、冲击听证场所，侮辱、诽谤、威胁、殴打检察人员等严重扰乱听证秩序的，依法追究相应法律责任。

第三节 调查核实

第六十二条 人民检察院因履行法律监督职责的需要，有下列情形之一的，可以向当事人或者案外人调查核实有关情况：

（一）民事判决、裁定、调解书可能存在法律规定需要监督的情形，仅通过阅卷及审查现有材料难以认定的；

（二）民事审判程序中审判人员可能存在违法行为的；

（三）民事执行活动可能存在违法情形的；

（四）其他需要调查核实的情形。

第六十三条 人民检察院可以采取以下调查核实措施：

（一）查询、调取、复制相关证据材料；

（二）询问当事人或者案外人；

（三）咨询专业人员、相关部门或者行业协会等对专门问题的意见；

（四）委托鉴定、评估、审计；

（五）勘验物证、现场；

（六）查明案件事实所需要采取的其他措施。

人民检察院调查核实，不得采取限制人身自由和查封、扣押、冻结财产等强制性措施。

第六十四条 有下列情形之一的，人民检察院可以向银行业金融机构查询、调取、复制相关证据材料：

（一）可能损害国家利益、社会公共利益的；

（二）审判、执行人员可能存在违法行为的；

（三）涉及《中华人民共和国民事诉讼法》第五十五条规定诉讼的；

（四）当事人有伪造证据、恶意串通损害他人合法权益可能的。

人民检察院可以依照有关规定指派具备相应资格的检察技术人员对民事诉讼监督案件中的鉴定意见等技术性证据进行专门审查，并出具审查意见。

第六十五条 人民检察院可以就专门性问题书面或者口头咨询有关专业人员、相关部门或者行业协会的意见。口头咨询的，应当制作笔录，由接受咨询的专业人员签名或者盖章。拒绝签名盖章的，应当记明情况。

第六十六条 人民检察院对专门性问题认为需要鉴定、评估、审计的，可以委托具备资格的机构进行鉴定、评估、审计。

在诉讼过程中已经进行过鉴定、评估、审计的，一般不再委托鉴定、评估、审计。

第六十七条 人民检察院认为确有必要的，可以勘验物证或者现场。勘验人应当出示人民检察院的证件，并邀请当地基层组织或者当事人所在单位派人参加。当事人或者当事人的成年家属应当到场，拒不到场的，不影响勘验的进行。

勘验人应当将勘验情况和结果制作笔录，由勘验人、当事人和被邀参加人签名或者盖章。

第六十八条 需要调查核实的，由承办检察官在职权范围内决定，或者报检察长决定。

第六十九条 人民检察院调查核实,应当由二人以上共同进行。

调查笔录经被调查人校阅后,由调查人、被调查人签名或者盖章。被调查人拒绝签名盖章的,应当记明情况。

第七十条 人民检察院可以指令下级人民检察院或者委托外地人民检察院调查核实。

人民检察院指令调查或者委托调查的,应当发送《指令调查通知书》或者《委托调查函》,载明调查核实事项、证据线索及要求。受指令或者受委托人民检察院收到《指令调查通知书》或者《委托调查函》后,应当在十五日内完成调查核实工作并书面回复。因客观原因不能完成调查的,应当在上述期限内书面回复指令或者委托的人民检察院。

人民检察院到外地调查的,当地人民检察院应当配合。

第七十一条 人民检察院调查核实,有关单位和个人应当配合。拒绝或者妨碍人民检察院调查核实的,人民检察院可以向有关单位或者其上级主管部门提出检察建议,责令纠正;涉嫌违纪违法犯罪的,依照规定移送有关机关处理。

第四节 中止审查和终结审查

第七十二条 有下列情形之一的,人民检察院可以中止审查:

(一)申请监督的自然人死亡,需要等待继承人表明是否继续申请监督的;

(二)申请监督的法人或者非法人组织终止,尚未确定权利义务承受人的;

(三)本案必须以另一案的处理结果为依据,而另一案尚未审结的;

(四)其他可以中止审查的情形。

中止审查的,应当制作《中止审查决定书》,并发送当事人。中止审查的原因消除后,应当及时恢复审查。

第七十三条 有下列情形之一的,人民检察院应当终结审查:

(一)人民法院已经裁定再审或者已经纠正违法行为的;

(二)申请人撤回监督申请,且不损害国家利益、社会公共利益或者他人合法权益的;

(三)申请人在与其他当事人达成的和解协议中声明放弃申请监督权利,且不损害国家利益、社会公共利益或者他人合法权益的;

(四)申请监督的自然人死亡,没有继承人或者继承人放弃申请,且没有发现其他应当监督的违法情形的;

(五)申请监督的法人或者非法人组织终止,没有权利义务承受人或者权利义务承受人放弃申请,且没有发现其他应当监督的违法情形的;

(六)发现已经受理的案件不符合受理条件的;

(七)人民检察院依职权启动监督程序的案件,经审查不需要采取监督措施的;

(八)其他应当终结审查的情形。

终结审查的,应当制作《终结审查决定书》,需要通知当事人的,发送当事人。

第五章 对生效判决、裁定、调解书的监督

第一节 一般规定

第七十四条 人民检察院发现人民法院已经发生法律效力的民事判决、裁定有《中华人民共和国民事诉讼法》第二百条规定情形之一的,依法向人民法院提出再审检察建议或者抗诉。

第七十五条 人民检察院发现民事调解书损害国家利益、社会公共利益的,依法向人民法院提出再审检察建议或者抗诉。

人民检察院对当事人通过虚假诉讼获得的民事调解书应当依照前款规定监督。

第七十六条 当事人因故意或者重大过失逾期提供的证据,人民检察院不予采纳。但该证据与案件基本事实有关并且能够证明原判决、裁定确有错误的,应当认定为《中华人民共和国民事诉讼法》第二百条第一项规定的情形。

人民检察院依照本规则第六十三条、第六十四条规定调查取得的证据,与案件基本事实有关并且能够证明原判决、裁定确有错误的,应当认定为《中华人民共和国民事诉讼法》第二百条第一项规定的情形。

第七十七条 有下列情形之一的,应当认定为《中华人民共和国民事诉讼法》第二百条第二项规定的"认定的基本事实缺乏证据证明":

(一)认定的基本事实没有证据支持,或者认定的基本事实所依据的证据虚假、缺乏证明力的;

(二)认定的基本事实所依据的证据不合法的;

(三)对基本事实的认定违反逻辑推理或者日常生活法则的;

(四)认定的基本事实缺乏证据证明的其他情形。

第七十八条 有下列情形之一,导致原判决、裁定结果错误的,应当认定为《中华人民共和国民事诉讼法》第二百条第六项规定的"适用法律确有错误":

（一）适用的法律与案件性质明显不符的；

（二）确定民事责任明显违背当事人约定或者法律规定的；

（三）适用已经失效或者尚未施行的法律的；

（四）违反法律溯及力规定的；

（五）违反法律适用规则的；

（六）明显违背立法原意的；

（七）适用法律错误的其他情形。

第七十九条 有下列情形之一的，应当认定为《中华人民共和国民事诉讼法》第二百条第七项规定的“审判组织的组成不合法”：

（一）应当组成合议庭审理的案件独任审判的；

（二）人民陪审员参与第二审案件审理的；

（三）再审、发回重审的案件没有另行组成合议庭的；

（四）审理案件的人员不具有审判资格的；

（五）审判组织或者人员不合法的其他情形。

第八十条 有下列情形之一的，应当认定为《中华人民共和国民事诉讼法》第二百条第九项规定的“违反法律规定，剥夺当事人辩论权利”：

（一）不允许或者严重限制当事人行使辩论权利的；

（二）应当开庭审理而未开庭审理的；

（三）违反法律规定送达起诉状副本或者上诉状副本，致使当事人无法行使辩论权利的；

（四）违法剥夺当事人辩论权利的其他情形。

第二节 再审检察建议和提请抗诉

第八十一条 地方各级人民检察院发现同级人民法院已经发生法律效力的民事判决、裁定有下列情形之一的，可以向同级人民法院提出再审检察建议：

（一）有新的证据，足以推翻原判决、裁定的；

（二）原判决、裁定认定的基本事实缺乏证据证明的；

（三）原判决、裁定认定事实的主要证据是伪造的；

（四）原判决、裁定认定事实的主要证据未经质证的；

（五）对审理案件需要的主要证据，当事人因客观原因不能自行收集，书面申请人民法院调查收集，人民法院未调查收集的；

（六）审判组织的组成不合法或者依法应当回避的审判人员没有回避的；

（七）无诉讼行为能力人未经法定代理人代为诉讼或者应当参加诉讼的当

事人,因不能归责于本人或者其诉讼代理人的事由,未参加诉讼的;

(八)违反法律规定,剥夺当事人辩论权利的;

(九)未经传票传唤,缺席判决的;

(十)原判决、裁定遗漏或者超出诉讼请求的;

(十一)据以作出原判决、裁定的法律文书被撤销或者变更的。

第八十二条 符合本规则第八十一条规定的案件有下列情形之一的,地方各级人民检察院一般应当提请上一级人民检察院抗诉:

(一)判决、裁定是经同级人民法院再审后作出的;

(二)判决、裁定是经同级人民法院审判委员会讨论作出的。

第八十三条 地方各级人民检察院发现同级人民法院已经发生法律效力的民事判决、裁定有下列情形之一的,一般应当提请上一级人民检察院抗诉:

(一)原判决、裁定适用法律确有错误的;

(二)审判人员在审理该案件时有贪污受贿,徇私舞弊,枉法裁判行为的。

第八十四条 符合本规则第八十二条、第八十三条规定的案件,适宜由同级人民法院再审纠正的,地方各级人民检察院可以向同级人民法院提出再审检察建议。

第八十五条 地方各级人民检察院发现民事调解书损害国家利益、社会公共利益的,可以向同级人民法院提出再审检察建议,也可以提请上一级人民检察院抗诉。

第八十六条 对人民法院已经采纳再审检察建议进行再审的案件,提出再审检察建议的人民检察院一般不得再向上级人民检察院提请抗诉。

第八十七条 人民检察院提出再审检察建议,应当制作《再审检察建议书》,在决定提出再审检察建议之日起十五日内将《再审检察建议书》连同案件卷宗移送同级人民法院,并制作决定提出再审检察建议的《通知书》,发送当事人。

人民检察院提出再审检察建议,应当经本院检察委员会决定,并将《再审检察建议书》报上一级人民检察院备案。

第八十八条 人民检察院提请抗诉,应当制作《提请抗诉报告书》,在决定提请抗诉之日起十五日内将《提请抗诉报告书》连同案件卷宗报送上一级人民检察院,并制作决定提请抗诉的《通知书》,发送当事人。

第八十九条 人民检察院认为当事人的监督申请不符合提出再审检察建议或者提请抗诉条件的,应当作出不支持监督申请的决定,并在决定之日起十五日内制作《不支持监督申请决定书》,发送当事人。

第三节　抗　　诉

第九十条　最高人民检察院对各级人民法院已经发生法律效力的民事判决、裁定、调解书，上级人民检察院对下级人民法院已经发生法律效力的民事判决、裁定、调解书，发现有《中华人民共和国民事诉讼法》第二百条、第二百零八条规定情形的，应当向同级人民法院提出抗诉。

第九十一条　人民检察院提出抗诉的案件，接受抗诉的人民法院将案件交下一级人民法院再审，下一级人民法院审理后作出的再审判决、裁定仍有明显错误的，原提出抗诉的人民检察院可以依职权再次提出抗诉。

第九十二条　人民检察院提出抗诉，应当制作《抗诉书》，在决定抗诉之日起十五日内将《抗诉书》连同案件卷宗移送同级人民法院，并由接受抗诉的人民法院向当事人送达再审裁定时一并送达《抗诉书》。

人民检察院应当制作决定抗诉的《通知书》，发送当事人。上级人民检察院可以委托提请抗诉的人民检察院将决定抗诉的《通知书》发送当事人。

第九十三条　人民检察院认为当事人的监督申请不符合抗诉条件的，应当作出不支持监督申请的决定，并在决定之日起十五日内制作《不支持监督申请决定书》，发送当事人。上级人民检察院可以委托提请抗诉的人民检察院将《不支持监督申请决定书》发送当事人。

第四节　出　　庭

第九十四条　人民检察院提出抗诉的案件，人民法院再审时，人民检察院应当派员出席法庭。

必要时，人民检察院可以协调人民法院安排人民监督员旁听。

第九十五条　接受抗诉的人民法院将抗诉案件交下级人民法院再审的，提出抗诉的人民检察院可以指令再审人民法院的同级人民检察院派员出庭。

第九十六条　检察人员出席再审法庭的任务是：

（一）宣读抗诉书；

（二）对人民检察院调查取得的证据予以出示和说明；

（三）庭审结束时，经审判长许可，可以发表法律监督意见；

（四）对法庭审理中违反诉讼程序的情况予以记录。

检察人员发现庭审活动违法的，应当待休庭或者庭审结束之后，以人民检察院的名义提出检察建议。

出庭检察人员应当全程参加庭审。

第九十七条　当事人或者其他参加庭审人员在庭审中对检察机关或者出

庭检察人员有侮辱、诽谤、威胁等不当言论或者行为的,出庭检察人员应当建议法庭即时予以制止;情节严重的,应当建议法庭依照规定予以处理,并在庭审结束后向检察长报告。

第六章　对审判程序中审判人员违法行为的监督

第九十八条　《中华人民共和国民事诉讼法》第二百零八条第三款规定的审判程序包括:

(一)第一审普通程序;

(二)简易程序;

(三)第二审程序;

(四)特别程序;

(五)审判监督程序;

(六)督促程序;

(七)公示催告程序;

(八)海事诉讼特别程序;

(九)破产程序。

第九十九条　《中华人民共和国民事诉讼法》第二百零八条第三款的规定适用于法官、人民陪审员、法官助理、书记员。

第一百条　人民检察院发现同级人民法院民事审判程序中有下列情形之一的,应当向同级人民法院提出检察建议:

(一)判决、裁定确有错误,但不适用再审程序纠正的;

(二)调解违反自愿原则或者调解协议的内容违反法律的;

(三)符合法律规定的起诉和受理条件,应当立案而不立案的;

(四)审理案件适用审判程序错误的;

(五)保全和先予执行违反法律规定的;

(六)支付令违反法律规定的;

(七)诉讼中止或者诉讼终结违反法律规定的;

(八)违反法定审理期限的;

(九)对当事人采取罚款、拘留等妨害民事诉讼的强制措施违反法律规定的;

(十)违反法律规定送达的;

(十一)其他违反法律规定的情形。

第一百零一条　人民检察院发现同级人民法院民事审判程序中审判人员有《中华人民共和国法官法》第四十六条等规定的违法行为且可能影响案件公

正审判、执行的,应当向同级人民法院提出检察建议。

第一百零二条 人民检察院依照本章规定提出检察建议的,应当制作《检察建议书》,在决定提出检察建议之日起十五日内将《检察建议书》连同案件卷宗移送同级人民法院,并制作决定提出检察建议的《通知书》,发送申请人。

第一百零三条 人民检察院认为当事人申请监督的审判程序中审判人员违法行为认定依据不足的,应当作出不支持监督申请的决定,并在决定之日起十五日内制作《不支持监督申请决定书》,发送申请人。

第七章 对执行活动的监督

第一百零四条 人民检察院对人民法院执行生效民事判决、裁定、调解书、支付令、仲裁裁决以及公证债权文书等法律文书的活动实行法律监督。

第一百零五条 人民检察院认为人民法院在执行活动中可能存在怠于履行职责情形的,可以依照有关规定向人民法院发出《说明案件执行情况通知书》,要求说明案件的执行情况及理由。

第一百零六条 人民检察院发现人民法院在执行活动中有下列情形之一的,应当向同级人民法院提出检察建议:

(一)决定是否受理、执行管辖权的移转以及审查和处理执行异议、复议、申诉等执行审查活动存在违法、错误情形的;

(二)实施财产调查、控制、处分、交付和分配以及罚款、拘留、信用惩戒措施等执行实施活动存在违法、错误情形的;

(三)存在消极执行、拖延执行等情形的;

(四)其他执行违法、错误情形。

第一百零七条 人民检察院依照本规则第三十条第二款规定受理后交办的案件,下级人民检察院经审查认为人民法院作出的执行复议裁定、决定等存在违法、错误情形的,应当提请上级人民检察院监督;认为人民法院作出的执行复议裁定、决定等正确的,应当作出不支持监督申请的决定。

第一百零八条 人民检察院对执行活动提出检察建议的,应当经检察长或者检察委员会决定,制作《检察建议书》,在决定之日起十五日内将《检察建议书》连同案件卷宗移送同级人民法院,并制作决定提出检察建议的《通知书》,发送当事人。

第一百零九条 人民检察院认为当事人申请监督的人民法院执行活动不存在违法情形的,应当作出不支持监督申请的决定,并在决定之日起十五日内制作《不支持监督申请决定书》,发送申请人。

第一百一十条 人民检察院发现同级人民法院执行活动中执行人员存在违法行为的，参照本规则第六章有关规定执行。

第八章 案件管理

第一百一十一条 人民检察院负责案件管理的部门对民事诉讼监督案件的受理、期限、程序、质量等进行管理、监督、预警。

第一百一十二条 负责案件管理的部门发现本院办案活动有下列情形之一的，应当及时提出纠正意见：

（一）法律文书制作、使用不符合法律和有关规定的；

（二）违反办案期限有关规定的；

（三）侵害当事人、诉讼代理人诉讼权利的；

（四）未依法对民事审判活动以及执行活动中的违法行为履行法律监督职责的；

（五）其他应当提出纠正意见的情形。

情节轻微的，可以口头提示；情节较重的，应当发送《案件流程监控通知书》，提示办案部门及时查明情况并予以纠正；情节严重的，应当同时向检察长报告。

办案部门收到《案件流程监控通知书》后，应当在十日内将核查情况书面回复负责案件管理的部门。

第一百一十三条 负责案件管理的部门对以本院名义制发民事诉讼监督法律文书实施监督管理。

第一百一十四条 人民检察院办理的民事诉讼监督案件，办结后需要向其他单位移送案卷材料的，统一由负责案件管理的部门审核移送材料是否规范、齐备。负责案件管理的部门认为材料规范、齐备，符合移送条件的，应当立即由办案部门按照规定移送；认为材料不符合要求的，应当及时通知办案部门补送、更正。

第一百一十五条 人民法院向人民检察院送达的民事判决书、裁定书或者调解书等法律文书，由负责案件管理的部门负责接收，并即时登记移送负责民事检察的部门。

第一百一十六条 人民检察院在办理民事诉讼监督案件过程中，当事人及其诉讼代理人提出有关申请、要求或者提交有关书面材料的，由负责案件管理的部门负责接收，需要出具相关手续的，负责案件管理的部门应当出具。负责案件管理的部门接收材料后应当及时移送负责民事检察的部门。

第九章 其他规定

第一百一十七条 人民检察院发现人民法院在多起同一类型民事案件中有下列情形之一的，可以提出检察建议：

（一）同类问题适用法律不一致的；

（二）适用法律存在同类错误的；

（三）其他同类违法行为。

人民检察院发现有关单位的工作制度、管理方法、工作程序违法或者不当，需要改正、改进的，可以提出检察建议。

第一百一十八条 申请人向人民检察院提交的新证据是伪造的，或者对案件重要事实作虚假陈述的，人民检察院应当予以批评教育，并可以终结审查，但确有必要进行监督的除外；涉嫌违纪违法犯罪的，依照规定移送有关机关处理。

其他当事人有前款规定情形的，人民检察院应当予以批评教育；涉嫌违纪违法犯罪的，依照规定移送有关机关处理。

第一百一十九条 人民检察院发现人民法院审查和处理当事人申请执行、撤销仲裁裁决或者申请执行公证债权文书存在违法、错误情形的，参照本规则第六章、第七章有关规定执行。

第一百二十条 负责民事检察的部门在履行职责过程中，发现涉嫌违纪违法犯罪以及需要追究司法责任的行为，应当报检察长决定，及时将相关线索及材料移送有管辖权的机关或者部门。

人民检察院其他职能部门在履行职责中发现符合本规则规定的应当依职权启动监督程序的民事诉讼监督案件线索，应当及时向负责民事检察的部门通报。

第一百二十一条 人民检察院发现作出的相关决定确有错误需要纠正或者有其他情形需要撤回的，应当经本院检察长或者检察委员会决定。

第一百二十二条 人民法院对人民检察院监督行为提出建议的，人民检察院应当在一个月内将处理结果书面回复人民法院。人民法院对回复意见有异议，并通过上一级人民法院向上一级人民检察院提出的，上一级人民检察院认为人民法院建议正确，应当要求下级人民检察院及时纠正。

第一百二十三条 人民法院对民事诉讼监督案件作出再审判决、裁定或者其他处理决定后，提出监督意见的人民检察院应当对处理结果进行审查，并填写《民事诉讼监督案件处理结果审查登记表》。

第一百二十四条 有下列情形之一的，人民检察院可以按照有关规定再次监督或者提请上级人民检察院监督：

（一）人民法院审理民事抗诉案件作出的判决、裁定、调解书仍有明显错误的；

（二）人民法院对检察建议未在规定的期限内作出处理并书面回复的；

（三）人民法院对检察建议的处理结果错误的。

第一百二十五条 地方各级人民检察院对适用法律确属疑难、复杂，本院难以决断的重大民事诉讼监督案件，可以向上一级人民检察院请示。

请示案件依照最高人民检察院关于办理下级人民检察院请示件、下级人民检察院向最高人民检察院报送公文的相关规定办理。

第一百二十六条 当事人认为人民检察院对同级人民法院已经发生法律效力的民事判决、裁定、调解书作出的不支持监督申请决定存在明显错误的，可以在不支持监督申请决定作出之日起一年内向上一级人民检察院申请复查一次。负责控告申诉检察的部门经初核，发现可能有以下情形之一的，可以移送本院负责民事检察的部门审查处理：

（一）有新的证据，足以推翻原判决、裁定的；

（二）有证据证明原判决、裁定认定事实的主要证据是伪造的；

（三）据以作出原判决、裁定的法律文书被撤销或者变更的；

（四）有证据证明审判人员审理该案件时有贪污受贿，徇私舞弊，枉法裁判等行为的；

（五）有证据证明检察人员办理该案件时有贪污受贿，徇私舞弊，滥用职权等行为的；

（六）其他确有必要进行复查的。

负责民事检察的部门审查后，认为下一级人民检察院不支持监督申请决定错误，应当以人民检察院的名义予以撤销并依法提出抗诉；认为不存在错误，应当决定复查维持，并制作《复查决定书》，发送申请人。

上级人民检察院可以依职权复查下级人民检察院对同级人民法院已经发生法律效力的民事判决、裁定、调解书作出不支持监督申请决定的案件。

对复查案件的审查期限，参照本规则第五十二条第一款规定执行。

第一百二十七条 制作民事诉讼监督法律文书，应当符合规定的格式。

民事诉讼监督法律文书的格式另行制定。

第一百二十八条 人民检察院可以参照《中华人民共和国民事诉讼法》有关规定发送法律文书。

第一百二十九条 人民检察院发现制作的法律文书存在笔误的，应当作出《补正决定书》予以补正。

第一百三十条 人民检察院办理民事诉讼监督案件，应当按照规定建立民事诉讼监督案卷。

第一百三十一条 人民检察院办理民事诉讼监督案件，不收取案件受理费。申请复印、鉴定、审计、勘验等产生的费用由申请人直接支付给有关机构或者单位，人民检察院不得代收代付。

第十章 附 则

第一百三十二条 检察建议案件的办理，本规则未规定的，适用《人民检察院检察建议工作规定》。

第一百三十三条 民事公益诉讼监督案件的办理，适用本规则及有关公益诉讼检察司法解释的规定。

第一百三十四条 军事检察院等专门人民检察院对民事诉讼监督案件的办理，以及人民检察院对其他专门人民法院的民事诉讼监督案件的办理，适用本规则和其他有关规定。

第一百三十五条 本规则自2021年8月1日起施行，《人民检察院民事诉讼监督规则（试行）》同时废止。本院之前公布的其他规定与本规则内容不一致的，以本规则为准。

人民检察院公益诉讼办案规则

（2020年9月28日最高人民检察院第十三届检察委员会第五十二次会议通过 2021年6月29日最高人民检察院公告公布 自2021年7月1日起施行 高检发释字〔2021〕2号）

目 录

第一章　总　　则

第一条　为了规范人民检察院履行公益诉讼检察职责，加强对国家利益和社会公共利益的保护，根据《中华人民共和国人民检察院组织法》《中华人民共和国民事诉讼法》《中华人民共和国行政诉讼法》等法律规定，结合人民检察院工作实际，制定本规则。

第二条　人民检察院办理公益诉讼案件的任务，是通过依法独立行使检察权，督促行政机关依法履行监督管理职责，支持适格主体依法行使公益诉权，维护国家利益和社会公共利益，维护社会公平正义，维护宪法和法律权威，促进国家治理体系和治理能力现代化。

第三条　人民检察院办理公益诉讼案件，应当遵守宪法、法律和相关法规，秉持客观公正立场，遵循相关诉讼制度的基本原则和程序规定，坚持司法公开。

第四条　人民检察院通过提出检察建议、提起诉讼和支持起诉等方式履行公益诉讼检察职责。

第五条　人民检察院办理公益诉讼案件，由检察官、检察长、检察委员会在各自职权范围内对办案事项作出决定，并依照规定承担相应司法责任。

检察官在检察长领导下开展工作。重大办案事项，由检察长决定。检察长可以根据案件情况，提交检察委员会讨论决定。其他办案事项，检察长可以自行决定，也可以授权检察官决定。

以人民检察院名义制发的法律文书，由检察长签发；属于检察官职权范围内决定事项的，检察长可以授权检察官签发。

第六条 人民检察院办理公益诉讼案件，根据案件情况，可以由一名检察官独任办理，也可以由两名以上检察官组成办案组办理。由检察官办案组办理的，检察长应当指定一名检察官担任主办检察官，组织、指挥办案组办理案件。

检察官办理案件，可以根据需要配备检察官助理、书记员、司法警察、检察技术人员等检察辅助人员。检察辅助人员依照法律规定承担相应的检察辅助事务。

第七条 负责公益诉讼检察的部门负责人对本部门的办案活动进行监督管理。需要报请检察长决定的事项，应当先由部门负责人审核。部门负责人可以主持召开检察官联席会议进行讨论，也可以直接报请检察长决定。

第八条 检察长不同意检察官处理意见的，可以要求检察官复核，也可以直接作出决定，或者提请检察委员会讨论决定。

检察官执行检察长决定时，认为决定错误的，应当书面提出意见。检察长不改变原决定的，检察官应当执行。

第九条 人民检察院提起诉讼或者支持起诉的民事、行政公益诉讼案件，由负责民事、行政检察的部门或者办案组织分别履行诉讼监督的职责。

第十条 最高人民检察院领导地方各级人民检察院和专门人民检察院的公益诉讼检察工作，上级人民检察院领导下级人民检察院的公益诉讼检察工作。

上级人民检察院对下级人民检察院作出的决定，有权予以撤销或者变更；发现下级人民检察院办理的案件有错误的，有权指令下级人民检察院予以纠正。

下级人民检察院对上级人民检察院的决定应当执行。如果认为有错误的，应当在执行的同时向上级人民检察院报告。

第十一条 人民检察院办理公益诉讼案件，实行一体化工作机制，上级人民检察院根据办案需要，可以交办、提办、督办、领办案件。

上级人民检察院可以依法统一调用辖区的检察人员办理案件，调用的决定应当以书面形式作出。被调用的检察官可以代表办理案件的人民检察院履行调查、出庭等职责。

第十二条 人民检察院办理公益诉讼案件，依照规定接受人民监督员监督。

第二章　一般规定

第一节　管　　辖

第十三条　人民检察院办理行政公益诉讼案件,由行政机关对应的同级人民检察院立案管辖。

行政机关为人民政府,由上一级人民检察院管辖更为适宜的,也可以由上一级人民检察院立案管辖。

第十四条　人民检察院办理民事公益诉讼案件,由违法行为发生地、损害结果地或者违法行为人住所地基层人民检察院立案管辖。

刑事附带民事公益诉讼案件,由办理刑事案件的人民检察院立案管辖。

第十五条　设区的市级以上人民检察院管辖本辖区内重大、复杂的案件。公益损害范围涉及两个以上行政区划的公益诉讼案件,可以由共同的上一级人民检察院管辖。

第十六条　人民检察院立案管辖与人民法院诉讼管辖级别、地域不对应的,具有管辖权的人民检察院可以立案,需要提起诉讼的,应当将案件移送有管辖权人民法院对应的同级人民检察院。

第十七条　上级人民检察院可以根据办案需要,将下级人民检察院管辖的公益诉讼案件指定本辖区内其他人民检察院办理。

最高人民检察院、省级人民检察院和设区的市级人民检察院可以根据跨区域协作工作机制规定,将案件指定或移送相关人民检察院跨行政区划管辖。基层人民检察院可以根据跨区域协作工作机制规定,将案件移送相关人民检察院跨行政区划管辖。

人民检察院对管辖权发生争议的,由争议双方协商解决。协商不成的,报共同的上级人民检察院指定管辖。

第十八条　上级人民检察院认为确有必要的,可以办理下级人民检察院管辖的案件,也可以将本院管辖的案件交下级人民检察院办理。

下级人民检察院认为需要由上级人民检察院办理的,可以报请上级人民检察院决定。

第二节　回　　避

第十九条　检察人员具有下列情形之一的,应当自行回避,当事人、诉讼代理人有权申请其回避:

（一）是行政公益诉讼行政机关法定代表人或者主要负责人、诉讼代理人近亲属，或者有其他关系，可能影响案件公正办理的；

（二）是民事公益诉讼当事人、诉讼代理人近亲属，或者有其他关系，可能影响案件公正办理的。

应当回避的检察人员，本人没有自行回避，当事人及其诉讼代理人也没有申请其回避的，检察长或者检察委员会应当决定其回避。

前两款规定，适用于翻译人员、鉴定人、勘验人等。

第二十条 检察人员自行回避的，应当书面或者口头提出，并说明理由。口头提出的，应当记录在卷。

第二十一条 当事人及其诉讼代理人申请回避的，应当书面或者口头提出，并说明理由。口头提出的，应当记录在卷。

被申请回避的人员在人民检察院作出是否回避的决定前，不停止参与本案工作。

第二十二条 检察长的回避，由检察委员会讨论决定；检察人员和其他人员的回避，由检察长决定。检察委员会讨论检察长回避问题时，由副检察长主持。

第二十三条 人民检察院对当事人提出的回避申请，应当在收到申请后三日内作出决定，并通知申请人。申请人对决定不服的，可以在接到决定时向原决定机关申请复议一次。人民检察院应当在三日内作出复议决定，并通知复议申请人。复议期间，被申请回避的人员不停止参与本案工作。

第三节 立 案

第二十四条 公益诉讼案件线索的来源包括：

（一）自然人、法人和非法人组织向人民检察院控告、举报的；

（二）人民检察院在办案中发现的；

（三）行政执法信息共享平台上发现的；

（四）国家机关、社会团体和人大代表、政协委员等转交的；

（五）新闻媒体、社会舆论等反映的；

（六）其他在履行职责中发现的。

第二十五条 人民检察院对公益诉讼案件线索实行统一登记备案管理制度。重大案件线索应当向上一级人民检察院备案。

人民检察院其他部门发现公益诉讼案件线索的，应当将有关材料及时移送负责公益诉讼检察的部门。

第二十六条 人民检察院发现公益诉讼案件线索不属于本院管辖的，应当制作《移送案件线索通知书》,移送有管辖权的同级人民检察院,受移送的人民检察院应当受理。受移送的人民检察院认为不属于本院管辖的,应当报告上级人民检察院,不得自行退回原移送线索的人民检察院或者移送其他人民检察院。

人民检察院发现公益诉讼案件线索属于上级人民检察院管辖的,应当制作《报请移送案件线索意见书》,报请移送上级人民检察院。

第二十七条 人民检察院应当对公益诉讼案件线索的真实性、可查性等进行评估,必要时可以进行初步调查,并形成《初步调查报告》。

第二十八条 人民检察院经过评估,认为国家利益或者社会公共利益受到侵害,可能存在违法行为的,应当立案调查。

第二十九条 对于国家利益或者社会公共利益受到严重侵害,人民检察院经初步调查仍难以确定不依法履行监督管理职责的行政机关或者违法行为人的,也可以立案调查。

第三十条 检察官对案件线索进行评估后提出立案或者不立案意见的,应当制作《立案审批表》,经过初步调查的附《初步调查报告》,报请检察长决定后制作《立案决定书》或者《不立案决定书》。

第三十一条 负责公益诉讼检察的部门在办理公益诉讼案件过程中,发现涉嫌犯罪或者职务违法、违纪线索的,应当依照规定移送本院相关检察业务部门或者其他有管辖权的主管机关。

第四节 调　　查

第三十二条 人民检察院办理公益诉讼案件,应当依法、客观、全面调查收集证据。

第三十三条 人民检察院在调查前应当制定调查方案,确定调查思路、方法、步骤以及拟收集的证据清单等。

第三十四条 人民检察院办理公益诉讼案件的证据包括书证、物证、视听资料、电子数据、证人证言、当事人陈述、鉴定意见、专家意见、勘验笔录等。

第三十五条 人民检察院办理公益诉讼案件,可以采取以下方式开展调查和收集证据:

(一)查阅、调取、复制有关执法、诉讼卷宗材料等;

(二)询问行政机关工作人员、违法行为人以及行政相对人、利害关系人、证人等;

(三)向有关单位和个人收集书证、物证、视听资料、电子数据等证据;

(四)咨询专业人员、相关部门或者行业协会等对专门问题的意见;

（五）委托鉴定、评估、审计、检验、检测、翻译；

（六）勘验物证、现场；

（七）其他必要的调查方式。

人民检察院开展调查和收集证据不得采取限制人身自由或者查封、扣押、冻结财产等强制性措施。

第三十六条 人民检察院开展调查和收集证据，应当由两名以上检察人员共同进行。检察官可以组织司法警察、检察技术人员参加，必要时可以指派或者聘请其他具有专门知识的人参与。根据案件实际情况，也可以商请相关单位协助进行。

在调查收集证据过程中，检察人员可以依照有关规定使用执法记录仪、自动检测仪等办案设备和无人机航拍、卫星遥感等技术手段。

第三十七条 询问应当个别进行。检察人员在询问前应当出示工作证，询问过程中应当制作《询问笔录》。被询问人确认无误后，签名或者盖章。被询问人拒绝签名盖章的，应当在笔录上注明。

第三十八条 需要向有关单位或者个人调取物证、书证的，应当制作《调取证据通知书》和《调取证据清单》，持上述文书调取有关证据材料。

调取书证应当调取原件，调取原件确有困难或者因保密需要无法调取原件的，可以调取复制件。书证为复制件的，应当注明调取人、提供人、调取时间、证据出处和“本复制件与原件核对一致”等字样，并签字、盖章。书证页码较多的，加盖骑缝章。

调取物证应当调取原物，调取原物确有困难的，可以调取足以反映原物外形或者内容的照片、录像或者复制品等其他证据材料。

第三十九条 人民检察院应当收集提取视听资料、电子数据的原始存储介质，调取原始存储介质确有困难或者因保密需要无法调取的，可以调取复制件。调取复制件的，应当说明其来源和制作经过。

人民检察院自行收集提取视听资料、电子数据的，应当注明收集时间、地点、收集人员及其他需要说明的情况。

第四十条 人民检察院可以就专门性问题书面或者口头咨询有关专业人员、相关部门或者行业协会的意见。

口头咨询的，应当制作笔录，由接受咨询的专业人员签名或者盖章。书面咨询的，应当由出具咨询意见的专业人员或者单位签名、盖章。

第四十一条 人民检察院对专门性问题认为确有必要鉴定、评估、审计、检验、检测、翻译的，可以委托具备资格的机构进行鉴定、评估、审计、检验、检测、翻译，委托时应当制作《委托鉴定（评估、审计、检验、检测、翻译）函》。

第四十二条 人民检察院认为确有必要的,可以勘验物证或者现场。

勘验应当在检察官的主持下,由两名以上检察人员进行,可以邀请见证人参加。必要时,可以指派或者聘请有专门知识的人进行。勘验情况和结果应当制作笔录,由参加勘验的人员、见证人签名或者盖章。

检察技术人员可以依照相关规定在勘验过程中进行取样并进行快速检测。

第四十三条 人民检察院办理公益诉讼案件,需要异地调查收集证据的,可以自行调查或者委托当地同级人民检察院进行。委托时应当出具委托书,载明需要调查的对象、事项及要求。受委托人民检察院应当在收到委托书之日起三十日内完成调查,并将情况回复委托的人民检察院。

第四十四条 人民检察院可以依照规定组织听证,听取听证员、行政机关、违法行为人、行政相对人、受害人代表等相关各方意见,了解有关情况。

听证形成的书面材料是人民检察院依法办理公益诉讼案件的重要参考。

第四十五条 行政机关及其工作人员拒绝或者妨碍人民检察院调查收集证据的,人民检察院可以向同级人大常委会报告,向同级纪检监察机关通报,或者通过上级人民检察院向其上级主管机关通报。

第五节 提起诉讼

第四十六条 人民检察院对于符合起诉条件的公益诉讼案件,应当依法向人民法院提起诉讼。

人民检察院提起公益诉讼,应当向人民法院提交公益诉讼起诉书和相关证据材料。起诉书的主要内容包括:

(一)公益诉讼起诉人;

(二)被告的基本信息;

(三)诉讼请求及所依据的事实和理由。

公益诉讼起诉书应当自送达人民法院之日起五日内报上一级人民检察院备案。

第四十七条 人民检察院办理行政公益诉讼案件,审查起诉期限为一个月,自检察建议整改期满之日起计算。

人民检察院办理民事公益诉讼案件,审查起诉期限为三个月,自公告期满之日起计算。

移送其他人民检察院起诉的,受移送的人民检察院审查起诉期限自收到案件之日起计算。

重大、疑难、复杂案件需要延长审查起诉期限的,行政公益诉讼案件经检察长批准后可以延长一个月,还需要延长的,报上一级人民检察院批准,上一级人民检察院认为已经符合起诉条件的,可以依照本规则第十七条规定指定本辖区内其他人民检察院提起诉讼。民事公益诉讼案件经检察长批准后可以延长一个月,还需要延长的,报上一级人民检察院批准。

第四十八条 人民检察院办理公益诉讼案件,委托鉴定、评估、审计、检验、检测、翻译期间不计入审查起诉期限。

第六节 出席第一审法庭

第四十九条 人民检察院提起公益诉讼的案件,应当派员出庭履行职责,参加相关诉讼活动。

人民检察院应当自收到人民法院出庭通知书之日起三日内向人民法院提交《派员出庭通知书》。《派员出庭通知书》应当写明出庭人员的姓名、法律职务以及出庭履行的职责。

人民检察院应当指派检察官出席第一审法庭,检察官助理可以协助检察官出庭,并根据需要配备书记员担任记录及其他辅助工作。涉及专门性、技术性问题,可以指派或者聘请有专门知识的人协助检察官出庭。

第五十条 人民法院通知人民检察院派员参加证据交换、庭前会议的,由出席法庭的检察人员参加。人民检察院认为有必要的,可以商人民法院组织证据交换或者召开庭前会议。

第五十一条 出庭检察人员履行以下职责:

(一)宣读公益诉讼起诉书;

(二)对人民检察院调查收集的证据予以出示和说明,对相关证据进行质证;

(三)参加法庭调查、进行辩论,并发表出庭意见;

(四)依法从事其他诉讼活动。

第五十二条 出庭检察人员应当客观、全面地向法庭出示证据。根据庭审情况合理安排举证顺序,分组列举证据,可以使用多媒体等示证方式。质证应当围绕证据的真实性、合法性、关联性展开。

第五十三条 出庭检察人员向被告、证人、鉴定人、勘验人等发问应当遵循下列要求:

(一)围绕案件基本事实和争议焦点进行发问;

(二)与调查收集的证据相互支撑;

(三)不得使用带有人身攻击或者威胁性的语言和方式。

第五十四条 出庭检察人员可以申请人民法院通知证人、鉴定人、有专门知识的人出庭作证或者提出意见。

第五十五条 出庭检察人员在法庭审理期间,发现需要补充调查的,可以在法庭休庭后进行补充调查。

第五十六条 出庭检察人员参加法庭辩论,应结合法庭调查情况,围绕双方在事实、证据、法律适用等方面的争议焦点发表辩论意见。

第五十七条 出庭检察人员应当结合庭审情况,客观公正发表出庭意见。

第七节 上 诉

第五十八条 人民检察院应当在收到人民法院第一审公益诉讼判决书、裁定书后三日内报送上一级人民检察院备案。

人民检察院认为第一审公益诉讼判决、裁定确有错误的,应当提出上诉。

提出上诉的,由提起诉讼的人民检察院决定。上一级人民检察院应当同步审查进行指导。

第五十九条 人民检察院提出上诉的,应当制作公益诉讼上诉书。公益诉讼上诉书的主要内容包括:

(一)公益诉讼上诉人;

(二)被上诉人的基本情况;

(三)原审人民法院名称、案件编号和案由;

(四)上诉请求和事实理由。

第六十条 人民检察院应当在上诉期限内通过原审人民法院向上一级人民法院提交公益诉讼上诉书,并将副本连同相关证据材料报送上一级人民检察院。

第六十一条 上一级人民检察院认为上诉不当的,应当指令下级人民检察院撤回上诉。

上一级人民检察院在上诉期限内,发现下级人民检察院应当上诉而没有提出上诉的,应当指令下级人民检察院依法提出上诉。

第六十二条 被告不服第一审公益诉讼判决、裁定上诉的,人民检察院应当在收到上诉状副本后三日内报送上一级人民检察院,提起诉讼的人民检察院和上一级人民检察院应当全面审查案卷材料。

第六十三条 人民法院决定开庭审理的上诉案件,提起诉讼的人民检察院和上一级人民检察院应当共同派员出席第二审法庭。

人民检察院应当在出席第二审法庭之前向人民法院提交《派员出庭通知书》,载明人民检察院出庭检察人员的姓名、法律职务以及出庭履行的职责等。

第八节　诉讼监督

第六十四条　最高人民检察院发现各级人民法院、上级人民检察院发现下级人民法院已经发生法律效力的公益诉讼判决、裁定确有错误,损害国家利益或者社会公共利益的,应当依法提出抗诉。

第六十五条　人民法院决定开庭审理的公益诉讼再审案件,与人民法院对应的同级人民检察院应当派员出席法庭。

第六十六条　人民检察院发现人民法院公益诉讼审判程序违反法律规定,或者审判人员有《中华人民共和国法官法》第四十六条规定的违法行为,可能影响案件公正审判、执行的,或者人民法院在公益诉讼案件判决生效后不依法移送执行或者执行活动违反法律规定的,应当依法向同级人民法院提出检察建议。

第三章　行政公益诉讼

第一节　立案与调查

第六十七条　人民检察院经过对行政公益诉讼案件线索进行评估,认为同时存在以下情形的,应当立案:

(一)国家利益或者社会公共利益受到侵害;

(二)生态环境和资源保护、食品药品安全、国有财产保护、国有土地使用权出让、未成年人保护等领域对保护国家利益或者社会公共利益负有监督管理职责的行政机关可能违法行使职权或者不作为。

第六十八条　人民检察院对于符合本规则第六十七条规定的下列情形,应当立案:

(一)对于行政机关作出的行政决定,行政机关有强制执行权而怠于强制执行,或者没有强制执行权而怠于申请人民法院强制执行的;

(二)在人民法院强制执行过程中,行政机关违法处分执行标的的;

(三)根据地方裁执分离规定,人民法院将行政强制执行案件交由有强制执行权的行政机关执行,行政机关不依法履职的;

(四)其他行政强制执行中行政机关违法行使职权或者不作为的情形。

第六十九条　对于同一侵害国家利益或者社会公共利益的损害后果,数个负有不同监督管理职责的行政机关均可能存在不依法履行职责情形的,人民检察院可以对数个行政机关分别立案。

人民检察院在立案前发现同一行政机关对多个同一性质的违法行为可能存在不依法履行职责情形的，应当作为一个案件立案。在发出检察建议前发现其他同一性质的违法行为的，应当与已立案案件一并处理。

第七十条 人民检察院决定立案的，应当在七日内将《立案决定书》送达行政机关，并可以就其是否存在违法行使职权或者不作为、国家利益或者社会公共利益受到侵害的后果、整改方案等事项进行磋商。

磋商可以采取召开磋商座谈会、向行政机关发送事实确认书等方式进行，并形成会议记录或者纪要等书面材料。

第七十一条 人民检察院办理行政公益诉讼案件，围绕以下事项进行调查：

（一）国家利益或者社会公共利益受到侵害的事实；

（二）行政机关的监督管理职责；

（三）行政机关不依法履行职责的行为；

（四）行政机关不依法履行职责的行为与国家利益或者社会公共利益受到侵害的关联性；

（五）其他需要查明的事项。

第七十二条 人民检察院认定行政机关监督管理职责的依据为法律法规规章，可以参考行政机关的"三定"方案、权力清单和责任清单等。

第七十三条 调查结束，检察官应当制作《调查终结报告》，区分情况提出以下处理意见：

（一）终结案件；

（二）提出检察建议。

第七十四条 经调查，人民检察院认为存在下列情形之一的，应当作出终结案件决定：

（一）行政机关未违法行使职权或者不作为的；

（二）国家利益或者社会公共利益已经得到有效保护的；

（三）行政机关已经全面采取整改措施依法履行职责的；

（四）其他应当终结案件的情形。

终结案件的，应当报检察长决定，并制作《终结案件决定书》送达行政机关。

第二节 检察建议

第七十五条 经调查，人民检察院认为行政机关不依法履行职责，致使国家利益或者社会公共利益受到侵害的，应当报检察长决定向行政机关提出检察建议，并于《检察建议书》送达之日起五日内向上一级人民检察院备案。

《检察建议书》应当包括以下内容：

（一）行政机关的名称；

（二）案件来源；

（三）国家利益或者社会公共利益受到侵害的事实；

（四）认定行政机关不依法履行职责的事实和理由；

（五）提出检察建议的法律依据；

（六）建议的具体内容；

（七）行政机关整改期限；

（八）其他需要说明的事项。

《检察建议书》的建议内容应当与可能提起的行政公益诉讼请求相衔接。

第七十六条　人民检察院决定提出检察建议的，应当在三日内将《检察建议书》送达行政机关。

行政机关拒绝签收的，应当在送达回证上记录，把《检察建议书》留在其住所地，并可以采用拍照、录像等方式记录送达过程。

人民检察院可以采取宣告方式向行政机关送达《检察建议书》，必要时，可以邀请人大代表、政协委员、人民监督员等参加。

第七十七条　提出检察建议后，人民检察院应当对行政机关履行职责的情况和国家利益或者社会公共利益受到侵害的情况跟进调查，收集相关证据材料。

第七十八条　行政机关在法律、司法解释规定的整改期限内已依法作出行政决定或者制定整改方案，但因突发事件等客观原因不能全部整改到位，且没有怠于履行监督管理职责情形的，人民检察院可以中止审查。

中止审查的，应当经检察长批准，制作《中止审查决定书》，并报送上一级人民检察院备案。中止审查的原因消除后，应当恢复审查并制作《恢复审查决定书》。

第七十九条　经过跟进调查，检察官应当制作《审查终结报告》，区分情况提出以下处理意见：

（一）终结案件；

（二）提起行政公益诉讼；

（三）移送其他人民检察院处理。

第八十条　经审查，人民检察院发现有本规则第七十四条第一款规定情形之一的，应当终结案件。

第三节　提起诉讼

第八十一条　行政机关经检察建议督促仍然没有依法履行职责，国家利益或者社会公共利益处于受侵害状态的，人民检察院应当依法提起行政公益诉讼。

第八十二条　有下列情形之一的，人民检察院可以认定行政机关未依法履行职责：

（一）逾期不回复检察建议，也没有采取有效整改措施的；

（二）已经制定整改措施，但没有实质性执行的；

（三）虽按期回复，但未采取整改措施或者仅采取部分整改措施的；

（四）违法行为人已经被追究刑事责任或者案件已经移送刑事司法机关处理，但行政机关仍应当继续依法履行职责的；

（五）因客观障碍导致整改方案难以按期执行，但客观障碍消除后未及时恢复整改的；

（六）整改措施违反法律法规规定的；

（七）其他没有依法履行职责的情形。

第八十三条　人民检察院可以根据行政机关的不同违法情形，向人民法院提出确认行政行为违法或者无效、撤销或者部分撤销违法行政行为、依法履行法定职责、变更行政行为等诉讼请求。

依法履行法定职责的诉讼请求中不予载明行政相对人承担具体义务或者减损具体权益的事项。

第八十四条　在行政公益诉讼案件审理过程中，行政机关已经依法履行职责而全部实现诉讼请求的，人民检察院可以撤回起诉。确有必要的，人民检察院可以变更诉讼请求，请求判决确认行政行为违法。

人民检察院决定撤回起诉或者变更诉讼请求的，应当经检察长决定后制作《撤回起诉决定书》或者《变更诉讼请求决定书》，并在三日内提交人民法院。

第四章　民事公益诉讼

第一节　立案与调查

第八十五条　人民检察院经过对民事公益诉讼线索进行评估，认为同时存在以下情形的，应当立案：

（一）社会公共利益受到损害；

（二）可能存在破坏生态环境和资源保护，食品药品安全领域侵害众多消费者合法权益，侵犯未成年人合法权益，侵害英雄烈士等的姓名、肖像、名誉、荣誉等损害社会公共利益的违法行为。

第八十六条 人民检察院立案后，应当调查以下事项：

（一）违法行为人的基本情况；

（二）违法行为人实施的损害社会公共利益的行为；

（三）社会公共利益受到损害的类型、具体数额或者修复费用等；

（四）违法行为与损害后果之间的因果关系；

（五）违法行为人的主观过错情况；

（六）违法行为人是否存在免除或者减轻责任的相关事实；

（七）其他需要查明的事项。

对于污染环境、破坏生态等应当由违法行为人依法就其不承担责任或者减轻责任，及其行为与损害后果之间不存在因果关系承担举证责任的案件，可以重点调查（一）（二）（三）项以及违法行为与损害后果之间的关联性。

第八十七条 人民检察院办理涉及刑事犯罪的民事公益诉讼案件，在刑事案件的委托鉴定评估中，可以同步提出公益诉讼案件办理的鉴定评估需求。

第八十八条 刑事侦查中依法收集的证据材料，可以在基于同一违法事实提起的民事公益诉讼案件中作为证据使用。

第八十九条 调查结束，检察官应当制作《调查终结报告》，区分情况提出以下处理意见：

（一）终结案件；

（二）发布公告。

第九十条 经调查，人民检察院发现存在以下情形之一的，应当终结案件：

（一）不存在违法行为的；

（二）生态环境损害赔偿权利人与赔偿义务人经磋商达成赔偿协议，或者已经提起生态环境损害赔偿诉讼的；

（三）英雄烈士等的近亲属不同意人民检察院提起公益诉讼的；

（四）其他适格主体依法向人民法院提起诉讼的；

（五）社会公共利益已经得到有效保护的；

（六）其他应当终结案件的情形。

有前款（二）（三）（四）项情形之一，人民检察院支持起诉的除外。

终结案件的，应当报请检察长决定，并制作《终结案件决定书》。

第二节　公　告

第九十一条　经调查，人民检察院认为社会公共利益受到损害，存在违法行为的，应当依法发布公告。公告应当包括以下内容：

（一）社会公共利益受到损害的事实；

（二）告知适格主体可以向人民法院提起诉讼，符合启动生态环境损害赔偿程序条件的案件，告知赔偿权利人启动生态环境损害赔偿程序；

（三）公告期限；

（四）联系人、联系电话；

（五）公告单位、日期。

公告应当在具有全国影响的媒体发布，公告期间为三十日。

第九十二条　人民检察院办理侵害英雄烈士等的姓名、肖像、名誉、荣誉的民事公益诉讼案件，可以直接征询英雄烈士等的近亲属的意见。被侵害的英雄烈士等人数众多、难以确定近亲属，或者直接征询近亲属意见确有困难的，也可以通过公告的方式征询英雄烈士等的近亲属的意见。

第九十三条　发布公告后，人民检察院应当对赔偿权利人启动生态环境损害赔偿程序情况、适格主体起诉情况、英雄烈士等的近亲属提起民事诉讼情况，以及社会公共利益受到损害的情况跟进调查，收集相关证据材料。

第九十四条　经过跟进调查，检察官应当制作《审查终结报告》，区分情况提出以下处理意见：

（一）终结案件；

（二）提起民事公益诉讼；

（三）移送其他人民检察院处理。

第九十五条　经审查，人民检察院发现有本规则第九十条规定情形之一的，应当终结案件。

第三节　提起诉讼

第九十六条　有下列情形之一，社会公共利益仍然处于受损害状态的，人民检察院应当提起民事公益诉讼：

（一）生态环境损害赔偿权利人未启动生态环境损害赔偿程序，或者经过磋商未达成一致，赔偿权利人又不提起诉讼的；

（二）没有适格主体，或者公告期满后适格主体不提起诉讼的；

（三）英雄烈士等没有近亲属，或者近亲属不提起诉讼的。

第九十七条　人民检察院在刑事案件提起公诉时，对破坏生态环境和资源保护,食品药品安全领域侵害众多消费者合法权益,侵犯未成年人合法权益,侵害英雄烈士等的姓名、肖像、名誉、荣誉等损害社会公共利益的违法行为,可以向人民法院提起刑事附带民事公益诉讼。

第九十八条 人民检察院可以向人民法院提出要求被告停止侵害、排除妨碍、消除危险、恢复原状、赔偿损失等诉讼请求。

针对不同领域案件,还可以提出以下诉讼请求:

(一)破坏生态环境和资源保护领域案件,可以提出要求被告以补植复绿、增殖放流、土地复垦等方式修复生态环境的诉讼请求,或者支付生态环境修复费用,赔偿生态环境受到损害至修复完成期间服务功能丧失造成的损失、生态环境功能永久性损害造成的损失等诉讼请求,被告违反法律规定故意污染环境、破坏生态造成严重后果的,可以提出惩罚性赔偿等诉讼请求;

(二)食品药品安全领域案件,可以提出要求被告召回并依法处置相关食品药品以及承担相关费用和惩罚性赔偿等诉讼请求;

(三)英雄烈士等的姓名、肖像、名誉、荣誉保护案件,可以提出要求被告消除影响、恢复名誉、赔礼道歉等诉讼请求。

人民检察院为诉讼支出的鉴定评估、专家咨询等费用,可以在起诉时一并提出由被告承担的诉讼请求。

第九十九条 民事公益诉讼案件可以依法在人民法院主持下进行调解。调解协议不得减免诉讼请求载明的民事责任,不得损害社会公共利益。

诉讼请求全部实现的,人民检察院可以撤回起诉。人民检察院决定撤回起诉的,应当经检察长决定后制作《撤回起诉决定书》,并在三日内提交人民法院。

第四节 支持起诉

第一百条 下列案件,人民检察院可以支持起诉:

(一)生态环境损害赔偿权利人提起的生态环境损害赔偿诉讼案件;

(二)适格主体提起的民事公益诉讼案件;

(三)英雄烈士等的近亲属提起的维护英雄烈士等的姓名、肖像、名誉、荣誉的民事诉讼案件;

(四)军人和因公牺牲军人、病故军人遗属提起的侵害军人荣誉、名誉和其他相关合法权益的民事诉讼案件;

(五)其他依法可以支持起诉的公益诉讼案件。

第一百零一条 人民检察院可以采取提供法律咨询、向人民法院提交支持起诉意见书、协助调查取证、出席法庭等方式支持起诉。

第一百零二条　人民检察院在向人民法院提交支持起诉意见书后，发现有以下不适合支持起诉情形的，可以撤回支持起诉：

（一）原告无正当理由变更、撤回部分诉讼请求，致使社会公共利益不能得到有效保护的；

（二）原告撤回起诉或者与被告达成和解协议，致使社会公共利益不能得到有效保护的；

（三）原告请求被告承担的律师费以及为诉讼支出的其他费用过高，对社会公共利益保护产生明显不利影响的；

（四）其他不适合支持起诉的情形。

人民检察院撤回支持起诉的，应当制作《撤回支持起诉决定书》，在三日内提交人民法院，并发送原告。

第一百零三条　人民检察院撤回支持起诉后，认为适格主体提出的诉讼请求不足以保护社会公共利益，符合立案条件的，可以另行立案。

第五章　其他规定

第一百零四条　办理公益诉讼案件的人民检察院对涉及法律适用、办案程序、司法政策等问题，可以依照有关规定向上级人民检察院请示。

第一百零五条　本规则所涉及的法律文书格式，由最高人民检察院统一制定。

第一百零六条　各级人民检察院办理公益诉讼案件，应当依照有关规定及时归档。

第一百零七条　人民检察院提起公益诉讼，不需要交纳诉讼费用。

第六章　附　　则

第一百零八条　军事检察院等专门人民检察院办理公益诉讼案件，适用本规则和其他有关规定。

第一百零九条　本规则所称检察官，包括检察长、副检察长、检察委员会委员、检察员。

本规则所称检察人员，包括检察官和检察辅助人员。

第一百一十条　《中华人民共和国军人地位和权益保障法》《中华人民共和国安全生产法（2021修正）》等法律施行后，人民检察院办理公益诉讼案件的范围相应调整。

第一百一十一条　本规则未规定的其他事项，适用民事诉讼法、行政诉讼法及相关司法解释的规定。

第一百一十二条　本规则自2021年7月1日起施行。

最高人民检察院以前发布的司法解释和规范性文件与本规则不一致的，以本规则为准。

最高人民法院关于审理申请注册的药品相关的专利权纠纷民事案件适用法律若干问题的规定

（2021年5月24日最高人民法院审判委员会第1839次会议通过　2021年7月4日最高人民法院公告公布　自2021年7月5日起施行　法释〔2021〕13号）

为正确审理申请注册的药品相关的专利权纠纷民事案件，根据《中华人民共和国专利法》《中华人民共和国民事诉讼法》等有关法律规定，结合知识产权审判实际，制定本规定。

第一条　当事人依据专利法第七十六条规定提起的确认是否落入专利权保护范围纠纷的第一审案件，由北京知识产权法院管辖。

第二条　专利法第七十六条所称相关的专利，是指适用国务院有关行政部门关于药品上市许可审批与药品上市许可申请阶段专利权纠纷解决的具体衔接办法（以下简称衔接办法）的专利。

专利法第七十六条所称利害关系人，是指前款所称专利的被许可人、相关药品上市许可持有人。

第三条　专利权人或者利害关系人依据专利法第七十六条起诉的，应当按照民事诉讼法第一百一十九条第三项的规定提交下列材料：

（一）国务院有关行政部门依据衔接办法所设平台中登记的相关专利信息，包括专利名称、专利号、相关的权利要求等；

（二）国务院有关行政部门依据衔接办法所设平台中公示的申请注册药品的相关信息，包括药品名称、药品类型、注册类别以及申请注册药品与所涉及的上市药品之间的对应关系等；

（三）药品上市许可申请人依据衔接办法作出的四类声明及声明依据。

药品上市许可申请人应当在一审答辩期内，向人民法院提交其向国家药品审评机构申报的、与认定是否落入相关专利权保护范围对应的必要技术资料副本。

第四条 专利权人或者利害关系人在衔接办法规定的期限内未向人民法院提起诉讼的,药品上市许可申请人可以向人民法院起诉,请求确认申请注册药品未落入相关专利权保护范围。

第五条 当事人以国务院专利行政部门已经受理专利法第七十六条所称行政裁决请求为由,主张不应当受理专利法第七十六条所称诉讼或者申请中止诉讼的,人民法院不予支持。

第六条 当事人依据专利法第七十六条起诉后,以国务院专利行政部门已经受理宣告相关专利权无效的请求为由,申请中止诉讼的,人民法院一般不予支持。

第七条 药品上市许可申请人主张具有专利法第六十七条、第七十五条第二项等规定情形的,人民法院经审查属实,可以判决确认申请注册的药品相关技术方案未落入相关专利权保护范围。

第八条 当事人对其在诉讼中获取的商业秘密或者其他需要保密的商业信息负有保密义务,擅自披露或者在该诉讼活动之外使用、允许他人使用的,应当依法承担民事责任。构成民事诉讼法第一百一十一条规定情形的,人民法院应当依法处理。

第九条 药品上市许可申请人向人民法院提交的申请注册的药品相关技术方案,与其向国家药品审评机构申报的技术资料明显不符,妨碍人民法院审理案件的,人民法院依照民事诉讼法第一百一十一条的规定处理。

第十条 专利权人或者利害关系人在专利法第七十六条所称诉讼中申请行为保全,请求禁止药品上市许可申请人在相关专利权有效期内实施专利法第十一条规定的行为的,人民法院依照专利法、民事诉讼法有关规定处理;请求禁止药品上市申请行为或者审评审批行为的,人民法院不予支持。

第十一条 在针对同一专利权和申请注册药品的侵害专利权或者确认不侵害专利权诉讼中,当事人主张依据专利法第七十六条所称诉讼的生效判决认定涉案药品技术方案是否落入相关专利权保护范围的,人民法院一般予以支持。但是,有证据证明被诉侵权药品技术方案与申请注册的药品相关技术方案不一致或者新主张的事由成立的除外。

第十二条 专利权人或者利害关系人知道或者应当知道其主张的专利权应当被宣告无效或者申请注册药品的相关技术方案未落入专利权保护范围,仍提起专利法第七十六条所称诉讼或者请求行政裁决的,药品上市许可申请人可以向北京知识产权法院提起损害赔偿之诉。

第十三条 人民法院依法向当事人在国务院有关行政部门依据衔接办法所设平台登载的联系人、通讯地址、电子邮件等进行的送达,视为有效送达。当事人向人民法院提交送达地址确认书后,人民法院也可以向该确认书载明的送达地址送达。

第十四条 本规定自2021年7月5日起施行。本院以前发布的相关司法解释与本规定不一致的,以本规定为准。

最高人民法院关于审理侵害植物新品种权纠纷案件具体应用法律问题的若干规定(二)

(2021年6月29日最高人民法院审判委员会第1843次会议通过 2021年7月5日最高人民法院公告公布 自2021年7月7日起施行 法释〔2021〕14号)

为正确审理侵害植物新品种权纠纷案件,根据《中华人民共和国民法典》《中华人民共和国种子法》《中华人民共和国民事诉讼法》等法律规定,结合审判实践,制定本规定。

第一条 植物新品种权(以下简称品种权)或者植物新品种申请权的共有人对权利行使有约定的,人民法院按照其约定处理。没有约定或者约定不明的,共有人主张其可以单独实施或者以普通许可方式许可他人实施的,人民法院应予支持。

共有人单独实施该品种权,其他共有人主张该实施收益在共有人之间分配的,人民法院不予支持,但是其他共有人有证据证明其不具备实施能力或者实施条件的除外。

共有人之一许可他人实施该品种权,其他共有人主张收取的许可费在共有人之间分配的,人民法院应予支持。

第二条 品种权转让未经国务院农业、林业主管部门登记、公告,受让人以品种权人名义提起侵害品种权诉讼的,人民法院不予受理。

第三条 受品种权保护的繁殖材料应当具有繁殖能力,且繁殖出的新个体与该授权品种的特征、特性相同。

前款所称的繁殖材料不限于以品种权申请文件所描述的繁殖方式获得的繁殖材料。

第四条 以广告、展陈等方式作出销售授权品种的繁殖材料的意思表示的,人民法院可以以销售行为认定处理。

第五条 种植授权品种的繁殖材料的,人民法院可以根据案件具体情况,以生产、繁殖行为认定处理。

第六条 品种权人或者利害关系人(以下合称权利人)举证证明被诉侵权品种繁殖材料使用的名称与授权品种相同的,人民法院可以推定该被诉侵权品种繁殖材料属于授权品种的繁殖材料;有证据证明不属于该授权品种的繁殖材料的,人民法院可以认定被诉侵权人构成假冒品种行为,并参照假冒注册商标行为的有关规定确定民事责任。

第七条 受托人、被许可人超出与品种权人约定的规模或者区域生产、繁殖授权品种的繁殖材料,或者超出与品种权人约定的规模销售授权品种的繁殖材料,品种权人请求判令受托人、被许可人承担侵权责任的,人民法院依法予以支持。

第八条 被诉侵权人知道或者应当知道他人实施侵害品种权的行为,仍然提供收购、存储、运输、以繁殖为目的的加工处理等服务或者提供相关证明材料等条件的,人民法院可以依据民法典第一千一百六十九条的规定认定为帮助他人实施侵权行为。

第九条 被诉侵权物既可以作为繁殖材料又可以作为收获材料,被诉侵权人主张被诉侵权物系作为收获材料用于消费而非用于生产、繁殖的,应当承担相应的举证责任。

第十条 授权品种的繁殖材料经品种权人或者经其许可的单位、个人售出后,权利人主张他人生产、繁殖、销售该繁殖材料构成侵权的,人民法院一般不予支持,但是下列情形除外:

(一)对该繁殖材料生产、繁殖后获得的繁殖材料进行生产、繁殖、销售;

(二)为生产、繁殖目的将该繁殖材料出口到不保护该品种所属植物属或者种的国家或者地区。

第十一条 被诉侵权人主张对授权品种进行的下列生产、繁殖行为属于科研活动的,人民法院应予支持:

(一)利用授权品种培育新品种;

(二)利用授权品种培育形成新品种后,为品种权申请、品种审定、品种登记需要而重复利用授权品种的繁殖材料。

第十二条 农民在其家庭农村土地承包经营合同约定的土地范围内自繁自用授权品种的繁殖材料,权利人对此主张构成侵权的,人民法院不予支持。

对前款规定以外的行为,被诉侵权人主张其行为属于种子法规定的农民自繁自用授权品种的繁殖材料的,人民法院应当综合考虑被诉侵权行为的目的、规模、是否营利等因素予以认定。

第十三条 销售不知道也不应当知道是未经品种权人许可而售出的被诉侵权品种繁殖材料，且举证证明具有合法来源的，人民法院可以不判令销售者承担赔偿责任，但应当判令其停止销售并承担权利人为制止侵权行为所支付的合理开支。

对于前款所称合法来源，销售者一般应当举证证明购货渠道合法、价格合理、存在实际的具体供货方、销售行为符合相关生产经营许可制度等。

第十四条 人民法院根据已经查明侵害品种权的事实，认定侵权行为成立的，可以先行判决停止侵害，并可以依据当事人的请求和具体案情，责令采取消灭活性等阻止被诉侵权物扩散、繁殖的措施。

第十五条 人民法院为确定赔偿数额，在权利人已经尽力举证，而与侵权行为相关的账簿、资料主要由被诉侵权人掌握的情况下，可以责令被诉侵权人提供与侵权行为相关的账簿、资料；被诉侵权人不提供或者提供虚假账簿、资料的，人民法院可以参考权利人的主张和提供的证据判定赔偿数额。

第十六条 被诉侵权人有抗拒保全或者擅自拆封、转移、毁损被保全物等举证妨碍行为，致使案件相关事实无法查明的，人民法院可以推定权利人就该证据所涉证明事项的主张成立。构成民事诉讼法第一百一十一条规定情形的，依法追究法律责任。

第十七条 除有关法律和司法解释规定的情形以外，以下情形也可以认定为侵权行为情节严重：

（一）因侵权被行政处罚或者法院裁判承担责任后，再次实施相同或者类似侵权行为；

（二）以侵害品种权为业；

（三）伪造品种权证书；

（四）以无标识、标签的包装销售授权品种；

（五）违反种子法第七十七条第一款第一项、第二项、第四项的规定；

（六）拒不提供被诉侵权物的生产、繁殖、销售和储存地点。

存在前款第一项至第五项情形的，在依法适用惩罚性赔偿时可以按照计算基数的二倍以上确定惩罚性赔偿数额。

第十八条 品种权终止后依法恢复权利，权利人要求实施品种权的单位或者个人支付终止期间实施品种权的费用的，人民法院可以参照有关品种权实施许可费，结合品种类型、种植时间、经营规模、当时的市场价值等因素合理确定。

第十九条 他人未经许可，自品种权初步审查合格公告之日起至被授予品种权之日止，生产、繁殖或者销售该授权品种的繁殖材料，或者为商业目的将该授权品种的繁殖材料重复使用于生产另一品种的繁殖材料，权利人对此主张追偿利益损失的，人民法院可以按照临时保护期使用费纠纷处理，并参照有关品种权实施许可费，结合品种类型、种植时间、经营规模、当时的市场价值等因素合理确定该使用费数额。

前款规定的被诉行为延续到品种授权之后，权利人对品种权临时保护期使用费和侵权损害赔偿均主张权利的，人民法院可以合并审理，但应当分别计算处理。

第二十条 侵害品种权纠纷案件涉及的专门性问题需要鉴定的，由当事人在相关领域鉴定人名录或者国务院农业、林业主管部门向人民法院推荐的鉴定人中协商确定；协商不成的，由人民法院从中指定。

第二十一条 对于没有基因指纹图谱等分子标记检测方法进行鉴定的品种，可以采用行业通用方法对授权品种与被诉侵权物的特征、特性进行同一性判断。

第二十二条 对鉴定意见有异议的一方当事人向人民法院申请复检、补充鉴定或者重新鉴定，但未提出合理理由和证据的，人民法院不予准许。

第二十三条 通过基因指纹图谱等分子标记检测方法进行鉴定，待测样品与对照样品的差异位点小于但接近临界值，被诉侵权人主张二者特征、特性不同的，应当承担举证责任；人民法院也可以根据当事人的申请，采取扩大检测位点进行加测或者提取授权品种标准样品进行测定等方法，并结合其他相关因素作出认定。

第二十四条 田间观察检测与基因指纹图谱等分子标记检测的结论不同的，人民法院应当以田间观察检测结论为准。

第二十五条 本规定自 2021 年 7 月 7 日起施行。本院以前发布的相关司法解释与本规定不一致的，按照本规定执行。

最高人民法院关于为全面推进乡村振兴加快农业农村现代化提供司法服务和保障的意见

（2021 年 7 月 14 日　法发〔2021〕23 号）

为深入贯彻习近平总书记在中央农村工作会议以及在庆祝中国共产党成

立100周年大会上的重要讲话精神，全面贯彻党的十九大和十九届二中、三中、四中、五中全会精神，全面贯彻落实《中共中央国务院关于全面推进乡村振兴加快农业农村现代化的意见》《中共中央国务院关于实现巩固拓展脱贫攻坚成果同乡村振兴有效衔接的意见》，充分发挥人民法院审判职能作用，为全面推进乡村振兴、加快农业农村现代化提供有力司法服务和保障，提出如下意见。

一、统一思想认识，准确把握为全面推进乡村振兴、加快农业农村现代化提供司法服务的总体要求

1. 正确把握为全面推进乡村振兴、加快农业农村现代化提供司法服务的指导思想。全面推进乡村振兴、加快农业农村现代化是以习近平同志为核心的党中央作出的重大战略部署。各级人民法院要坚持以习近平新时代中国特色社会主义思想为指导，深入贯彻习近平总书记在中央农村工作会议上重要讲话精神，全面贯彻党的十九大和十九届二中、三中、四中、五中全会精神，贯彻落实中央农村工作会议精神，增强“四个意识”、坚定“四个自信”、做到“两个维护”，立足新发展阶段，完整、准确、全面贯彻新发展理念，构建新发展格局，推动高质量发展，坚持稳中求进工作总基调，坚持加强党对“三农”工作的全面领导，坚持农业农村优先发展，为全面建设社会主义现代化国家开好局、起好步提供有力司法服务和保障。

2. 深刻认识为全面推进乡村振兴、加快农业农村现代化提供司法服务的重大意义。党的十八大以来，以习近平同志为核心的党中央坚持把解决好“三农”问题作为全党工作的重中之重。在向全面建成社会主义现代化强国的第二个百年奋斗目标迈进的历史关口，巩固和拓展脱贫攻坚成果，全面推进乡村振兴，加快农业农村现代化，是关系大局的重大问题。各级人民法院要充分认识新发展阶段做好“三农”工作的重要性和紧迫性，坚持把司法服务和保障“三农”问题作为工作重中之重，采取切实有力措施推动乡村振兴，促进农业高质高效、乡村宜居宜业、农民富裕富足。

3. 精准对接为全面推进乡村振兴、加快农业农村现代化提供司法服务的目标任务。“十四五”时期，我国将进入新发展阶段。各级人民法院要建立健全上下贯通、一抓到底的工作体系，围绕目标任务，压实责任，督促检查，将服务巩固拓展脱贫攻坚成果纳入审判执行的总体工作之中，推动人民法院服务和保障全面推进乡村振兴、加快农业农村现代化各项政策举措落实落地。

二、稳固农业发展基础，促进农业高质高效

4. 依法惩处涉重要农产品违法犯罪行为，推进实施重要农产品保障战略。坚持依法严惩方针，从严从快惩处走私大米、玉米、食糖等农产品犯罪行为，保持打击重要农产品走私犯罪活动高压态势，保障人民群众食品卫生安全和农产品质量安全。严厉打击超剂量超范围用药、违规使用原料药、不执行间隔期休药期等违法行为，加强行政执法和刑事司法的有效衔接，推动农药兽药残留治理工作，保障人民群众"舌尖上的安全"。持续推进惩治制售假种子、假化肥、假农药等伪劣农资犯罪行为，保障粮食和重要农产品供应安全，保护农业生产经营秩序，助推质量兴农。

5. 落实最严格的耕地保护制度，确保国家粮食安全。严厉打击破坏土地资源犯罪行为，依法认定违法占用耕地建房等合同无效，支持行政机关依法开展土地行政执法工作。积极配合有关部门推进农村乱占耕地建房专项整治行动，加大对涉及乱占耕地建房违法行为的生效裁判和行政处罚决定中金钱给付义务的强制执行力度，坚决遏制耕地"非农化"，防止"非粮化"。综合发挥刑事、民事、行政等审判职能作用，推进耕地污染管控，坚守18亿亩耕地红线。

6. 依法审理农村土地承包经营案件，推进现代农业发展。按照"落实集体所有权、稳定农户承包权、放活土地经营权"要求，依法审理农村土地"三权分置"纠纷案件，推进完善以家庭承包经营为基础、统分结合的双层经营体制，确保农村土地承包关系稳定并长久不变，维护农民集体、承包农户、经营主体的合法权益。依法审理涉土地经营权抵押权以及土地经营权流转合同等纠纷案件，保障农村土地经营权有序流转，推动家庭农场培育和农民合作社质量提升，助力现代农业经营体系建设。

7. 加大涉农知识产权司法保护力度，推动农业科技进步和创新。加强涉农知识产权案件审判工作，加大对种源"卡脖子"农业关键核心技术等知识产权司法保护力度，激发创新活力，推动农业科技自立自强。依法审理侵害植物新品种权纠纷案件，秉持有利于权利保护的司法理念，扩大育种创新成果法律保护范围，通过司法手段推动育种创新。加强种业知识产权保护，强化与相关部门的沟通协作，推动司法保护和行政保护有效衔接，推进高质效合作。加大对"南繁硅谷"种业知识产权司法保护力度，推动制种基地和良种繁育体系建设，助推品种培优、品质提升、品牌打造和标准化生产，增强种业自主创新的内在动力。

8. 加强农业生态环境司法保护，推进农业绿色发展。坚持生态优先、绿色发展理念，充分发挥生态环境保护的引领和倒逼作用，推进荒漠化、石漠化、坡耕地水土流失综合治理、农业面源污染治理、重点区域地下水保护与超采治理，加大黑土地司法保护力度，以持续改善环境质量促进农村经济社会发展全面绿色转型。加大对涉农环境污染、生态破坏违法犯罪行为的惩处力度，确保保护生态环境"最严密的法治"有效实施，维护农业生态安全。依法审理涉农村地区环境污染、生态破坏责任纠纷以及民事、行政公益诉讼案件，坚守“绿水青山就是金山银山”理念，强化环境治理与生态修复工作，探索多样化责任承担方式。依法审理长江、黄河等重点水域禁捕案件，充分发挥流域司法协作效能，持续推进大江、大河生态环境整体保护和系统治理。

三、助力乡村建设行动，打造宜居宜业美丽乡村

9. 贯彻落实总体国家安全观，促进乡村和谐稳定。持续推进农村地区扫黑除恶斗争常态化，依法严惩宗族恶势力和“村霸”“市霸”“行霸”“路霸”等农村黑恶势力，不断增强人民群众安全感。依法惩处侵害农村留守儿童、妇女和老年人以及残疾人、困境儿童合法权益犯罪行为，加大对农村留守儿童、妇女和老年人以及残疾人、困境儿童等特殊弱势群体的司法保护力度，加强对农村留守儿童、妇女和老年人以及残疾人、困境儿童的关爱服务。加大对农村非法宗教活动和境外渗透活动的惩处力度，严厉打击组织和利用邪教组织犯罪，防止邪教向农村渗透。协同有关部门建立健全农村应急管理工作机制，依法制止利用宗教、邪教干预农村公共事务，促进稳固农村基层政权。

10. 服务打好污染防治攻坚战，推进农村人居环境整治提升。围绕打好污染防治攻坚战总体目标，依法履职尽责，支持农村地区推进生活垃圾治理专项行动，推进农村人居环境整治。针对农村地区污水、黑臭水体、垃圾污染等群众反映强烈的突出问题，依法公正高效审理相关案件，运用司法手段推动改善生态环境质量，助力推进村庄清洁和绿化行动。

11. 妥善审理涉农村地区基础设施建设纠纷案件，助推补齐农村发展短板弱项。依法审理涉农村地区高速公路、客货共线铁路、水利、电力、机场、通讯网络等重大基础设施建设工程纠纷案件，持续推进改善农村地区基础设施条件。依法审理涉农村资源路、产业路、旅游路等建设纠纷案件，持续推进“四好农村路”建设。依法审理农村地区农产品和食品仓储保鲜、冷链物流设施建设纠纷案件，支持乡村特色产业发展壮大。

12. 加大对农村地区历史文化遗产的司法保护力度，推进优秀历史文化传承。依法审理破坏历史文化名镇名村、文物、历史建筑以及传统村落、传统民居等农村物质文化遗产案件，加大对农村物质文化遗产的司法保护力度。综合运用多种手段，助推农村非物质文化遗产的传承和开发利用。

13. 助推农村要素市场化配置改革，激发乡村发展内生动力。审慎审理集体经营性建设用地纠纷案件，推动探索实施农村集体经营性建设用地入市制度，助推土地要素市场化配置，推进农村土地制度改革。按照国家政策及相关指导意见，区分国家确定的宅基地制度改革试点地区与非试点地区，依法妥善处理宅基地使用权因抵押担保、转让产生的纠纷，依法保护当事人权益，助推农村宅基地制度改革。进一步推进劳动人事争议调解仲裁与诉讼衔接,妥善审理涉农民工劳动争议案件,支持劳动力等要素市场化配置,引导劳动力要素合理畅通有序流动,推动完善要素交易规则。

14. 发挥司法裁判规则引领和价值导向作用,促进乡风文明。以贯彻民法典为契机,加强裁判文书说理,深入推进社会主义核心价值观融入裁判文书释法说理,推动社会主义核心价值观转化为人民群众的情感认同和行为习惯。贯彻《新时代公民道德建设实施纲要》,坚持把社会主义核心价值观融入司法工作,用群众喜闻乐见的方式,加强以案释法和法治宣传,以法治大力弘扬真善美、打击假恶丑,实现法安天下、德润民心。

四、落实惠农富农政策,保障农民富裕富足

15. 依法惩处涉农业投资和农业补贴犯罪行为,确保惠农富农政策落地见效。严厉打击侵占、挪用、贪污农业投资资金犯罪行为,促进涉农资金的管理和规范使用,确保农业投资有效利用。依法惩处截留、挤占农业补贴犯罪行为,确保农业支持政策落到实处,切实保障农业补贴真正惠及农民。依法惩处集体资产管理、土地征收等领域违法犯罪行为,推动开展农村基层微腐败整治,不断提升农民群众幸福感。

16. 积极开展根治欠薪专项行动,依法保护农民工合法权益。加大脱贫地区公共基础建设欠薪案件的审执力度,特别是脱贫地区以工代赈基础设施建设领域欠薪案件的审执力度,切实提高根治拖欠农民工工资工作质效。加大对劳动密集型加工制造等行业农民工权益保护力度,保持治理欠薪高压态势,进一步加强劳动保障监察执法与刑事司法衔接配合工作,依法公正审理拒不支付劳动报酬刑事犯罪案件,切实保障农民工合法权益。

17. 依法保障进城落户农民合法权益,不断提升农民群体获得感、幸福感。依法保护进城农户的土地承包经营权、宅基地使用权、集体收益分配权。对于承包农户进城落户的,人民法院可通过司法手段支持保护其按自愿有偿原则依法在本集体经济组织内转让土地承包经营权,或者将承包地退还给集体经济组织。

18. 加大民生案件审执力度,切实保障农民基本生活。加大对追索劳动报酬、赡养费、扶养费、抚育费、抚恤金、医疗费用、交通事故人身损害赔偿、工伤保险待遇等案件审执力度,切实维护农民生存生活基本权益。对于被执行人确无履行能力、申请执行人面临生存生活困难的执行案件,充分利用司法救助资金,及时对符合救助条件的申请执行人进行司法救助。

五、坚持强基导向,积极服务全面推进乡村振兴和基层治理

19. 增加乡村地区司法资源供给,不断强化人民法庭建设。认真贯彻第四次全国人民法庭工作会议精神，把强化人民法庭建设、服务全面推进乡村振兴和基层治理作为一项长期工作抓紧抓实，推动人民法庭工作实现新发展，促进构建基层治理新格局。坚持强基导向，改革和优化人民法庭布局，围绕矛盾纠纷特点因地制宜设立特色巡回法庭，为解决“三农”纠纷提供更加精准化、精细化的司法服务。完善人民法庭巡回审理制度，合理设置巡回办案点和诉讼服务点，做好巡回审判工作，最大限度减少群众诉累。充分发挥人民法庭职能作用，紧扣市域、县域治理需求，积极参与基层治理，实现人民安居乐业、社会安定有序、国家长治久安。

20. *加强对各类调解组织的指导，有效提升基层治理水平。*不断加强与公安、司法、劳动人事争议调解仲裁、农村土地承包仲裁、人民调解委员会等其他基层国家机关、基层群众自治组织、行业调解组织等的协同配合，按照“不缺位、不越位、不错位”的原则，切实履行指导人民调解工作的法定职责，积极做好司法确认等诉讼与非诉讼矛盾纠纷解决机制的衔接工作。加强对各类调解组织的指导，进一步推进制度化、规范化建设，不断提升调解的工作质效，积极提升基层治理法治化水平。

21. *注重矛盾纠纷多元化解，切实把矛盾解决在萌芽状态。*坚持把非诉讼纠纷解决机制挺在前面，积极推动矛盾纠纷源头预防化解。坚持和发展新时代“枫桥经验”，加强与基层党组织、政法单位、基层群众自治组织的对接，推动形成工作合力，最大限度将矛盾化解在基层。积极发挥一站式诉讼服务中心解纷功能，推动家事纠纷、相邻关系、交通事故、医疗纠纷、消费者权益保护等纠纷案件通过调解、仲裁等方式一站式化解。推进人民法庭进乡村、进社区、进网格工作，依托人民法院调解平台，通过“引进来”“走出去”，构建分层递进源头预防化解矛盾纠纷路径，推动矛盾纠纷就地发现、就地调处、就地化解。探索建立以人民法庭为支点，精准对接村委会等乡村社会基层治理力量的矛盾纠纷基层预防治理机制，进一步优化人民法院信息化平台各项功能，建立乡村基层矛盾纠纷采集、处理、反馈全程网上流转机制，提升信息化平台解纷实效。

22. *加强农村法治宣传教育，营造良好乡村建设法治环境。*加大以案普法、以案释法力度，深入宣传与农民群众密切相关的法律法规，推动形成“办事依法、遇事找法”的行为自觉。充分利用“12 ·4”国家宪法日、宪法宣传周等时间节点和农贸会、庙会等，组织开展法治宣传教育活动，促进农民群众“学法、信法、用法”。推动法治文化与民俗文化、乡土文化的有机融合，创作具有乡土文化特色、群众喜闻乐见的法治文化作品，助力开展群众性法治文化活动，积极推进法治乡村建设。

六、深化改革创新，持续完善服务“三农”工作机制

23. 坚持有序调整、平稳过渡原则，推动服务巩固拓展脱贫攻坚成果同乡村振兴政策的有效衔接。围绕接续推进脱贫地区发展和乡村全面振兴，扎实推进服务政策衔接，确保工作不留空档，增强服务保障政策稳定性。根据形势任务变化，合理把握节奏、力度，出台、优化服务保障举措，确保政策不留空白。精准对接脱贫地区人民群众司法需求，逐步实现从“两不愁三保障”转向乡村产业兴旺、生态宜居、乡风文明、治理有效、生活富裕服务举措的转变。

24. 更加注重系统观念，不断提升服务工作质效。把系统观念贯彻服务全面推进乡村振兴、加快农业农村现代化全过程，聚焦目标任务，加强前瞻性思考、全局性谋划、整体性推进，着力补短板、强弱项，不断推动人民法院服务保障工作质效。聚焦服务脱贫地区巩固拓展脱贫攻坚成果和乡村振兴目标任务，紧盯解决突出矛盾和问题，加强服务举措创新充分联动和衔接配套，切实提升服务综合效能。

25. 坚持问题导向，积极完善便民惠民司法举措。按照《全国人民代表大会常务委员会关于授权最高人民法院在部分地区开展民事诉讼程序繁简分流改革试点工作的决定》和《最高人民法院关于印发〈民事诉讼程序繁简分流改革试点实施办法〉的通知》要求，试点地区人民法院就涉农纠纷要积极优化司法确认程序、小额诉讼程序和简易程序，健全审判组织模式，探索推行电子诉讼在线审理机制，有效降低当事人诉讼成本，促进司法效率提升。坚持群众需求导向，不断升级一站式诉讼服务中心，使诉讼服务向农村延伸、向网上延伸，为当事人提供“一站通办、一网通办、一号通办、一次通办”便捷高效、智能精准的诉讼服务。加大一站式诉讼服务中心建设，让当事人到一个场所、一个平台就能一站式办理全部诉讼事项。

26. 全面深化智慧法院建设，以科技赋能人民法院服务“三农”工作。充分利用“十四五”时期网络强国、数字中国建设重大机遇，积极探索运用大数据、区块链等技术为司法工作提供强大技术支撑，加强服务乡村公共服务、基层治理等举措的数字化、智能化建设，提升司法工作的信息化、智能化水平。构建系统完备的在线诉讼规则体系，推动办案全流程在线支持、全过程智能辅助、全方位信息公开，提高司法解决涉农纠纷的便捷性、高效性、透明度。加快推进审判体系和审判能力现代化，不断提升人民法院服务全面推进乡村振兴、加快农业农村现代化的能力水平。

最高人民法院关于审理使用人脸识别技术处理个人信息相关民事案件适用法律若干问题的规定

（2021年6月8日最高人民法院审判委员会第1841次会议通过 2021年7月28日最高人民法院公告公布 自2021年8月1日起施行 法释〔2021〕15号）

为正确审理使用人脸识别技术处理个人信息相关民事案件，保护当事人合法权益，促进数字经济健康发展，根据《中华人民共和国民法典》《中华人民共和国网络安全法》《中华人民共和国消费者权益保护法》《中华人民共和国电子商务法》《中华人民共和国民事诉讼法》等法律的规定，结合审判实践，制定本规定。

第一条 因信息处理者违反法律、行政法规的规定或者双方的约定使用人脸识别技术处理人脸信息、处理基于人脸识别技术生成的人脸信息所引起的民事案件，适用本规定。

人脸信息的处理包括人脸信息的收集、存储、使用、加工、传输、提供、公开等。

本规定所称人脸信息属于民法典第一千零三十四条规定的“生物识别信息”。

第二条 信息处理者处理人脸信息有下列情形之一的，人民法院应当认定属于侵害自然人人格权益的行为：

（一）在宾馆、商场、银行、车站、机场、体育场馆、娱乐场所等经营场所、公共场所违反法律、行政法规的规定使用人脸识别技术进行人脸验证、辨识或者分析；

（二）未公开处理人脸信息的规则或者未明示处理的目的、方式、范围；

（三）基于个人同意处理人脸信息的，未征得自然人或者其监护人的单独同意，或者未按照法律、行政法规的规定征得自然人或者其监护人的书面同意；

（四）违反信息处理者明示或者双方约定的处理人脸信息的目的、方式、范围等；

（五）未采取应有的技术措施或者其他必要措施确保其收集、存储的人脸

信息安全,致使人脸信息泄露、篡改、丢失;

(六)违反法律、行政法规的规定或者双方的约定,向他人提供人脸信息;

(七)违背公序良俗处理人脸信息;

(八)违反合法、正当、必要原则处理人脸信息的其他情形。

第三条 人民法院认定信息处理者承担侵害自然人人格权益的民事责任,应当适用民法典第九百九十八条的规定,并结合案件具体情况综合考量受害人是否为未成年人、告知同意情况以及信息处理的必要程度等因素。

第四条 有下列情形之一,信息处理者以已征得自然人或者其监护人同意为由抗辩的,人民法院不予支持:

(一)信息处理者要求自然人同意处理其人脸信息才提供产品或者服务的,但是处理人脸信息属于提供产品或者服务所必需的除外;

(二)信息处理者以与其他授权捆绑等方式要求自然人同意处理其人脸信息的;

(三)强迫或者变相强迫自然人同意处理其人脸信息的其他情形。

第五条 有下列情形之一,信息处理者主张其不承担民事责任的,人民法院依法予以支持:

(一)为应对突发公共卫生事件,或者紧急情况下为保护自然人的生命健康和财产安全所必需而处理人脸信息的;

(二)为维护公共安全,依据国家有关规定在公共场所使用人脸识别技术的;

(三)为公共利益实施新闻报道、舆论监督等行为在合理的范围内处理人脸信息的;

(四)在自然人或者其监护人同意的范围内合理处理人脸信息的;

(五)符合法律、行政法规规定的其他情形。

第六条 当事人请求信息处理者承担民事责任的,人民法院应当依据民事诉讼法第六十四条及《最高人民法院关于适用〈中华人民共和国民事诉讼法〉的解释》第九十条、第九十一条,《最高人民法院关于民事诉讼证据的若干规定》的相关规定确定双方当事人的举证责任。

信息处理者主张其行为符合民法典第一千零三十五条第一款规定情形的,应当就此所依据的事实承担举证责任。

信息处理者主张其不承担民事责任的,应当就其行为符合本规定第五条规定的情形承担举证责任。

第七条 多个信息处理者处理人脸信息侵害自然人人格权益,该自然人主张多个信息处理者按照过错程度和造成损害结果的大小承担侵权责任的,人民法院依法予以支持;符合民法典第一千一百六十八条、第一千一百六十九条第一款、第一千一百七十条、第一千一百七十一条等规定的相应情形,该自然人主张多个信息处理者承担连带责任的,人民法院依法予以支持。

信息处理者利用网络服务处理人脸信息侵害自然人人格权益的,适用民法典第一千一百九十五条、第一千一百九十六条、第一千一百九十七条等规定。

第八条 信息处理者处理人脸信息侵害自然人人格权益造成财产损失,该自然人依据民法典第一千一百八十二条主张财产损害赔偿的,人民法院依法予以支持。

自然人为制止侵权行为所支付的合理开支,可以认定为民法典第一千一百八十二条规定的财产损失。合理开支包括该自然人或者委托代理人对侵权行为进行调查、取证的合理费用。人民法院根据当事人的请求和具体案情,可以将合理的律师费用计算在赔偿范围内。

第九条 自然人有证据证明信息处理者使用人脸识别技术正在实施或者即将实施侵害其隐私权或者其他人格权益的行为,不及时制止将使其合法权益受到难以弥补的损害,向人民法院申请采取责令信息处理者停止有关行为的措施的,人民法院可以根据案件具体情况依法作出人格权侵害禁令。

第十条 物业服务企业或者其他建筑物管理人以人脸识别作为业主或者物业使用人出入物业服务区域的唯一验证方式,不同意的业主或者物业使用人请求其提供其他合理验证方式的,人民法院依法予以支持。

物业服务企业或者其他建筑物管理人存在本规定第二条规定的情形,当事人请求物业服务企业或者其他建筑物管理人承担侵权责任的,人民法院依法予以支持。

第十一条 信息处理者采用格式条款与自然人订立合同,要求自然人授予其无期限限制、不可撤销、可任意转授权等处理人脸信息的权利,该自然人依据民法典第四百九十七条请求确认格式条款无效的,人民法院依法予以支持。

第十二条 信息处理者违反约定处理自然人的人脸信息,该自然人请求其承担违约责任的,人民法院依法予以支持。该自然人请求信息处理者承担违约责任时,请求删除人脸信息的,人民法院依法予以支持;信息处理者以双方未对人脸信息的删除作出约定为由抗辩的,人民法院不予支持。

第十三条 基于同一信息处理者处理人脸信息侵害自然人人格权益发生的纠纷,多个受害人分别向同一人民法院起诉的,经当事人同意,人民法院可以合并审理。

第十四条 信息处理者处理人脸信息的行为符合民事诉讼法第五十五条、消费者权益保护法第四十七条或者其他法律关于民事公益诉讼的相关规定,法律规定的机关和有关组织提起民事公益诉讼的,人民法院应予受理。

第十五条 自然人死亡后,信息处理者违反法律、行政法规的规定或者双方的约定处理人脸信息,死者的近亲属依据民法典第九百九十四条请求信息处理者承担民事责任的,适用本规定。

第十六条 本规定自2021年8月1日起施行。

信息处理者使用人脸识别技术处理人脸信息、处理基于人脸识别技术生成的人脸信息的行为发生在本规定施行前的,不适用本规定。

附：

2021年7月份报国务院备案并予以登记的地方性法规、自治条例、单行条例和地方政府规章目录

地方性法规

法规名称	公布日期	备案登记编号
北京市宗教事务条例	2020年7月30日	国司备字［2021004381］
河北省养老服务条例	2021年5月28日	国司备字［2021004346］
河北省人民代表大会常务委员会关于加强革命文物保护利用的决定	2021年5月28日	国司备字［2021004347］
河北省节约用水条例	2021年5月28日	国司备字［2021004348］
杭州市人民代表大会常务委员会关于废止《杭州市宗教活动场所管理若干规定》的决定	2021年6月4日	国司备字［2021004336］
杭州市人民代表大会常务委员会关于修改《杭州市文明行为促进条例》的决定	2021年6月4日	国司备字［2021004337］
宁波市国土空间规划条例	2021年6月11日	国司备字［2021004334］
宁波市全民健身条例	2021年6月11日	国司备字［2021004335］
湖州市预防和化解矛盾纠纷条例	2021年6月8日	国司备字［2021004333］
衢州市历史文化街区保护条例	2021年6月7日	国司备字［2021004332］

续表

法规名称	公布日期	备案登记编号
景宁畲族自治县人民代表大会关于修改《浙江省景宁畲族自治县自治条例》的决定	2021 年 6 月 15 日	国司备字〔2021004329〕
景宁畲族自治县人民代表大会关于修改《景宁畲族自治县水资源管理条例》的决定	2021 年 5 月 28 日	国司备字〔2021004330〕
景宁畲族自治县荣誉市民条例	2021 年 6 月 15 日	国司备字〔2021004331〕
福州市户外广告设置管理办法	2021 年 6 月 7 日	国司备字〔2021004320〕
湖北省慈善条例	2021 年 5 月 29 日	国司备字〔2021004343〕
恩施土家族苗族自治州旅游条例	2021 年 5 月 31 日	国司备字〔2021004344〕
益阳市文明行为促进条例	2021 年 4 月 15 日	国司备字〔2021004345〕
海南省电动自行车管理条例	2021 年 6 月 1 日	国司备字〔2021004342〕
重庆市社会信用条例	2021 年 5 月 27 日	国司备字〔2021004328〕
四川省人民代表大会常务委员会关于加强赤水河流域共同保护的决定	2021 年 5 月 30 日	国司备字〔2021004349〕
四川省人民代表大会常务委员会关于废止《四川省木材运输管理条例》的决定	2021 年 5 月 28 日	国司备字〔2021004350〕
四川省人民代表大会常务委员会关于修改《四川省〈中华人民共和国工会法〉实施办法》的决定	2021 年 5 月 28 日	国司备字〔2021004351〕
四川省人民代表大会常务委员会关于修改《四川省保护和奖励见义勇为条例》的决定	2021 年 5 月 28 日	国司备字〔2021004352〕
四川省人民代表大会常务委员会关于修改《四川省法律援助条例》的决定	2021 年 5 月 28 日	国司备字〔2021004353〕
四川省基层法律服务条例	2021 年 5 月 28 日	国司备字〔2021004354〕

续表

法规名称	公布日期	备案登记编号
四川省行政执法监督条例	2021 年 5 月 28 日	国司备字［2021004355］
四川省赤水河流域保护条例	2021 年 5 月 30 日	国司备字［2021004356］
云南省德宏傣族景颇族自治州城市建设管理条例	2021 年 6 月 26 日	国司备字［2021004326］
云南省德宏傣族景颇族自治州旅游条例	2021 年 6 月 25 日	国司备字［2021004327］
新疆维吾尔自治区社会科学普及条例	2021 年 3 月 25 日	国司备字［2021004338］
新疆维吾尔自治区人民代表大会常务委员会关于修改《新疆维吾尔自治区县级以下人民代表大会代表直接选举实施细则》的决定	2021 年 3 月 25 日	国司备字［2021004339］
巴音郭楞蒙古自治州红枣产业促进条例	2021 年 4 月 8 日	国司备字［2021004340］
昌吉回族自治州全域旅游促进条例	2021 年 4 月 30 日	国司备字［2021004341］

地方政府规章

规章名称	公布日期	备案登记编号
河北省无线电管理规定	2021 年 6 月 23 日	国司备字［2021004357］
内蒙古自治区医疗保障基金使用监督管理办法	2021 年 6 月 7 日	国司备字［2021004378］
黑龙江省重大行政决策程序暂行规定	2021 年 6 月 21 日	国司备字［2021004325］
常州市机动车停车场管理办法	2021 年 6 月 17 日	国司备字［2021004360］

续表

规章名称	公布日期	备案登记编号
盐城市地震监测设施和地震观测环境保护规定	2021 年 6 月 2 日	国司备字［2021004316］
合肥市家禽交易管理办法	2021 年 6 月 17 日	国司备字［2021004358］
芜湖市市区土地储备管理办法	2021 年 6 月 21 日	国司备字［2021004322］
江西省人民政府关于废止 4 件和修改 16 件省政府规章的决定	2021 年 6 月 9 日	国司备字［2021004383］
山东省地震预警管理办法	2021 年 7 月 3 日	国司备字［2021004369］
山东省人民政府关于修改《山东省生产安全事故报告和调查处理办法》的决定	2021 年 7 月 2 日	国司备字［2021004370］
淄博市消防安全责任制实施办法	2021 年 6 月 16 日	国司备字［2021004376］
威海市行政执法委托管理规定	2021 年 6 月 8 日	国司备字［2021004323］
襄阳市瓶装液化气管理办法	2021 年 7 月 2 日	国司备字［2021004371］
深圳市地下空间开发利用管理办法	2021 年 6 月 9 日	国司备字［2021004363］
珠海市人民政府关于废止《珠海市市级储备粮管理办法》的决定	2021 年 4 月 13 日	国司备字［2021004373］
珠海经济特区城市更新管理办法	2021 年 6 月 15 日	国司备字［2021004374］
珠海市轨道交通局管理暂行办法	2021 年 6 月 15 日	国司备字［2021004375］
潮州市气象灾害防御规定	2021 年 5 月 31 日	国司备字［2021004324］
重庆市医疗保障基金监督管理办法	2021 年 7 月 4 日	国司备字［2021004377］

续表

规章名称	公布日期	备案登记编号
贵州省人民政府关于废止和修改部分省政府规章的决定	2021 年 6 月 28 日	国司备字［2021004385］
西安市人民政府关于修改和废止部分市政府规章的决定	2021 年 7 月 18 日	国司备字［2021004384］
宝鸡市城镇绿化管理办法	2021 年 6 月 22 日	国司备字［2021004359］
甘肃省科学技术奖励办法	2021 年 6 月 21 日	国司备字［2021004362］
新疆维吾尔自治区人民政府关于废止《新疆维吾尔自治区社会公共安全技术防范管理暂行规定》的决定	2021 年 5 月 27 日	国司备字［2021004365］
新疆维吾尔自治区电动自行车管理办法	2021 年 6 月 6 日	国司备字［2021004366］

图书在版编目（CIP）数据

中华人民共和国新法规汇编.2021年.第8辑：总第294辑/司法部编.—北京：中国法制出版社，2021.12

ISBN 978-7-5216-2368-0

Ⅰ.①中… Ⅱ.①司… Ⅲ.①法规-汇编-中国-2021 Ⅳ.①D920.9

中国版本图书馆CIP数据核字（2021）第265001号

中华人民共和国新法规汇编

ZHONGHUA RENMIN GONGHEGUO XIN FAGUI HUIBIAN

（2021年第8辑）

编者/司法部

经销/新华书店

印刷/三河市紫恒印装有限公司

开本/850毫米×1168毫米 32开 印张/9.5 字数/259千

版次/2021年12月第1版 2021年12月第1次印刷

中国法制出版社出版

书号 ISBN 978-7-5216-2368-0 定价：18.00元

北京市西城区西便门西里甲16号西便门办公区

邮政编码：100053 传真：010-63141852

网址：http：//www.zgfzs.com 编辑部电话：010-63141663

市场营销部电话：010-63141612 印务部电话：010-63141606